2012～2013

云南省社会科学院　编

The Blue Book of Yunnan

云南经济发展报告

主　编　康云海
　　　　宣　宜

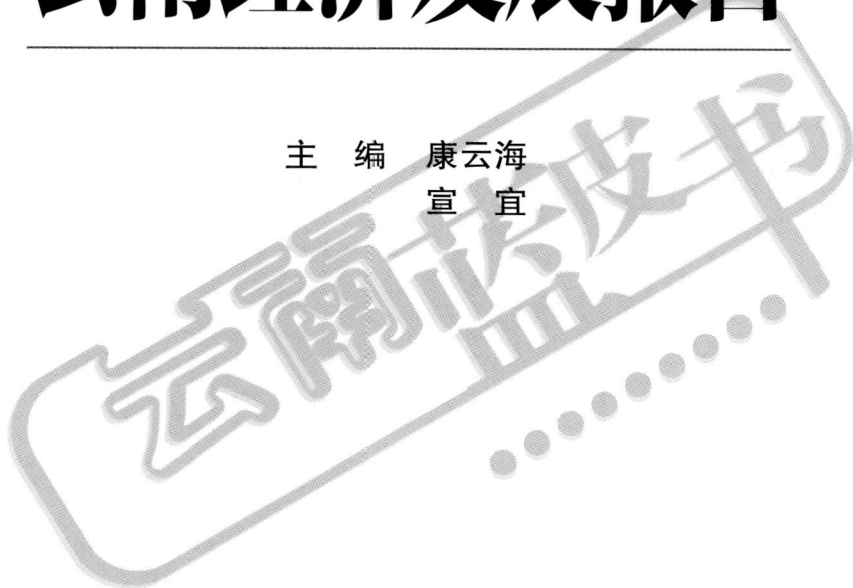

云南大学出版社

YUNNAN UNIVERSITY PRESS

Contents

General Report

Comprehensive Articles

Industry Articles

Special Articles

总 报 告

2012 年云南经济发展与 2013 年预测

陈杨东

2012 年，受欧洲主权债务危机进一步深化、世界经济不景气的影响，中国经济增长放缓，宏观经济运行不稳定和不确定因素增多，经济下行压力增大。在此大背景下，云南省委、省政府审时度势，攻坚克难，带领全省上下积极应对各种严峻挑战，科学谋划，全面部署，出手较快，行动较早，落实有力，积极推进桥头堡建设，加快实施"三大战役"，出台了一系列强有力的稳增长措施，全省国民经济保持平稳较快发展势头，实现"稳增长、冲万亿、促跨越"发展目标，为云南加快建成小康社会奠定了良好基础。

一、2012 年云南经济稳中求进加入万亿俱乐部

初步核算，2012 年云南国内生产总值（GDP）10 309.80 亿元，比上年增长 13.0%，高于全国 5.2 个百分点，其中，第一产业增加值 1 654.56 亿元，增长 6.7%；第二产业增加值 4 419.10 亿元，增长 16.2%，其中建筑业增加值 968.38 亿元，增长 21.0%；第三产业增加值 4 236.14 亿元，增长 11.4%。云南经济总量突破万亿元大关．人均 GDP 达 22 195 元（折合 3 531 美元），比上年增长 12.3%。经过 17 年的不懈努力，云南经济总量从千亿元跃上万亿元新台阶的梦想终成现实。中国万亿 GDP 俱乐部迎来第 24 个成员，也是 2012 年唯一的新成员，且经济增长

速度仅次于天津、重庆和贵州，排全国第 4 位，西部第 3 位，在国内外经济下行压力加大的环境下，云南各项主要经济指标表现良好。

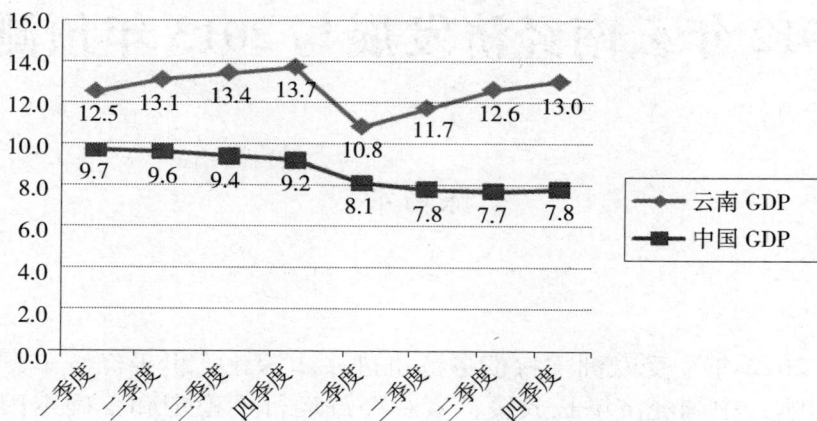

图1　2011～2012 年云南和全国经济增长走势

（一）"三农"发展取得可喜成绩

2012 年，云南省委、省政府把抗旱夺丰收作为中心任务来抓，政策好，人努力，价格好，天帮忙，全年农业取得一个好年景。一是农业连年丰收。2012 年，全省粮食总播种面积 6 500 万亩以上，粮食总产达 1 827.8 万吨，比上年增产 4.5%；肉类总产量达 540 万吨，增长 3.5%；烤烟产量 114.29 万吨，增长 12.2%。二是农民持续增收。2012 年，全省农村居民人均纯收入 5 417 元，扣除价格因素，比上年实际增长 12.1%。三是农村经济稳步增效。2012 年，全省农业总产值达 2 680 亿元，实现农业增加值 1 654.56 亿元，比上年分别增长 7.0% 和 6.7%，农业经济效益明显提高。全省粮食丰收实现连续 10 年增产，全年农业经济形势好于预期。

（二）工业经济稳增长成效明显

2012 年，全省全部工业增加值 3 450.72 亿元，比上年增长 15.1%，其中规模以上工业增加值增长 15.6%，比全国高 5.6 个百分点，按轻重工业分，轻重工业增加值分别增长 17.1% 和 14.4%。全省工业经济逐月稳步回升，呈现较快增长的态势。

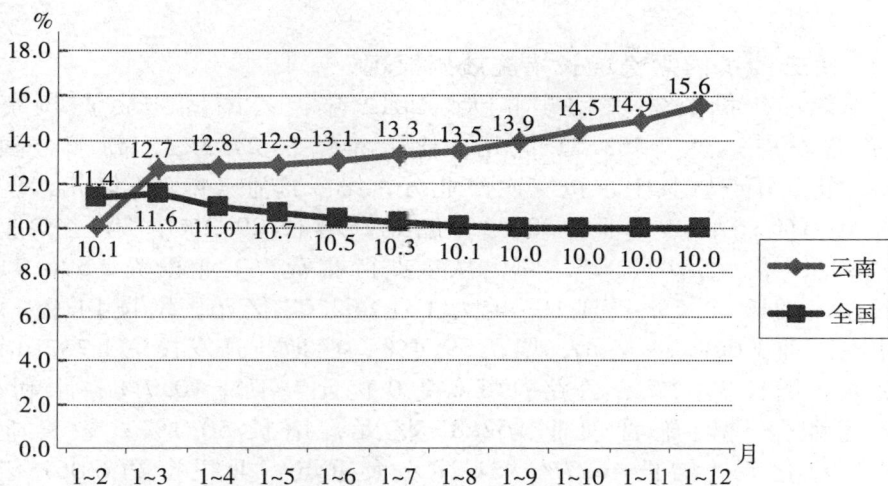

图2　2012 年云南和全国工业经济增速走势

第一，重点行业拉动明显。2012 年，在全省规模以上工业 38 大行业生产有 32 个实现增长，其中 22 大行业增速超过全省工业增长速度。15 个重点行业中，13 个行业增加值累计实现增长。其中，煤炭开采及洗选业同比增长 18.2%，电力、热力的生产和供应业增长 10.1%，燃气生产和供应业增长 14.2%，有色金属冶炼及压延加工业增长 20.5%，烟草制品业增长 13.2%，医药制品业增长 25.8%，化学原料及化学制品制造业增长 9.2%，有色金属矿采选业增长 25.2%，食品工业、酒、饮料和茶加工业分别增长 29.3%、26.6% 和 27.2%。重点支柱行业对工业稳增长作用明显。

第二，企业活力逐步增强。2012 年，全省规模以上工业综合能源消费量 5 297 万吨标准煤，比上年增长 6.5%。全省规模以上工业企业煤炭消费 8 390 万吨，增长 6.4%；电力消费量 853 亿千瓦时，增长 14.6%。全省六大高耗能行业能源消费总量 5 276.44 万吨标准煤，比上年增长 10.5%。随着全省煤电油运制约缓解，生产能力快速恢复。2012 年，全省生产原煤 1.04 亿吨，增长 4.3%；成品钢材 1 600.40 万吨，增长 18.4%；水泥 8 013.83 万吨，增长 18.0%；发电量 1 745.51 亿千瓦时，增长 12.2%；十种有色金属 287.99 万吨，增长 6.4%。全省规模以上工业企业活动明显增强。

（三）扩内需稳增长措施效果显现

第一，投资需求稳步扩大。2012 年，云南固定资产投资（不含农户）达 7 553.51 亿元，比上年增长 27.3%，高于全国 6.7 个百分点。其中，按三次产业分，第一产业 143.13 亿元，增长 46.1%；第二产业 2 530.19 亿元，增长 29.3%；第三产业 4 880.19 亿元，增长 25.8%。从重点行业看，工业投资 2 526.41 亿元，增长 29.5%。其中，电力工业 862.07 亿元，增长 14.0%；非电工业 1 664.34 亿元，增长 39.4%；房地产开发投资 1 782.14 亿元，增长 39.2%；公路投资 647.0 亿元，下降 10.7%；水利、环境和公共设施管理业 762.85 亿元，增长 50.1%；教育业 184.92 亿元，增长 46.7%。上述六大重点行业投资约 6 061 亿元，比重达 80.2%，发挥的支撑作用日渐明显。一批交通、能源、水利重大项目开工建设，长水机场、糯扎渡、向家坝电站等一批标志性重点项目竣工投产，大项目带动大建设，大建设带来大发展。从横向比较看，2012 年云南固定资产投资规模排全国第 22 位、西部第 6 位，增长速度居全国第 13 位，西部第 8 位，全省固定资产投资呈现快速增长势头。

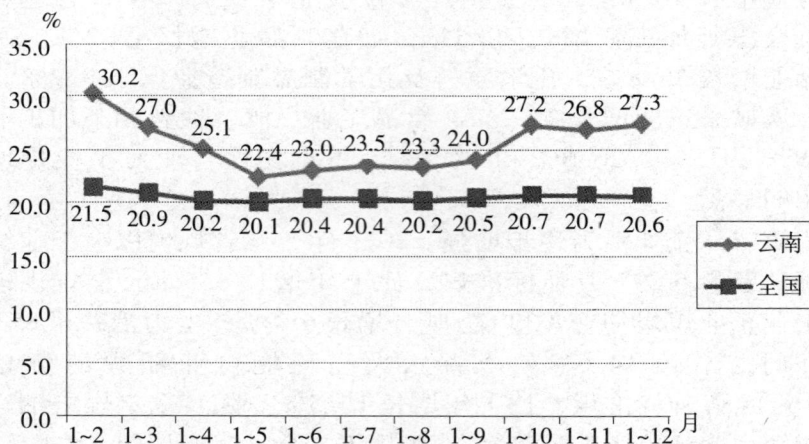

图 3　2012 年云南固定资产投资增速走势图

第二，城乡市场消费需求逐步提高。2012 年，全省实现社会消费品零售总额 3 541.60 亿元，比上年增长 18.0%，高于全国 3.7 个百分点。其中，城镇实现消费品零售额 2 846.92 亿元，增长 18.3%；农村实现消费品零售额 694.68 亿元，增长 17.2%。市场消费热点商品持续看好。在全省限额以上批发零售业大类商品零售中，粮油类增长 33.5%，肉禽蛋类增长 47.2%，蔬菜类增长 89.0%，水产品类增长 63.9%，服装类增长 18.2%，日用品类增长 56.4%，石油及制品类增长 26.8%，家具类增长 1.3 倍。全省城乡居民消费升级逐渐加快。

第三，楼市销售数据明显改善。2012 年，全省商品房屋施工面积 14 362.0 万平方米，竣工面积 1 851.57 万平方米，比上年分别增长 30.4%、17.8%；全省商品房销售面积 3 237.75 万平方米，商品房销售额达 1 362.83 亿元，比上年分别增长 0.5% 和 16.3%。随着我省政策保障房建设力度加大，房地产楼市价格过快上涨势头得到遏制，居民住房消费进一步回归理性，国家对房地产楼市调控政策的效果日渐稳固，全省房地产市场发展将进入一个新的关键期。

（四）对外经济贸易呈现企稳较快增长

2012 年，全省进出口贸易总额 210.05 亿美元，比上年增长 31.0%，高于全国 24.8 个百分点。其中，出口贸易 100.18 亿美元，增长 5.8%；进口贸易 109.87 亿美元，增长 67.6%；边境小额贸易 21.49 亿美元，增长 7.3%；实际外商直接投资额 21.89 亿美元，增长 25.9%。全省出口实现了正增长，进出口贸易趋向平衡，且出现企稳较快增长态势，外需增长动力稳步增强，对外开放度不断提高。

（五）财政金融保持积极稳健势头

第一，公共财政收支保持较快增长。2012 年，全省财政总收入达 2 624.2 亿元，比上年增长 16.2%。其中，地方公共财政预算收入 1 337.98 亿元，增长 20.4%，为年初预算的 102.9%，按收入来源看，税收收入完成 1 063.89 亿元，增长 20.6%，其中增值税 148.0 亿元、营业税 340.5 亿元、企业所得税 135.82 亿元，三大税种收入分别增长 8.3%、22.6% 和 22.8%。全省地方公共财政预算支出 3 573.41 亿元，比上年同期增加 643.8 亿元，比上年增长 22.0%，为年初预算的 106.0%。其中，农林水事务支出 516.82 亿元，增长 26.1%；一般公共服务支出 339.07 亿元，增长 20.2%；交通运输支出 309.80 亿元，增长 12.2%。全省地方公共财政收支实现平衡增长。

第二，金融机构存贷款延续较快增长态势。2012 年，全省金融机构人民币各项存款余额 17 966.38 亿元，比上年增长 17.0%，比年初增加 2 610.77 亿元。其中，单位存款余额 9 431.29 亿元，比年初增加 1 433.85 亿元；个人储蓄存款余额 7 741.59 亿元，增长 17.5%，比年初增加 1 086.69 亿元。

2012 年，全省金融机构人民币各项贷款余额 13 848.10 亿元，比上年增长 14.3%，新增贷款比年初增加 1 726.93 亿元。从结构看，中长期贷款余额 9 587.38 亿元，比年初增加 709.48 亿元，增长 8.0%；短期贷款余额 3 958.64 亿元，比年初增加 904.24 亿元，增长 29.9%。在国家宏观政策运用货币政策工具提振和刺激经济增长的背景下，全省金融运行保持平稳发展的较好态势。

（六）旅游文化产业持续取得佳绩

2012 年，全省旅游业市场保持活跃繁荣景象。全省旅游业实现总收入达 1 702.54 亿元，旅游外汇收入达 19.47 亿美元，比上年分别增长 31.2% 和 21.0%；全年接待国内游客达 1.96 亿人次，接待海外旅游者达 457.84 万人次，比上年分别增长 20.2% 和 15.8%，保持快速增长势头。全省文化产业稳步发展。全年实现文化产业增加值 601.86 亿元，比上年增长 20.1%，突破 600 亿元大关，占全省 GDP 比重 5.8%，成为全国 5 个文化产业比重超过 5% 的省份之一，云南文化强省建设迈出坚实的步伐。

（七）物价趋稳，民生就业不断改善

各级政府保障和改善民生力度加大。2012 年，全省地方公共财政预算支出中，用于教育支出 674.93 亿元，增长 39.7%；社会保障和就业支出 438.92 亿元，增长 13.6%；医疗卫生支出 267.08 亿元，增长 12.7%。全省 2/3 的公共财政支出用于保障和改善民生，人民享受到公共财政带来的实惠和改革发展的成果。

城乡居民收入稳步增长，控物价见成效。2012 年，全省城镇居民人均可支配收入 21 075 元，比上年增长 13.5%；农村居民

人均纯收入 5 417 元，增长 14.7%；扣除价格因素，分别实际增长 10.2% 和 12.1%，高于全国 0.6 个和 1.4 个百分点。全省出台实施一系列稳物价措施，建立政府控物价联动机制，保障生活物资供给，居民消费价格（CPI）指数 102.7%，比上年温和上涨 2.7%。居民消费升级进一步加快，人民群众生活质量日渐改善。

政策保障房建设力度加快推进。2012 年，全省积极推进建设城镇保障性住房 40.32 万套，完成投资 320 亿元，实施农村危房改造 50.3 万户。全年地方公共财政预算住房保障支出 231.66 亿元，比上年增长 52.7%，成为投入力度最大的一年。这不仅缓解了中低收入家庭住房难的矛盾，也使全省房地产楼市房价过快上涨势头得到有效遏制。

经济发展改善就业形势。2012 年，全省就业人口达 2 905 万人，比上年增长 1.7%。全年实现新增城镇就业 29.3 万人，城镇登记失业率控制在 4.1% 以内，就业保持平稳增长态势。

二、云南经济发展需高度关注的矛盾和问题

回顾 20 年多来云南发展进程轨迹，从纵向看，云南经济社会自身发展取得巨大成就；从横向看，1992 年邓小平南方谈话时云南经济总量（GDP）排全国第 17 位，固定资产投资规模列 20 位，地方财政收入排第 13 位，城镇居民可支配收入和农民人均纯收入分列第 13 位和第 22 位，到 2012 年云南经济（GDP）总量居第 24 位，地方财政收入排第 22 位，固定资产投资列第 22 位，城镇居民可支配收入和农民人均纯收入分别处第 15 位和第 28 位，在云南人口持续较快增长的同时，人均主要指标位次逐年后移，差距呈现不断扩大趋势。

从图 4 可见，20 年来云南整体发展实力排位呈现逐年后移的现象。2005 年云南出现大幅波动下滑 5 位后，反弹了一位后稳定在第 24 位，处于"停滞"状态，反映出云南与兄弟省区发展差距在拉大的严峻现实。当前全省经济稳定增长要素保障条件与基础还不稳固，要实现争先进位，"富民强省"目标面临严峻挑战。

%

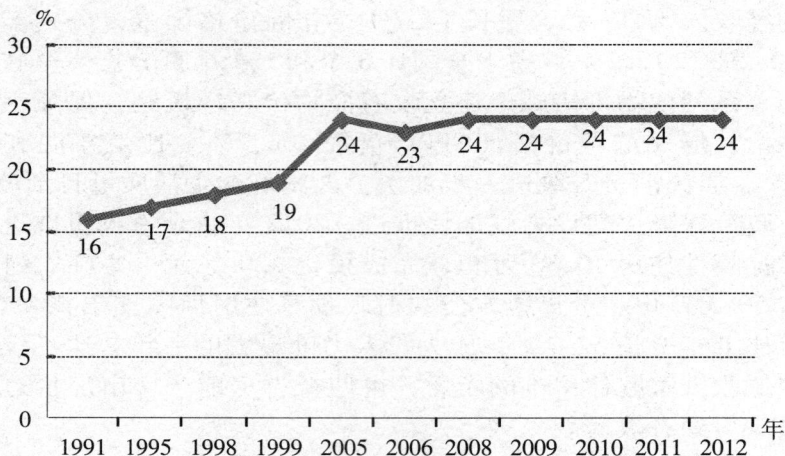

图4　1991～2012年云南生产总值在全国位次变化

（一）从增长动力看，结构性矛盾突出

一是"三驾马车"拉动经济增长动力失调。2012年，全省投资、消费和净出口对经济增长的贡献分别为127%、67%和-94%，扭转内需出力不均衡、外需不振不利局面仍需作艰苦努力。二是投资与消费比例关系严重失调。2012年固定资产投资率高达76%，比2011年提高了6个百分点，且呈现不断上行的趋势，对消费产生日渐显著的"挤出效应"，这将严重透支云南可持续发展能力。三是产业结构调整优化进程出现放缓迹象。工业化是经济结构优化的主动力。2011年云南三次产业结构为15.9∶42.5∶41.6，2012年变化为16∶42.9∶41.1，其中工业比重由33.7%变为33.5%，比上年回落0.2个百分点，传统的、高能耗、资源型的工业体系，由于缺乏新兴支柱产业群的支撑，长期以来唯有依赖"烟产业"来摆脱工业经济的困境格局未曾改变，反映出工业经济增长乏力的迹象。四是收入分配结构不合理。2012年全省城乡居民收入比为3.9∶1，差距仍较大，全省基尼系数超过0.4的国际警戒线，贫富差距、地区收入和行业收入差距呈扩大趋势，收入分配不公的矛盾日渐突出，威胁社会和谐稳定。

（二）从增长质量看，发展方式亟待转变

长期以来，云南走的是一条以固定资产投资拉动经济增长为主要动力，追求经济（GDP）规模和速度为主要目标的发展路子，经济增长质量不高，矛盾日渐凸显。一是劳动力成本价格快速上涨，土地、资源和人口红利因素逐渐减弱。初步测算，目前云南资金投入边际产出效益约 0.73，资金利用效益不够理想。二是固定资产投资效益减弱。初步测算，2012 年全省固定资产投资规模和边际效益分别为 0.31 和 - 0.12，固定资产投资乘数效应比 10 年前减少了 40%。固定资产投资规模效益在递减，揭示出投资决策行为不经济，未来产出水平大幅减低，投资结构亟待调整优化的现实和紧迫性。三是"不充分、不平衡、不可持续"三大发展矛盾，导致经济边际产出和潜在增长率呈现回落趋势。云南加入万亿 GDP 俱乐部以后进入转型发展的新时期，长期以来形成的"高投入、高代价、低产出、不可持续"的发展模式，主要依赖资源性和生产要素规模投入实现经济增长发展的模式亟待转变。

（三）从发展潜力看，"四化"进程差距较大

一是工业化进程亟待加快。长期以来，云南形成以"云烟"为代表的烟草工业"一枝独秀"，以水电为主的能源工业开始崛起，制造业和高新技术产业弱小的"资源型"工业发展格局，加快做大做强云南工业成为紧迫任务。二是城镇化进程落后。2012 年云南城镇化率约 39.3%，比全国低 13.3 个百分点。特别是按照国家新贫困标准衡量，全省有 1 300 万~1 500 万贫困人口，约占全省总人口的 1/3，贫困面广，贫困深度大，加剧了云南脱贫奔小康的难度。三是信息化进程相对滞后。据国家统计局信息化发展指数（Ⅱ）监测报告显示，2011 年云南信息化发展总指数为 0.603，从分类指数看，除发展效果指数和产业技术指数外，基础设施、知识支撑指数与先进省区市差距不断扩大，属于末类（五类）地区，总指数名列全国第 29 位、西部第 11 位，仅高于西藏。四是农业现代化进程放缓。长期以来，云南农业生产方式落后，效率较低。农村人口人均粮食产出水平为 646 公斤/人，仅相当于全国的 70%；农村居民人均纯收入只达全国水平的

68.4%；水利设施欠账较多，自然灾害频发，抵御和减灾害能力薄弱。特别是伴随着工业化、城镇化进程提速的过程，农村青壮年劳动力外出打工人数快速增长，农民工群体队伍迅速壮大，加剧了农村人口老龄化趋势，高素质农村人口大量流失，导致农村"空心化"危机。应对各种风险和挑战，云南还有很长的路要走。

（四）从发展主体看，实体经济面临市场风险挑战

企业是国民经济发展的主体，也是实现充分就业的主渠道。2012年，全省实体经济特别是工业企业面临成本上升、企业经济效益下降的不利局面。截至2012年12月末，全省工业企业主营业务收入8 662.81亿元，同比增长14.8%；实现利税1 640.24亿元，增长3.9%，其中利润总额507.71亿元，下降10.6%。全省企业亏损额128.91亿元，增长91.6%，企业亏损面达26.7%。中小非公企业则普遍表现为融资难、贷款难、用工难，市场需求不振、市场价格下滑，产品卖难，库存增加，就业困难增加等难题，导致实体经济面临困境。全省经济实力不强，世界500强入驻企业不多，特别是缺乏高新创新技术大企业，战略性新兴产业尚未形成气候，缺少新支柱产业支撑，实体经济发展市场环境充满各种变数和挑战。

三、对2013年国内外经济形势的初步判断

（一）国际经济形势观察

2013年，受美国经济"财政悬崖"和国债上限未解决拖累，就业增长乏力，欧债危机负面影响持续，复苏缓慢；日本重振经济乏力，继续低迷衰退成定局，金砖国家等新兴经济体应对通货膨胀增速普遍放缓，美、日、欧三大经济体陆续实施货币量化宽松政策刺激经济增长，导致各种形式贸易主义抬头，潜在通胀和资产泡沫的压力加大，国际大宗商品价格可能进一步推高，经济与环境压力加剧。因此，世界经济依然错综复杂，充满变数和不确定性。世界经济增长缓慢的态势恐难改变，前景不乐观！

（二）中国经济形势走向

根据宏观经济发展的惯性原理分析，当前中国经济的基本面没有改变，国内经济下行压力依然较大，经济增长不确定因素和挑战依然严峻。一是中央经济工作会议明确提出了 2013 年经济工作继续坚持保持"稳中求进"的总基调，扎实推进改革，释放经济活力，经济增长预期目标 7.5%，维持在上年水平。二是把握宏观调控政策取向，继续实施积极的财政政策和稳健的货币政策，通过保持实体经济合理增长的货币需求和产业结构升级，以此推动经济进入创新驱动、内生增长的发展轨道。三是适应发展方式的新变化。"三驾马车"经济动力增长模式的变化，重心是扩大国内需求，培育一批拉动力强的消费新增长点；同时城镇化作为扩大内需的最大潜力被寄予厚望，产业结构升级将推动经济进入创新驱动、内生增长的发展轨道。

从总体形势上判断，我国仍处于加快发展难得的战略机遇期，经济已由高速增长转入次高速增长的新时期，同时面临加快转型发展，应对"中等收入国家陷阱"，缩小贫富差距，全面建成小康社会，构建新兴大国实力和影响力，实现中华民族伟大复兴的历史使命。

（三）云南经济形势判断

2012 年，云南经济总量突破万亿元新台阶，成为万亿 GDP 俱乐部新成员，标志着云南经济社会进入量的积累向质的提升的全新发展时期。2013 年，全省经济发展面临重大机遇和严峻挑战。一方面，经济稳增长的积极因素较多。全省迎来实施西部大开发和推进桥头堡建设、推进"新四化"进程扩大内需，以及经济转型发展三大重大机遇期；能源、交通和通信基础设施建设的"短板"已相对不短，整体实力达到新水平等利好因素；另一方面，云南发展"不充分、不协调、不平衡、不可持续"矛盾长期存在，经济稳增长的基础不牢固，仍然面临结构性矛盾，贫困化难题，贫富差距扩大、老龄化趋势加剧、环境安全突出和社会管理不到位等风险的挑战。

从总体上分析判断，云南仍处于加快发展的重要机遇期，正进入转型发展的关键期，加快推进小康社会建设进程的攻坚期，也是科学发展和谐发展跨越发展的黄金期。初步预期，2013年云南经济增长12%以上，固定资产投资（不含农户）增长20%以上，社会消费品零售额增长18%以上，居民消费价格指数103.5%左右，城镇登记失业率控制在4.2%以内。2013年，国内宏观环境发展对加快云南科学发展和谐发展跨越发展有利。

四、坚持稳中求进，加快云南转型发展的建议

2013年，是我国全面贯彻落实十八大精神的开局之年，是实施"十二五"规划承前启后的关键一年，也是为全面建成小康社会奠定坚实基础的重要一年。我们既要看到经济下行压力和挑战，增强忧患意识，更要坚定发展信心不松懈，把握稳中求进的总基调，努力掌握经济发展的主动权，把握经济工作节奏，把"稳增长、转方式、调结构、增效益、建小康"当做全省经济工作的重中之重，着力提升全省经济增长质量，努力确保全面完成全年各项任务目标。

第一，坚持稳中求进，奋力扎实开好局。云南经济总量在全国位次连续7年稳定在第24位，处于不进则退的现实考验，务必稳中求进，实施积极的追赶战略，坚持科学决策，发展思路"明"；尊重规律，发展路径"准"；真抓实干，发展措施"实"；早行动，力争发展主动权。奋力开好局，起好步！不断提高云南科学发展和谐发展的质量，力争为在2020年与全国同步建成小康社会发展目标奠定坚实基础。

第二，坚持抓牢机遇，加快推进桥头堡建设。要深入落实科学发展观，必须更加坚定加快科学发展和谐发展的信心，牢牢把握党的十八大提出的实现国内生产总值和城乡居民收入比2010年翻一番的发展目标实质在于"强国富民"，把它作为加快云南发展的立足点和归宿。真抓实干，狠抓落实，转变发展方式，争取国家对桥头堡建设在重大项目布局和资金投入的大力支持，掀起积极推进桥头堡建设的热潮，精心谋划，使之进入全面落实桥头堡建设的实质性阶段，将此转化为持续创造和扩大内需新的热点，努力实现桥头堡国家发展战略赋予云南发展新的历史定位。

第三，坚持抓住科学发展根本，扩大经济增长拉动需求。一

方面，尊重经济社会发展规律，把"调结构、转方式、增效益、上质量"作为主线，摆在更加突出地位，积极推进云南经济社会转型发展。当前要坚持实施稳增长措施不放松，积极推进"两强一堡"建设，进一步稳定投资需求，进一步增强重大项目增长后劲。一是务必加大重大项目前期工作力度，积极争取国家加快对云南重大建设项目审批的效率与支持，提高重大项目储备数量与质量，要早规划、多储备、多上马，以更大的气魄推动重大项目带动大发展战略；二是全力推进重大项目建设，抓好重大项目施工进度和效率；三是做好重大项目建设保障服务；四是加大重大项目督促检查力度，加快政策保障房建设，促进全省房地产业健康持续发展。二方面，进一步刺激居民消费需求。加快平衡投资与消费的发展关系，加快推进人力资源和深化收入分配结构改革；加快出台刺激消费拉动经济增长的惠民政策。尽快出台提高全省居民收入的政策措施，落实好国家结构性减税让利的措施；要进一步稳定实施汽车下乡、节能家电下乡、建材下乡等刺激消费的惠民政策，启动农村消费市场，进一步提振全省城乡消费市场活力。三方面，要加快实施对外开放战略，加大开拓出口市场力度，努力提升外需能力。

第四，坚持加快"新四化"发展路径，切实壮大实体经济。一是要加大实施工业强省战略力度，强化市场导向机制，着力提升工业企业竞争实力，加快建立缓解煤电油运"瓶颈"矛盾的长效机制。一是继续抓紧做好大中型煤矿安全生产，切实做好煤电油运保障与供给；二是要建立"煤、成品油、粮食、化肥和水资源"等战略资源和建立"钢材、水泥、有色金属"的收储制度，并使之机制化，充分发挥其帮助企业应对市场风险，促进全省经济增长的"稳定器"作用；三是加快推进工业转型和工业现代化进程；四是做好做优重点工业园区，提高招商引资吸引力和竞争力，在生产保障要素如用地、审批、电力、资金支持等方面给予倾斜，要积极跟进国家宏观经济调整政策取向，淘汰落后产能，在改善投资结构的基础上尽快形成一批新的生产能力，以增强工业发展后劲；五是大力发展非公经济，要贯彻落实好国家鼓励和引导民间投资健康发展的"新36条"政策措施，加大对非公企业实施经济增长就业发展规划方面的力度，减轻小微企业税负；六是加强政府和金融机构合作，稳定增加资金供应，帮助实体经济摆脱融资成本高、融资难的现实困境，增强经济发展活力；七是积极推动全省县域经济大发展，发挥重点州市发展潜力，加快培育滇中经济圈新增长极和特色经济增长热点，构建全省区域经济发展新格局。

第五，坚持改革和创新时间表，增强先行先试的主动性。改革创新是加快云南发展最大的"红利"，到 2013～2020 年要积极推进一列重大制度改革。一是大力强化制度改革和科技创新力，这是实现科学发展的关键所在，主要取决于在思想解放、转变观念、改革开放、引进人才和科技创新、培育战略新兴支柱产业等方面取得先机，加快形成大的气候。为此，一定要在改革创新，尤其是先行先试方面上下大力气，充分重视和利用市场规律和市场机制配置资源"看不见的手"的巨大作用，把着力点放在做大做强实体经济和支柱产业上，放在创造更多就业机会和关注民生上，要在工业化、信息化、城镇化和农业现代化实现新突破，增强产业、科技、信息和人才竞争力，不断拓展经济发展的巨大潜力和空间。

第六，坚持和谐安全发展，建设美丽云南小康社会。一是加强生态文明建设，处理好人与自然和谐共存关系，保护好云南十分有限的耕地资源，加快石漠化治理和水土流失治理，制订和实施推进坡地退耕还林计划，保护和开发利用水力资源，确保耕地和粮食安全，发展高原特色农业，促进生态农业、旅游农业、订单农业等多样化的现代农业产业形态，加强农业基础地位和促进农民增收。二是敬畏生命，尊重自然。切实呵护云南"青山、绿水、蓝天"美丽的自然人文景观；在积极推进绿色经济强省过程中，高度注重生态环境安全。三是推进社会主义新农村建设，加大扶贫攻坚力度。加快推进农村基础设施建设，尤其是要重视少数民族贫困地区和边境县农村基础教育和职业教育投入，促进农村信息网络普及覆盖工程提速，缩小其发展存在的差距。四是加强改善民生和提高社会保障体系能力建设，重点加强农村医疗和社会保障体系建设，探索应对农村老龄化趋势挑战的途径，为加快建成小康社会和建设美丽云南打牢基础。

第七，坚持真抓实干，强化各级各部门执行力。一是立足省情，认清形势，进一步强化对经济工作的领导。各级各部门要把稳增长摆在更加突出的位置，强化目标责任考核，加大奖惩力度，营造全省上下"稳增长、建小康、促跨越"发展的浓厚氛围。二是加强服务型政府建设。倡导真抓实干，大力强化部门执行力，要抓紧做好各级各部门提高对经济增长的支撑力度，明确任务，强化责任，把工作落到实处，形成合力。三是进一步密切关注国内外经济形势变化，准确分析国家宏观调控政策取向，加强宏观经济形势调研和监测，正确判断全省经济形势，努力提高宏观决策前瞻性和宏观调控的预见性和主动性。四是牢固树立科学发展观和政绩观，引入民意调查评价、社会民生指数、幸福指数等评价体系，实施分类指导、分类考核，完善政府目标考核引导激励机制，努力为云南加快建成小康社会做出积极贡献！

（作者单位：云南省统计局综合处）

综 合 篇

2012 年云南消费品市场发展报告

李进云　连　桦

2012 年，全省坚持以科学发展为主题，以加快转变、跨越发展为主线，促增长、调结构、稳物价、惠民生、促和谐。坚持从搞活流通、扩大消费入手，努力改善消费环境、优化消费结构、转变消费观念，在经济增速放缓、热点商品消费降温、物价上涨压力等诸多复合因素的影响下，全省消费品市场总体上继续保持了平稳增长，但增幅呈现回落态势，在连续几年较快增长后消费品市场运行步伐趋缓。

一、2012 年消费品市场运行基本特点

（一）消费品市场运行总体平稳

2012 年，全省实现社会消费零售总额 3 541.60 亿元，比上年增长 18.0%，增幅比上年回落 2 个百分点。分季度看，一季度增长 16.0%；二季度增长 15.4%；三季度增长 15.6%；四季度增长 23.3%。全年月均零售额达 7 601.63 亿元，比上年增加 1 123.24 亿元。全省消费品市场继续保持平稳增长的势头，增速居全国前列。

（二）城乡市场发展差距缩小

2012 年，分销售地域看，城镇市场实现消费品零售额

2 846.92 亿元，比上年增长 18.3%；乡村市场实现零售额 694.68 亿元，比上年增长 17.2%。城镇市场与乡村市场增幅差距由上年的 3.9 个百分点缩小至 1.1 个百分点。但从城镇居民在消费空间和环境等诸多方面存在的优势看，加之节日消费，在很大程度上城镇的消费仍占市场主力。城镇市场对社会消费品零售总额增长的贡献率达 81.2%，拉动社会消费品零售总额增长 14.6 个百分点。据统计，截至 2012 年 12 月 31 日，我省有家电下乡销售网点 9 540 个，实现了销售、售后服务体系乡镇全覆盖。"家电下乡"自 2009 年 2 月启动至今，全省累计销售家电下乡产品 732.4 万台，总销售金额达 167.6 亿元，兑付给农民补贴 19.2 亿元，农民获得了实实在在的实惠。全省汽车、摩托车、家电等下乡产品财政资金兑付总额为 41.61 亿元，拉动消费近 400 亿元。

（三）限额以上企业拉动作用更加凸显

2012 年，全省限额以上企业实现零售额 1 853.10 亿元，比上年增长 27.1%，占全省社会消费品零售总额的比重达到 52.4%，比重比上年提高 5.3 个百分点；拉动全省社会消费品零售总额增长 13.2 个百分点，贡献率达 73.3%，贡献率比上年提高 9.8 个百分点。全省限额以下企业及个体户实现零售额 1 424.14 亿元，比上年增长 4.0%，拉动全省社会消费品零售总额增长 1.8 个百分点，比上年回落 2.8 个百分点，占全省社会消费品零售总额的比重由上年同期的 46.9% 下降到 40.2%。

（四）消费热点领域表现突出

2012 年，全省吃、穿、用类商品均有不同程度增长，全省限额以上企业中 25 个大类商品全部实现增长。吃、穿、用类商品分别增长 46.6%、19.9% 和 21.4%，吃类商品增幅分别比上年提高 10.7 个。据对限额以上批零企业商品零售统计，市场消费热点主要表现在以下几个方面：一是受生活必需品价格上涨较快影响，基本生活类消费品增长较快。2012 年，全省限额以上企业粮油类增长 33.5%，肉禽蛋类增长 47.2%，蔬菜类增长 89.0%，水产品类增长 63.9%，干鲜果品类增长 48.8%，服装类增长 18.2%，日用品类增长 56.4%。二是石油及制品类成为拉动消费增长的主力之一。随着全省汽车保有量的不断增加和成品油价格上涨等因素影响，2012 年，全省限额以上企业石油及制品类零售额同比增长 26.8%。三是投资型、改善型、保健型消费热点不断升温。以金银珠宝、高档红木家具和保健品为代表的保值、增值型和保健型商品逐渐成为消费新宠。2012 年，全省限额以上企业实现金银珠宝类商品零售额同比增长 45.5%；文化办公用品类零售额同比增长 11.2%；家具类零售额同比增长 1.3 倍；中草药及中成药类零售额同比增长 48.2%。

（五）住餐业消费持续升温，旅游消费市场火爆

由于城乡居民收入的增加，人们餐饮观念的转变，全省住宿和餐饮业发生了深刻的变化，餐饮结构得到优化，服务质量不断提高，总体水平上了新的台阶。尤其在节假日，家庭聚餐、亲朋聚会较多，绿色、休闲、文化等各类特色饮食深受消费者欢迎，各大餐饮企业为了迎合消费需求的变化，及时调整营销策略，极大地提升了消费者的消费热情。2012 年，全省住宿餐饮业实现零售额 512.35 亿元，比上年增长 18.1%。其中，餐饮业实现社会消费品零售额 473.33 亿元，比上年增长 17.8%。旅游消费是拉动全省消费品市场发展的重要因素，也是衡量一个地区消费内涵的重要方面。近期以来，我省做大做强旅游产业，不断加大对各旅游主要景区的宣传、投资和管理力度，旅游业快速发展，旅游市场井然有序，游客数量稳步增长。2012 年，全省共接待国内旅游人数 19 630.28 万人次，海外旅游者 457.84 万人次，共实现旅游总收入 1 702.54 亿元，分别同比增长 20.2%、15.8% 和 31.2%。

二、支撑消费品市场平稳增长的有利因素

（一）社会的稳定与经济的较快发展为消费增长提供了良好的宏观环境

2012 年以来，全省经济社会的健康快速发展，人民生活水平的稳步提高，为消费品市场提供了良好的发展环境，成为经济发展的重要力量。主要经济指标和主要行业运行良好，居民收入稳步增长，居民消费信心不断增强，为消费品市场持续稳定发展奠定了坚实基础。

（二）城乡居民收入持续增长，居民消费能力有望进一步提高

2012 年以来，全省城乡居民收入不断增长，增速快于 2011 年。1～9 月，全省城镇居民人均可支配收入 15 555 元，同比增长 13.8%；农村居民人均现金收入 4 521.4 元，同比增长 16.5%。国家调高退休人员补助标准待遇、个税起征点提高以及就业形势良好均成为居民收入增长的源泉。

（三）假日、旅游经济带动作用增强

假日经济和旅游经济成为推动全省消费品市场快速发展的重要力量，2012 年，全省实现旅游总收入 1 702.54 亿元，比上年增长 31.2%。旅游业综合性消费强的特点带动了吃、住、行、游、娱、购等相关产业，对商品销售、餐饮收入和住宿收入的增加较为明显，对拉动消费发挥了重要作用。

（四）消费群体年龄结构的变化，将有力促进消费市场保持较快增长

随着 80 后、90 后逐渐成长为主力消费群体，他们追求享受、追求时尚、追求品质、适度超前的消费观念，已不同于中国传统量入为出、重储蓄轻消费的观念，这部分消费群体将释放出巨大消费潜力，有力促进未来一段时期消费市场的发展。

（五）餐饮消费成为百姓日常消费热点

餐饮业作为与人们生活密切联系的行业，已成为国内消费中发展速度最快的行业之一，持续成为消费市场的热点，对方便群众生活、促进经济增长发挥着重要的作用。随着城镇居民收入水平的不断提高和消费观念的转变，亲朋好友聚会外出用餐已成为常态，人们对餐饮消费的需求更加多样化，高端酒楼、快捷餐厅、家常风味店、特色小吃店、咖啡店、酒吧、主题餐厅等多种形式的餐饮店应运而生；川菜、湘菜、粤菜、东北菜、私房菜、泰国菜、法国菜、火锅、日本料理、韩国料理、西式快餐等多种口味的佳肴琳琅满目。2012 年，全省餐饮业实现营业额 642.05 亿元，比上年增长 24.8%。餐饮业持续增长的因素除了人们生活水平的提高和消费观念的改变之外，餐饮业结构的转变和服务水平的提高也是很重要的原因。

三、影响消费品市场发展的不利因素

2012 年，面对经济运行下行带来的压力，消费品市场受到的影响难以避免，虽然消费品市场保持了稳步增长，但增幅回落的态势存在的一些问题仍需关注。

（一）居民消费行为渐趋理性，短期内难以形成新的消费热点

截至 2012 年末，全省居民储蓄存款余额 7 741.59 亿元，同比增长 16.3%。1～11 月，全省居民消费价格总水平同比上涨 2.7%，而一年期定期存款利率仅 3.5%，低利率和股票市场低迷，影响居民的实际利益和消费能力。由汽车、房产、家用电器等商品消费快速增长拉动的上一轮消费高峰已基本完成，新的消费热点、消费行为短时期又很难形成，如何有效拓展消费空间、提升消费水平成为当前的一项紧迫任务。汽车和住房消费难以摆脱政策调控的影响，住行消费升级步伐放慢。

（二）消费价格上涨继续制约消费持续增长

1～11 月，全省居民消费价格总指数上涨 2.7%。虽然物价涨幅比上年同期有明显回落，但价格总水平并没有下降，对中低收入特别是低收入居民的消费影响比较大，对居民消费产生了一定的抑制作用。从长期看，物价上涨的累积效应，加大了居民在住房、医疗、教育等家庭保障性支出方面的压力，导致消费意愿降低，即期消费下降，最终将抑制广大居民特别是中低收入者的消费欲望，降低消费需求。物价上涨对消费市场产生了不利影响，基本生活需求类商品价格涨幅较大，不仅使居民收入增加的大部分被物价上涨支出抵消，居民生活成本不断上升，从而影响到消费市场的持续增长，而且对人们的消费心理和消费需求带来负面影响。

（三）农村市场与城市市场发展仍不平衡

近年来，开拓农村市场已成为扩大内需、启动消费的中心工作之一。但启动农村市场的多项措施出台后，并未显现出预期的效应，农村市场仍滞后于城市市场的发展。2012 年，全省农村消费品零售额 694.68 亿元，仅占社会消费品零售总额的 19.6%，比上年增长 17.1%，增幅低于城区消费品零售额 1.1 个百分点。

（四）热点商品缺乏，影响消费快速增长

近年来，在消费升级、政策效应等因素的影响下，家用电器、汽车、金银珠宝等商品的零售额都曾快速增长，成为消费品市场快速发展的活跃剂。但从 2012 年以来的情况看，消费品市场缺乏快速增长、带动力强的热点商品。全年限额以上企业（单位）的 25 类零售商品中，增速超过 30% 的商品仅有 10 类，增速超过 20% 的商品有 13 类。其中，粮油食品饮料烟酒类增长46.6%，服装鞋帽针纺织品类增长 19.9%，汽车类增长 13.1%，石油类增长 26.8%。

（五）网络购物对消费增长产生冲击

近年来，网络购物因其方便、快捷、价格低廉、足不出户完成各种购物迅速在年轻人中普及流行，甚至影响并传播到一些中青年购物群体，网上购物如雨后春笋般迅猛发展，分流了相当一部分消费群体。由于购物方式和购物场所地理位置的改变，对传统的进店销售模式产生极大的冲击。

（六）高房价透支居民消费力

在房价渐涨和国家对房地产业宏观调控政策趋紧的情况下，消费者购买意愿将会有所保留，高房价正逐步影响居民消费模式，改变人们的预期。许多购房者不得不节衣缩食，日常消费萎缩，从而阻碍了居民消费转型升级，影响到消费结构的优化。

四、全年消费品市场走势判断

2012 年以来，在党中央的坚强领导下，全省紧紧围绕"两强一堡"战略目标，牢牢抓住桥头堡建设上升为国家战略这一重大历史机遇。按照党中央、国务院和省委、省政府保增长、扩内需、

调结构的总体部署，充分发挥我省连接东南亚、南亚，沟通泛珠三角、长江流域的地缘优势，加快推进桥头堡建设，努力达到城乡居民收入充裕、公共服务健全、社会保障有力、生态环境良好、各种关系和谐，让各族群众从中受益得实惠。研究利用好差别化产业政策，使特色优势产业蓬勃发展。坚持重点工作项目化，坚持项目建设责任化。以发展规划为先导，项目建设为支撑，投资拉动为重点，扩大就业、改善民生，全面提高商贸流通产业发展速度、比重、质量和水平，构筑习合云南实际、体现云南特色的商贸流通产业体系，全面推进商贸流通产业又好又快发展。

随着经济下行压力的加大，国内消费品市场也存在一些复杂的不确定因素。但我们认为，推动消费品市场发展的诸多有利因素仍然存在。预计，全年全省消费品市场仍将保持稳定的增长态势，但在经济增速回落以及缺少消费热点带动的情况下，也不排除零售额增速的小幅回调，增速预计保持在18%左右。

第一，随着汽车消费优惠政策取消、城市拥堵、环境污染、用车养车成本上升等因素影响，预计2013年仍将处于汽车销售低速增长的阶段，对相关消费产生下拉影响。虽然保障房对2013年的住房消费有拉动作用，但是普通商品房数量庞大，商品房成交面积增幅减缓局面不可避免，对购房消费的抑制性影响将逐渐显现。

第二，由于国外宽松的货币流动性、国内原材料涨价和人工成本持续增加短期内难以消除，加之我国农产品供给的有限性以及资源价格改革推进，预计今后几年我国都将处于温和通胀区间。价格持续高位对中低收入居民消费的负面影响较大。一是食品价格涨幅较高对其他消费有挤占影响。二是工业用品、服务价格和资源价格全面上涨导致居民实际消费能力锐减，影响消费预期，个人消费行为趋于谨慎。

第三，储蓄存款和资本市场是城乡居民的主要投资理财渠道，目前皆处于资产缩水状态，如果没有有效政策出台，预计这一局面在2013年难以显著改观，居民财产性收入减少、持久性收入预期悲观将使消费行为趋于谨慎和保守，影响居民大额、持久消费性支出。

第四，挖掘农村消费潜力，促进农村消费稳步增长。扩大内需是经济发展的长期战略方针和基本立足点。要充分发掘内需的巨大潜力，而扩大内需的最大潜力在农村。"十二五"规划纲要提出，未来 5 年要千方百计拓宽农民增收渠道，促进农民收入持续较快增长。强农惠农政策的实施将继续支撑农民收入增长和消费增加。扩大农村地区消费要培养新的消费热点，通过政策驱动，让农民得到更多的实惠，进而对经济增长产生更大的动力。要努力遏制城乡收入差距扩大的趋势。建立对农村低收入阶层补贴的长效保障机制，把补贴制度长期化、规范化，切实缩小城乡收入差距。此外，要通过社保制度完善释放进城农民的消费需求。逐步落实农民工市民化待遇，有序将农民工纳入城镇就业、医疗、社保、住房和子女教育等基本保障制度，逐步实现农民工与城市居民的基本保障权利无差别，让农民工真正融入城市消费群体。挖掘农村消费潜力，能够促进农村消费稳步增长。正因为人口基数庞大，才有巨大的消费潜力和基础。因此，占人口大多数的农民消费能否增加决定了内需是否真正能够扩大。激活农村消费市场无疑将显著提高国内消费水平，把经济增长带入内生增长、内外需双轮驱动的轨道。从现实情况看，消费水平还比较低，农民消费仍然主要以生活基本需求和农资消费为主，电脑、汽车等的消费比例仍然较低。正因为如此，农村消费还有很大提升空间，在收入持续增长和社会保障体系逐渐完善的背景下，农民的消费意愿大幅增长。

五、扩内需、促消费的对策建议

（一）保供稳价来释放中低收入群体的消费欲望

物价水平是关系群众利益的重要影响因素，是抑制消费品市场快速发展的主因。据调查，对消费者来说，价格是大多数消费者的首选，物有所值仍然比品牌重要，在物价高位阶段关注质量的同时，商品价格已是消费者的首要意愿。居民在物价高位运行下，生活负担明显加重，最终会影响消费品市场的稳定发展。因此，稳定物价对消费品市场尤为关键，要进一步稳定物价水平，防止物价过快上涨，继续把抑制食品价格过快上涨作为稳定物价的重点，要做好增加生产、保障供给、搞活流通、降低成本等工作，严厉查处发布虚假信息、囤积居奇、操纵价格、恶意炒作等违法行为。

（二）积极培育新的消费热点

扩大内需促经济增长，最根本的是要靠拉动消费，特别是最终消费需求。当前，扩内需、稳增长，要进一步采取措施，从变化的形势中把握机遇，要着力扩大消费需求，加快构建扩大消费的长效机制，积极培育和发展新的消费热点。一是积极培育文化娱乐、教育培训、体育健身、休闲旅游等新的商品消费，引导个性化、时尚化、品牌化消费，培育和发展定制类消费。二是大力发展社会化养老、家政、物业、医疗保健等服务业，推进构建现代化的服务业，以提高服务消费水平为契机，鼓励和吸引居民扩大消费。三是积极发展网络购物等新型消费业态，建设电子商务信用系统，使消费品市场保持持续稳定的增长。

（三）增强旅游消费对内需的拉动作用

旅游业具有消费关联性、产业带动性、资源增值性和经济拉动性等方面的特点，对于增加就业岗位、促进消费结构升级、产业结构优化都具有积极意义。旅游直接消费涉及吃、住、行、游、购、娱六个领域，派生消费涉及的领域更为宽泛，为消费者提供了更大的消费选择空间。云南作为旅游文化大省，充分挖掘优势资源，增强旅游消费在扩大内需促消费保增长方面的拉动作用，对促进全省消费品增长将增添新的活力。

（四）提高中低收入者收入水平

建立健全收入增长机制，大力提高中低收入者的收入水平，扩大中等收入人群。一般来说，相对于高收入者，中低收入者的恩格尔系数较高，消费倾向较高，消费收入弹性较大，在收入增长幅度相同的情况下，中低收入者用于消费支出的比例明显高于高收入人群。通过提高最低工资标准、完善养老、医疗等社会保障体系，大力增加中低收入者的实际收入，提升消费能力，可以更加有力地促进城乡消费市场的发展。

（五）加大对商贸企业培育及扶持力度

限上批发、零售、住宿、餐饮企业经营规范、服务范围广，带动效应显著。因此，要加大对限上企业的培育和扶持力度，积极引导限上企业合法、正规经营，同时出台并落实一些培育和扶持政策，进一步壮大限上批发、零售、住宿、餐饮企业队伍，发挥大中型商贸企业的带动作用，从而促进全省消费品市场的健康快速发展。

（六）拓展农村消费市场，挖掘乡村消费潜力

落实强农、惠农政策，提高农业生产经营和农民转移性收入，逐步提高农民收入水平，缩小城乡收入差距，解决农村有效需求不足的问题，活跃城乡两个消费市场，进一步挖掘和释放城乡消费市场。一是积极推进乡村市场工程建设，引导大中型流通企业，连锁公司将经营触角向农村地区延伸、改善农村市场购物环境。二是采取有效措施，解决农产品卖难问题，切实增加农民收入，从而激活乡村购买力。

（七）继续完善社会保障制度

加大对产品质量和价格的监管力度，特别是要加强食品安全监管。同时，进一步整顿和规范市场经济秩序，严厉打击市场制假售假、商业欺诈等不法行为，保护消费者的合法权益，营造和维护公平、有序、规范的市场环境，提振消费信心，促进安全消费。要进一步增强基本公共服务产品的供给能力，尽快提高各种社会公共产品的水平和覆盖范围，包括教育、基本医疗卫生服务、保障性住房以及最低生活保障等，解决居民消费的后顾之忧。加大对产品质量和价格的监管力度，特别是要加强食品安全监管。同时，进一步整顿和规范市场经济秩序，严厉打击市场制假售假、商业欺诈等不法行为，保护消费者的合法权益，营造和维护公平、有序、规范的市场环境，提振消费信心，促进安全消费。

参考文献：

［1］云南省统计局：《云南省2012年1~11月国民经济发展主要数据》，2012年11月。

［2］云南省国民经济和社会发展主要指标，2013年1月。

（作者单位：云南省统计局经贸处）

2012 年云南固定资产投资报告

何晓明　吕晓明

　　2012 年，面对整体偏紧的宏观环境和不确定性增大的复杂形势，云南全省各地认真落实省第九次党代会和省委九届二次全会精神，牢牢把握"稳中求进、好中求快、变中求新"的总体要求，采取有力措施，积极应对各种困难和挑战，特别是在全省县域经济推进会上秦书记和李省长作了重要讲话，把抓固定资产投资提到了下一步工作的第一要务，"要扭住投资这一关键，全力以赴抓项目建设"，以重大项目带动计划，着力加快改善民生工程建设、基础设施建设、推进工业强省项目建设，加快启动一批事关全省长远发展和带动性强的大项目、好项目，积极引进外资，努力扩大民间投资等。全省上下铆足干劲，齐心协力，真抓实干，圆满完成了全年固定资产投资任务，为云南实现"稳增长、冲万亿、促跨越"目标奠定了坚实的基础。

一、积极应对困难及挑战，圆满完成省委、省政府目标任务

　　初步预计，2012 年全省固定资产投资（不含农户投资）7 410 亿元，增长 25%，高于全国约 5 个百分点，圆满完成了省委、省政府 25% 的目标任务。从总体上看，全省固定资产投资呈现快速增长态势。

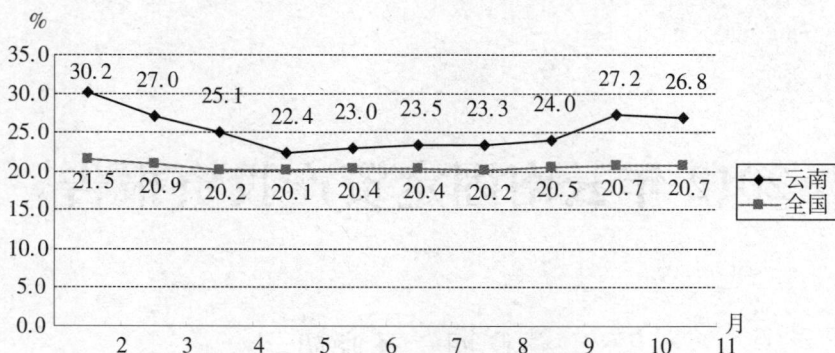

图1　2012年云南与全国固定资产投资（不含农户投资）走势

（一）产业投资结构不断调整

2012年，全省固定资产投资在投资产业结构上不断进行调整，截止到11月，从三次产业来看，从年初的1.1∶30.0∶68.8调整到2.0∶34.6∶63.4，基本处于合理的产业结构投资。第一产业完成投资136.0亿元，比上年增长44.0%；第二产业完成投资2332.14亿元，比上年增长26.1%；第三产业完成投资4274.85亿元，比上年增长26.7%。从工业投资来看，非电工业与电力工业投资、轻重工业投资、高耗能投资结构不断调整。非电工业投资比重从年初的65.8%调整到66.9%；电力工业投资比重从年初的34.2%调整到33.1%；轻重工业投资比重从年初的86.7∶13.3调整到83.0∶17.0；高耗能投资比重从年初的24.8%调整到21.4%。从三产来看，文教卫等关注民生生活投资不断加大，增幅达34.5%，远远高于全省投资平均增幅，投资比重从年初的4.8%提高到5.4%。

（二）重点行业投资支撑作用明显

截至11月，全省固定资产投资重点行业投资5400.67亿元，比上年增长25.0%，投资占比达80.1%，投资支撑作用明显。重点行业中工业投资2328.97亿元，比上年增长26.5%，其中，非电工业投资1557.77亿元，比上年增长30.4%；电力工业投资771.20亿元，比上年增长19.3%；交通运输、仓储及邮政业投资701.31亿元，比上年下降15.8%；水利、环境和公共设施管理业投资624.87亿元，比上年增长40.8%；教育投资172.15亿元，比上年增长49.1%；房地产投资1573.37亿元，比上年增长44.7%。

（三）非公经济投资及民间投资活跃

截至 11 月，全省固定资产投资中非公经济投资及民间投资活跃，投资增幅均高于全省平均增幅。全省非公经济投资 3 284.15 亿元，比上年增长 32.7%，占比比上年同期提高了 2.2 个百分点，达 48.7%；民间投资 3 460.16 亿元，比上年增长 34.2%，占比比上年同期提高了 2.8 百分点，达到 51.3%。

（四）房地产开发投资高位运行

2012 年，在国家对房地产宏观调整不松动的情况下，云南房地产开发投资持续在高位运行，保持在 40% 增幅以上，这主要是因为：一是省委、省政府加大了保障民生的保障房开发建设；二是居民刚性需求及改善性需求的增加；三是城镇化建设的推进；四是房地产开发结构不断调整所致。截止到 11 月，从投资额来看，90 平方米以下住宅、办公楼、商业营业用房高速增长，增幅均在 60% 以上，最高的办公楼达 124.4%；从房屋施工面积来看，90 平方米以下住宅、办公楼、商业营业用房也是高增长，增幅分别是 69.8%、51.0%、48.4%；从商品房销售情况来看，销售面积呈 U 形，销售额呈现上升，90 平方米以下住宅、办公楼、商业营业用房的销售面积增长分别达到 35.3%、93.5%、34.2%；从销售额来看，90 平方米以下住宅、办公楼、商业营业用房的销售额增长分别达到 27.8%、228.6%、27.9%。

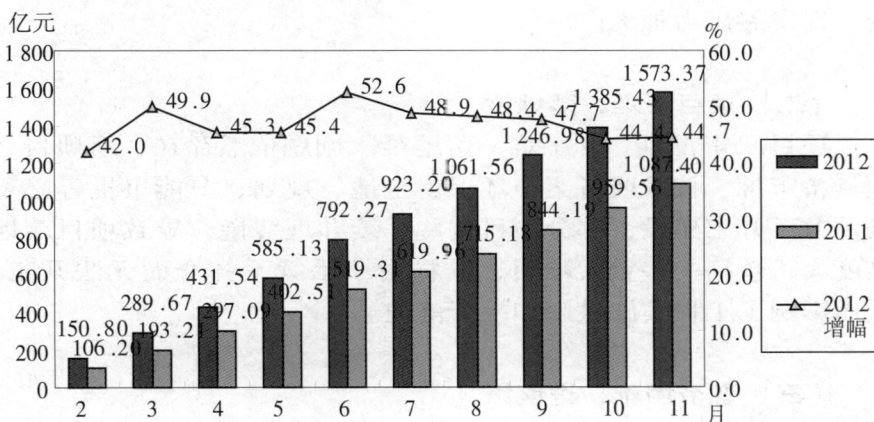

图 2　2012 年各月云南房地产投资及增幅情况

（五）建设资金到位情况良好

截至 2012 年 11 月，全省建设项目到位资金 7 305.49 亿元，同比增长 28.8%，其中，国内贷款 1 115.43 亿元，增长 114.8%；自筹资金 4 236.67 亿元，增长 138.3%；其他资金 1 314.87 亿元，增长 41.0%。建设资金总体到位情况良好，为全省固定资产投资增长提供了重要支撑条件。但是也要看到，房地产企业自有资金比上年增长 25.5%，远低于房地产开发投资。持续收紧的信贷政策，使开发企业资金回笼速度放慢，资金链紧张状况日益加剧。自有资金增长过慢，过分依赖银行，容易埋下金融风险隐患，加大银行信贷资金潜在的偿还风险。

二、当前固定资产投资增长面临的问题

（一）逆市发展，压力大

一是欧洲债务危机仍然在深化；二是全球主要经济体为了刺激经济而竞相实施量化宽松政策；三是国内经济受国际大环境影响呈现下滑趋势；四是国家加大宏观经济调控，坚持实施积极的财政政策和稳健的货币政策；五是扩内需加大了地方政府财政支出的压力。因此，面对国内外经济形势的复杂多变，云南扩投资、促发展压力加大。

（二）项目三难，落地慢

项目"审批难、开工难、落地难"问题依然存在，新项目必须具备审批、核准或备案、环保、土地、规划、节能审批等必要条件方可开工建设，部分项目这些手续办理缓慢，导致项目落地难度大，包括一些重大项目，同样由于手续不齐全而无法开工，从而影响了工程实施进度和投资落地。

（三）融资困难，进度缓

项目融资难度加大，影响了项目的推进，特别是一些重大项目，2012 年以来大项目支撑作用有所下降。全省固定资产亿元以

上投资项目个数较上年同期有所增长，但投资进度却有所减慢。截至 11 月，全省亿元以上项目 1 455 个，同比增长 19.8%；完成投资 2 667.71 亿元，同比增长 4.0%，占比比上年下降了 9 个百分点。67% 的亿元以上项目完全靠单位自筹资金，大量占用企业资金进行固定资产投资，会直接影响企业的生产和扩大再生产的积极性。

三、坚持科学发展，努力实现固定资产投资可持续发展

十八大的胜利召开，是党高举中国特色社会主义伟大旗帜，团结带领全国各族人民继续全面建设小康社会、加快推进社会主义现代化、开创中国特色社会主义事业新局面的一次重要会议。全省上下应在省委、省政府的正确领导下，以科学发展观为指导，认真学习贯彻十八大精神，提高认识，统一思想，按照中央经济工作会议精神，在全国继续加强和改善宏观调控，促进经济持续健康发展，加快产业结构调整，提高产业整体素质，加强民生保障，提高人民生活水平的发展环境中，促进云南经济在 2012 年"稳增长、冲万亿、促跨越"的基础上更上一层楼。

（一）抢抓机遇，扎实改善和优化投资环境

一是要抓住桥头堡建设的大好机遇，积极推进大平台、大通道、大基地、大窗口、大生态建设，打造对外开放优势；二是进一步加快政府公共服务职能转变，努力建设阳光政府、效能政府、服务政府和法治政府，提高行政优质服务效率。在加强投资硬环境建设的同时，要更加重视投资软环境建设，积极鼓励和推进县域经济和放手发展非公经济，促进全省投资科学发展、和谐发展和可持续发展，提高投资竞争力。

（二）真抓实干，抓好重大项目推进工作

一是要高度重视和加强全省重大项目前期工作，加大全省重大项目前期工作经费投入，为投资可持续发展创造前提条件；二是加大对在建重大项目督导，加快投资进度，大力提高投资效率；三是重视和深化政府和银行、企业和银行的合作，扩展融资

平台，发挥全省重大项目不可替代的支撑作用；四是不断提高投资科学决策水平，防止和减少重复投资和浪费，稳步提高重大建设项目的经济、社会和生态效益，促进全省经济增长方式的转变。

（三）调整结构，夯实基础提升产业素质

一是要加大农业基础设施建设力度，夯实农业基础设施，为提升农业生产奠定基础；二是要加大基础设施建设，努力打造大通道，为打造大平台、大基地、大窗口奠定基础；三是围绕大生态建设合理选择产业投资，加强对产能过剩行业投入的调控，加大新兴产业扶持力度，加大名优产品、创新产品的扶持力度，进一步加快产业结构调整，提升产业整体素质。

（四）同步发展，加快推进"四化"建设进程

在新形势下，工业化、信息化、城镇化、农业现代化是相互关联、不可分割的。一是要不断发展壮大工业。积极依靠技术创新，发展现代制造业，促进工业企业技术进步，节能减排，发展循环经济，从根本上提高云南经济实力。二是切实提高各州市中心城市竞争力，加快推进城市化进程。做好各州市中心城市群发展定位，以及优势产业和实体企业的布局建设，不断提高投资和科技人才的集聚度。三是大力推进农村现代化建设，缩小城乡差距。通过加快发展现代农业、生态农业、旅游农业，支持和鼓励"三农"企业发展，培育和壮大农村经济，使第一产业成为新的投资增长点。四是加快信息化建设，加大信息化与各行业的融合度，以信息化建设平台助推工业化、城镇化及农业现代化的发展。

（作者单位：云南省统计局投资处）

2012 年云南省对外贸易发展与 2013 年预测

王　玲　陈利娟　董彬彬

2012 年，世界经济复苏趋缓，国际市场需求严重萎缩，云南外贸遇到了前所未有的困难，1～4 月进出口总额仅为 42.41 亿美元，同比下降了 10.4%。云南省按照"突出周边、发展非洲、进军南美、探索中东"的思路，充分发挥区位优势和发展潜力，彻底扭转了不利局面。截至年底，全省共完成贸易进出口总额 203 亿美元。① 外贸结构和增长方式逐步优化，与东亚、东南亚贸易呈现出"出口锐降、进口劲增"的新特点，滇港贸易成为云南外贸新的增长点，服务贸易成为云南外贸的新亮点，进出口商品结构朝着多元化的方向发展。

一、2012 年云南对外贸易运行情况分析

（一）外贸运行总体呈稳步增长趋势

受国际环境及全球经济增长缓慢的影响，2012 年初云南进出口贸易遭受下挫的影响，进出口总额呈下滑趋势。通过政府和行业的积极努力，进出口总额从 6 月开始止跌回升，至 12 月底全省进出口总额为 203 亿美元，同比增长 25%，开始呈现明显的企

---

① 资料来源：云南省商务厅 2013 年工作报告。

稳回升势态，外贸运行总体呈稳步增长趋势。

亿美元

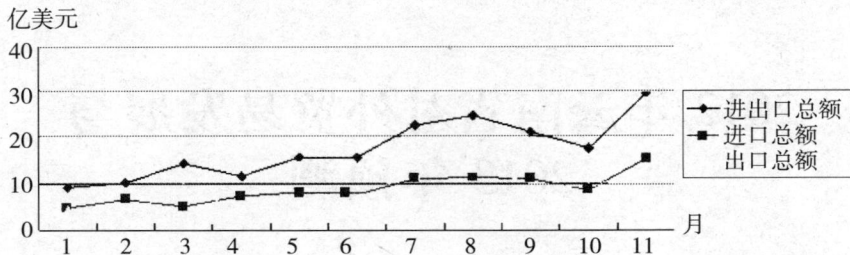

图1　2012年1～12月云南省进出口统计数据

　　表中显示：2012年初，受全球经济不景气，国际需求萎缩的影响，1～4月云南省进出口总额急速下滑，同比下降幅度达到了10.4%；5月开始稍有回升；6月份企稳；6月份以后稳步增长，1～7月外贸形势较前半年有了较大的变化，进出口总额为95.9亿美元；1～8月全省进出口总额达到120.3亿美元，增幅高达22.4%，外贸运行彻底反转；1～11月对外贸易增幅为30%，仍然保持快速增长的势头；12月底实现进出口总额203亿美元，增幅25%。［资料根据云南网（http：//yunnan.cn）相关数据整理而得］

（二）云南省与东南亚、南亚贸易呈现新特点

　　云南省与东盟贸易总体继续保持平稳增长态势，同时呈现"出口锐减、进口劲增"的新特点。

　　2012年1～11月，云南省与东盟进出口贸易总额达59亿美元，同比增长10.1%。前11个月云南与东盟双边贸易规模占全省贸易比重的31.4%，比上年同期稍有下降，呈现出"出口锐降，进口劲增"的态势。具体表现为：

　　2012年1～11月对东盟的出口额为32.4亿美元，同比增长0.4%；对东盟的进口总额为26.6亿美元，同比增长24.8%；贸易顺差5.8亿美元，同比减少3.57亿美元。其中，1～11月份，云南省与缅甸实现贸易额19.4亿美元，同比增长5.8%，缅甸依然是云南最大贸易伙伴；与印度尼西亚贸易大幅劲增，贸易额10.3亿美元，增长1.12倍，印尼已成为云南与东盟第二大贸易伙伴；与马来西亚贸易额为9.1亿美元，增长11.2.1%；与越南、泰国贸易额分别为9.3亿美元和6.2亿美元，分别下降17.7%和8.3%。双方进出口差额趋于缩小，使得双边贸易逐渐

趋向均衡发展。① 云南省与南亚国家贸易增长潜力大，中国—南
亚博览会这一经贸交流和对话平台在云南的落户、桥头堡建设的
稳步推进、云南省外向型经济方针的实施等一系列举措，为云南
与南亚、东南亚经贸的发展打下了良好的根基，使得云南和南
亚、东南亚的贸易额大幅度增长。最近 5 年，云南累计完成外贸
及进出口总额 460 亿美元，其中对南亚国家的贸易额增加了 4
倍。1997～2011 年在云南对东盟贸易顺差趋于下降的同时，云南
与南亚贸易顺差发展趋于上升。② 2012 年 1～11 月，云南与南亚
国家贸易总额达到 5.59 亿美元。

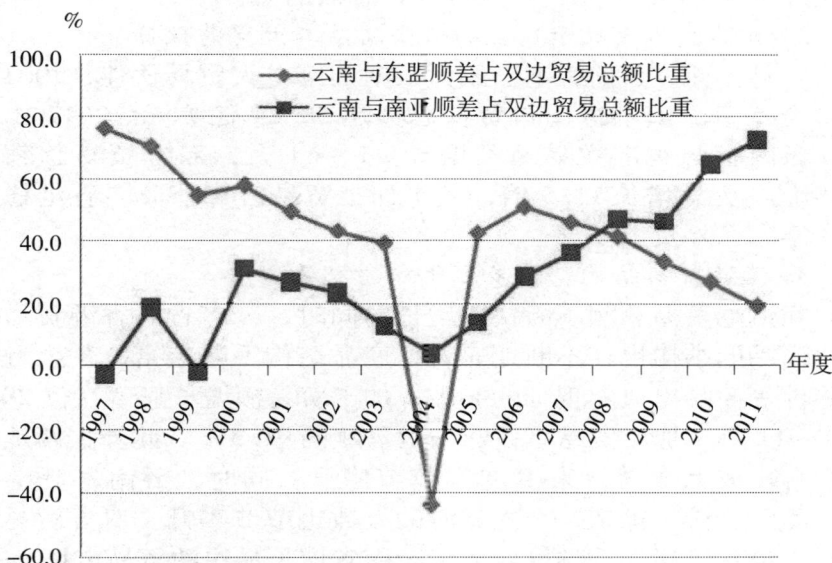

图 2　1997～2011 年云南省与南亚、东南亚顺差发展趋势

　　说明：云南与东南亚国家的贸易顺差占双边贸易总额的比重由 1997 年的 76.2% 下
降到 2011 年的 19.3%，贸易顺差呈明显下降趋势；与之相反，云南与南亚国家的贸易
顺差占双边贸易总额的比重由 1997 年的 -2.7% 上升到 2011 年的 72.3%，贸易顺差呈
现不断扩大之势。

　　数据来源：云南省商务厅，http://www.dh.gov.cn/bofcom/4419157134357299 20/
index.html。

---

　　①　数据来源：人民网，http://finance.people.com.cn/n/2012/1219/c70846 - 19
944653.html。

　　②　数据来源：云南省商务厅，http://www.dh.gov.cn/bofcom/4419157134357299
20/index.html。

（三）滇港贸易成为云南对外贸易新的增长点

1. 投资贸易是拉动滇港贸易的主要力量

投资贸易是滇港合作涉及最早的合作领域，也是 15 年来滇港两地合作的核心基础之一。在投资云南的所有国家和地区中，香港对云南的投资额一直居于首位，占云南省吸收外资总量的一半，香港以其特有的优势成为云南最大外商直接投资来源地。截至 2011 年底，香港在云南投资落户企业 1 500 余家，其中 840 家是近 15 年间在云南设立的，占全省吸引港资企业近六成；实际到位外资 33.4 亿美元，占全省港资总额的 92.8%。①

2. 香港成为仅次于东盟的云南省第二大贸易伙伴

贸易方面，目前香港已成为云南的第二大贸易伙伴，2003~2012 年 5 月，滇港进出口贸易总额达 58.24 亿美元。2012 年以来，云南省与香港贸易迅猛增长。1~11 月，双方贸易总额达 49.8 亿美元，增长 11.5 倍，其中加工贸易占 91.3%，香港稳居全省第二大外贸市场。②

3. 滇港贸易结构朝着多元化方向发展

在滇港贸易总额不断快速增长的同时，云南省对香港贸易进出口商品的结构也在不断地完善，产品结构不断丰富，黄金首饰及零件等商品出口实现零的突破，加工贸易额增长显著，仅 2012 年 1~11 月，加工贸易就占双方贸易额的 91.3%。此外，两地的旅游合作成就显著，来滇港客节节攀升，同时，云南省赴港商务、团队旅游、探亲、个人旅游的人数也节节攀升。双方贸易整体增长势头迅猛，香港已经成为云南省增长最快的贸易市场。

（四）服务贸易成为云南省外贸发展新亮点

1. 一般贸易仍然是云南对外贸易的主要拉动力量

从外贸方式来看，2012 年以来，云南省的一般对外贸易较之2011 年有所下降，但仍然是全省的主要贸易方式。2012 年 1~11 月，全省一般贸易实现进出口 102.3 亿美元，同比下降 7.8%，占外贸总额的比重为 54.4%，仍是全省外贸最大贸易方式。在一般贸易占全省贸易总额比重下降的同时，加工贸易却有了飞速的

---

① 数据来源：http://news.10jqka.com.cn/20120711/c528330607.shtml。
② 数据来源：和讯新闻，http://news.hexun.com/2012-12-18/149207307.html。

发展。1～11月，云南省加工贸易进出口总额由上年同期的6.4亿美元，迅猛扩大至62.6亿美元，增长12.7倍，占云南外贸总额的33.3%，成为拉动云南外贸增长的重要因素。2012年前11个月，云南省边境小额贸易进出口额为18.9亿美元，增长6.2%。以海关特殊监管区方式进出口1.7亿美元，增长4倍。[①]

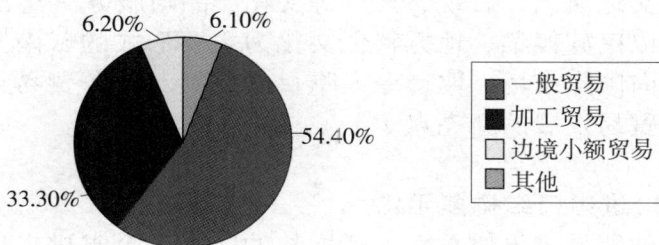

图3　2012 年 1～11 月不同贸易方式进出口额

说明：2012 年 1～11 月，一般贸易、加工贸易、边境小额贸易进出口分别完成102.3 亿美元、62.6 亿美元、18.9 亿美元，所占比例分别为 54.4%、33.3%、6.2%。

数据来源：云南省商务厅，http://www. bofcom. gov. cn/bofcom/4419157134357299 20/index. html。

2. 服务贸易成为云南外贸新亮点

据商务部统计，2011 年云南省服务贸易进出口总额突破 20 亿美元大关，达到 25.7 亿美元，同比增长 37.4%。服务贸易进出口增速名列全国第 5 位，进出口总额名列第 17 位。[②] 2012 年 1～6 月，云南省服务贸易进出口总额为 14.33 亿美元，增幅为 78.5%，其中出口 7 亿美元，同比增长 92.3%；进口 7.33 亿美元，同比增长67%。2012 全年云南服务贸易进出口总额突破 30 亿美元。

云南省服务贸易发展的主要特点：

一是服务贸易发展增速快。2007 年云南省服务贸易进出口总额仅为 13.68 亿美元，2011 年达到 25.7 亿美元，2012 年突破 30 亿美元。

二是传统服务贸易具有比较优势。云南省旅游、运输、建筑等传统服务贸易所占比重较高，在全国范围内对周边国家具有一定比较优势。

---

① 数据来源：商务部，http://www. mofcom. gov. cn/aarticle/resume/n/201212/20121208489171. html。

② 数据来源：云南省商务厅。

三是新兴服务贸易发展潜力大。金融保险、通信邮电、特许专利等新兴服务贸易领域是当前云南服务贸易增长较快的行业。

四是对外承包工程有新拓展，劳务合作初具规模，已打造一批劳务合作基地，其中2012年1~10月全省对外工程承包额达到10亿美元，同比增长12%。

五是文化演艺、影视、教育等文化产品与服务"走出去"步伐加快，以民族舞蹈、地方特色文化为主要形式的云南文化服务贸易已走向国际市场，取得令人瞩目的成绩。服务贸易正成为云南省对外贸易发展的新亮点。①

（五）进出口结构多元化

在对外贸易进出口总额不断增长的同时，全省进出口结构也在不断地优化，进出口产品结构向着多元化方向发展。

从出口商品结构来看，云南特色农产品出口发展迅猛。2012年1~11月，全省农产品出口额为17.6亿美元，同比增长14.8%，农产品已成为云南出口第一大产品。其他商品中，机电产品出口14.2亿美元，下降25.1%；化肥出口9.7亿美元，下降28.6%；纺织及服装出口4.1亿美元，下降39.1%；电力出口1.6亿美元，下降44.8%。特色农产品的出口优势明显。

从进口商品结构来看，2012年1~11月，全省对农产品进口继续保持旺增，进口14亿美元，同比增幅为43.6%；进口各类金属矿砂30.6亿美元，增长34.8%；机电产品进口6.3亿美元，下降16.4%。②

通过不断的调整优化进出口商品结构，云南出口商品正在从资源密集型向技术密集型和劳动密集型转变，进口商品则主要以资源性的农产品、金属、矿砂等为主。贸易结构更加平衡、稳定和可持续。

二、2012年对外贸易发展特点分析

由于特殊的地缘关系，云南在中国—东盟自由贸易区建设中

---

① 数据来源：云南省商务厅。
② 数据来源：和讯新闻网，http://news.hexun.com/2012-12-18/149207307.html。

发挥着不可替代的作用。云南是中国连接东南亚、南亚的地缘经济板块，是我国通过东南亚、南亚走向世界，世界各国从东南亚、南亚进入我国内陆腹地的重要通道，使云南与南亚、东南亚及其他国家和地区容易形成互补关系，并通过联合及合作实现区域经济集团化，促进经济要素的自由流动和合理配置。这些都为云南省的对外贸易提供了广阔的发展空间。

（一）2012 年云南外贸发展特点分析

1. 总体来说，云南省对外贸易较为乐观

2012 年，云南省对外贸易总体呈增长态势，但是由于受国际经济不景气的影响，年初云南省对外进出口贸易出现了负增长，而且下降幅度也很大，这表明云南省对外贸易发展仍然面临着提高外贸产品的竞争力、优化进出口商品的结构的挑战。同时，世界经济缓慢复苏和国家宏观政策的实施，以及桥头堡契机、贸易结构优化对云南省的对外贸易起到了刺激作用，使得云南对外贸易也明显好转。截至 2012 年 12 月，云南省对外贸易超额完成年度目标，继续保持平稳增长势头。

2. 云南省对东盟贸易稳步增长，对南亚贸易有了新的突破

云南与东盟的资源互补容易形成地缘经济中的互补关系，通过联合及合作实现区域经济集团化，促进经济要素的合理配置。目前，云南先后与周边国家合作构建了云南—老北、云南—泰北合作工作组和中国云南—越南北部五省市经济协商会议等合作机制，孟中印缅地区经济合作也步入了快车道。特别值得一提的是，澜沧江—湄公河国际航运，中越、中老陆路运输合作以及水能资源、生物资源、人力资源等领域的合作开发，在中国—东盟自由贸易区的建立中有着先行实践的意义，对于促进云南和东盟贸易、维持第一大贸易伙伴关系发挥着重要作用。

昆交会、南亚国家商品展等会展带来合作契机，云南省、东南亚、南亚经贸合作发展联合会全面运行，云南省跨境贸易人民币结算试点启动，中缅油气管道项目等重大项目相继上马，使云南与东南亚、南亚国家的经贸合作日趋紧密，与南亚的贸易也呈现总额新突破和贸易多元化的特点。

中国—东盟自由贸易区建成、桥头堡建设紧锣密鼓，彻底改变了云南在经济全球化、区域经济一体化格局中的边缘状态。云

南正不断优化与东南亚、南亚各国的睦邻友好关系和经贸合作往来，拓展"走出去"的国际空间，提高经济国际化的发展水平。外向型经济的持续快速发展，将成为云南与东南亚、南亚各国经济发展的重要增长极。

3. 香港已跃升为云南省第二大贸易伙伴

滇港合作，以2011年云南桥头堡规划获批为标志，进入合作黄金时期。滇港两地具有资源互补、区位互补、经济互补等方面的优势，为两地经贸合作奠定了良好的基础。滇港合作15年来，在国家《内地与香港关于建立更紧密经贸关系的安排》（CEPA协议）和泛珠三角区域"9+2"合作机制框架下，两地经贸、投资、文化、教育、旅游等领域合作不断深入，合作层次不断提升，合作成效更加显著。

目前，香港正借助云南沿边优势，发挥自由港优势，面向西南开放拓展更广阔的经济腹地；而与此同时，云南正发挥资源、地缘优势，汲取香港优势所长，寻求更广阔的发展提升空间。这些都将进一步推动滇港贸易走上新高度。

4. 云南省对外贸易结构调整成效显著

在对外贸易总额增长的同时，云南外贸质量、效益持续改善，商品结构、市场结构、企业主体结构不断优化，具有云南特点的外贸竞争优势逐渐体现。云南省采取多项措施，充分利用桥头堡契机，走多元化发展的思路，加强与东亚、东南亚国家的合作，调整和完善对外经济发展模式，提高对外贸易质量和水平，进一步巩固特色优势农产品和机电产品出口支柱地位，保持资源性产品进口份额继续增长，加工贸易实现突破，服务贸易成为云南省对外贸易的新亮点。继续培养新的增长点，逐渐形成多元化的进出口商品结构，以实现云南对外贸易的更深层次的发展。

（二）云南省与周边省份对外贸易情况对比

云南省与接壤的四川、广西、贵州相比具有其独特的外贸优势：能源资源丰富、土特工艺较多，独特的民族文化以及与东南亚、南亚国家相邻的区位，这些都使得云南的对外贸易具有更大的发展潜力。但是，由于云南省经济总体发展水平落后，工业发展相对缓慢，结构调整和转型尚未完成等多种因素的制约，云南省对外贸易的总体水平还相对落后。

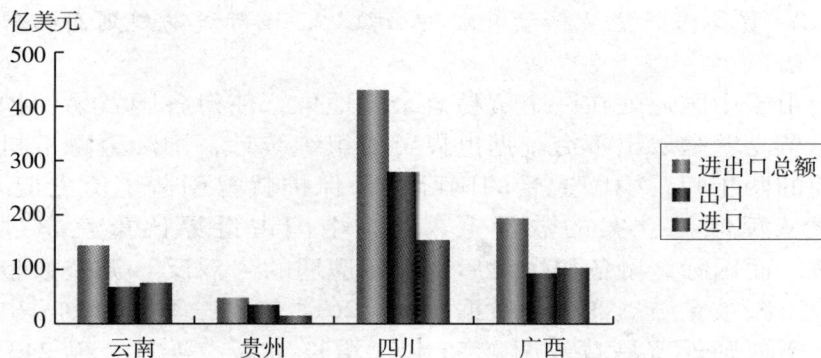

亿美元

图4　2012 年 1~9 月云南、贵州、四川、广西四省区外贸情况比较

说明：2012 年 1~9 月云南外贸进出口总额为 141.2 亿美元，其中出口 67.1 亿美元，进口 74.1 亿美元；贵州进出口总额为 46.9 亿美元，其中出口 33.9 亿美元，进口 13 亿美元；四川进出口总额 430.4 亿美元，其中出口 279.2 亿美元，进口 151.2 亿美元；广西进出口总额 192.8 亿美元，其中出口 92.7 亿美元，进口 101.1 亿美元。

数据来源：经济贸易司，http：//jms. ndrc. gov. cn/dwmyzcjfx/default. htm。

从 2012 年 1~9 月的外贸进出口情况来看，云南的进出口贸易总额要高于贵州。云南与四川的外经贸水平还有较大的差距，虽然与广西的进出口总额较为接近，但是由于广西也处在我国西南边陲，与越南接壤，并抓住国家西南门户开放政策的机遇加快发展对外贸易交流与合作，使得云南与广西的外贸竞争越来越激烈，使云南与东盟、南亚等国家的经济贸易压力越来越大。

三、国内外政治经济环境对云南省对外贸易发展未来影响力预测

（一）国际环境分析与未来影响力预测

1. 全球经济金融形势比较恶劣

全球经济复苏放缓，动力不足，需求疲软；发达经济体的良好宽松政策未有穷期，欧洲主权债务危机持续升级，美国长期主权信用评级被下调，国际金融市场反复大幅波动；大宗商品的价格高位震荡。

2. 贸易保护主义持续升温近白热化，国际贸易规则面临碎片化危险

由于中国还处在一个贸易盈余的地位，使得各国贸易保护加剧，贸易壁垒层出不穷。据世界贸易组织统计，国际金融危机爆发前的两年间，中国遭受的国际贸易保护就曾创造了历史记录，仅仅从反倾销立案的数量上来看，中国占世界比重就超过了35%。而国际金融危机爆发后，中国遭遇的"双反"调查数量和案值不断被突破。商务部数据显示，2012 年前三季度，中国出口产品遭遇国外贸易救济调查 55 起，增长 38%，涉及金额 243 亿美元，增长近 8 倍。

3. 地缘政治不稳定在一定程度上影响外贸发展

随着中国与多国的领土之争，例如中国与日本的钓鱼岛之争，中国与越南的南海诸岛之争，使得双方的交往不断摩擦，抑制了双方的贸易交流。

但是，尽管国际政治经济环境依然复杂多变，全球经济仍将处于深度结构调整之中，经济增长动力不足，但有利因素逐渐增多，国际市场潜力巨大的量化规模没有改变，而随着 2013 年全球宏观经济逐步转好，云南对外贸易发展的趋势还是比较乐观。

（二）国内环境分析与未来影响力预测

1. 国家西部大开发战略老政策仍在延续，新政策不断出台

国家深入实施西部大开发战略，云南建设桥头堡各项政策正在深入贯彻，投资拉动仍在强劲前行。2012 年 11 月，商务部最新提出《国家级经济技术开发区和边境经济合作区"十二五"发展规划》，计划在"十二五"期间，国家级开发区和边境合作区要继续作为深化改革的"试验田"、扩大开放的排头兵、科学发展的引领者和社会和谐的示范区。云南现有的开发区和合作区将从中受益。

2. 全国对外贸易事业面临严峻转型压力

受外需不足和成本上升的双重挤压，外贸低迷增长态势短期内难以改变，将继续呈"L"形低位平行走势；由于各国引资政策优惠力度相互攀比加大，中国利用外资制约因素增多；对外投资合作风险上升，对外经贸关系更加复杂，变数层出不穷、防不胜防。

3. 中国经济运行平稳、较快发展的基本面没有改变

面对日益复杂的国内外经济形势和错综复杂的困难局面，党中央、国务院审时度势，坚持实施积极财政政策和稳健货币政策，加强和改善宏观调控，不断提高政策的前瞻性、针对性和灵活性，切实出台一系列政策措施保持经济发展势头，国内经济已由缓中企稳转向筑底企稳，这为 2013 年中国对外贸易可持续和健康发展奠定了更加坚实的基础。云南省在此良好的大环境下，必将获得更好的发展机遇。

（三）省内环境分析与未来影响力预测

1. 受内生动力和外在因素制约，云南外贸发展和转型压力较大

云南外贸总体规模仍然较小，水平偏低，竞争力较弱，增长方式粗放，转方式、调结构任务十分艰巨；开放意识和开拓能力急需提供；省内外经贸企业的整本实力较弱，"走出去"的结构和层次还比较低；口岸建设仍相对滞后，尚不能满足桥头堡建设的需求；周边局势复杂，影响边境经济贸易的突发事件时有发生，维护贸易稳定环境的压力逐渐增大。[①]

2. 2012 全年外贸成绩有喜亦有忧

可喜的是 2012 年云南进出口总量突破 200 亿美元大关，达到 203 亿美元，同比增长 25%，增速居全国第 8 位，高于全国 18% 的平均增幅；外贸结构和增长方式转优，加工贸易发展迅速，占全省进出口比重快速提高，由 4.7% 上升为 30%[②]，贸易主体结构趋稳，国企与民企齐头并进；东盟等传统贸易市场巩固，拉美和非洲新兴市场开拓有力，南非、秘鲁成为云南十大主要贸易伙伴。

可忧的是，在云南省的贸易总额节节上升的同时，2011 年的贸易盈余转向了 2012 年的贸易赤字，在不断壮大的产能过剩的经济形势下，云南省的某些行业，例如钢铁发展前景不容乐观。

3. 云南自身发展优势尚存，经济基础日趋稳固

在 2001 年正式实施的大湄公河次区域经济合作战略以及 2011 年 5 月 6 日正式实施的桥头堡战略中，云南以其地处中国西

---

① 资料来源：云南省商务厅 2013 年工作报告。
② 资料来源：云南省商务厅 2013 年工作报告。

南边陲，西部与缅甸接壤，南部与老挝、越南毗邻，边界线长达4 060公里的独特的地理位置，得到了巨大的发展。作为西部边疆重要省份，云南充分利用独特的地域优势、生物资源优势、气候优势、生态环境优势、少数民族文化资源优势，努力加强与周边各国的发展，特别是东盟、南亚各国已成为云南省最大的贸易伙伴。

近年来，云南经济实力明显增强，基础设施持续改善，区域梯次发展格局正在形成，特色优势产业的综合竞争优势比较明显，这些都为云南外贸发展奠定了良好的基础。

4. 云南外贸政策正确而且到位

云南省按照"突出周边、发展非洲、进军南美、探索中东"的思路，加快落实"走出去"战略意见，相继出台了一系列推动外贸增长和转变方式的措施。稳定传统优势产品出口，大力发展加工贸易，调整商品结构、扩大进口，加大国际市场开拓力度；瑞丽口岸、磨憨口岸等23个边境口岸不断发展；与南非、秘鲁进出口均实现了数倍的增长；与拉美、非洲部分国家进出口均保持稳定快速的增长，新兴市场开拓取得良好效果；加工贸易在2012年亦实现了井喷式增长。

2012年5月，云南省出台《云南省人民政府关于加快推进边境经济合作区建设的若干意见》，全方位推进边境经济合作区建设和中缅姐告—木姐、中老磨憨—磨丁、中越河口—老街跨境经济合作区建设进程，拉动云南省沿边地区强势崛起。

预计在2013年全球经济复苏、中国维持稳中偏松政策的环境下，我国外贸的贸易伙伴结构、贸易方式结构、出口产品结构、贸易主体格局、区域外贸结构等方面都有所改善，云南省的对外贸易可在此温和的环境中稳中求增。

四、2013年云南外贸发展对策

（一）加大基础设施建设

与中国中东部相比，云南在基础设施上相对不完善，甚至是落后。良好、完善的基础设施条件是保障外贸发展的基本前提条件，加强和改善基础设施建设是云南边贸的当务之急。

云南外贸基础设施建设必须走硬件和软件建设同时并举之路，硬件设施主要包括水、电、路、市政建设等，软件建设主要是进一步加强和改善人居环境、教育环境、生活环境，特别是政策环境、法制环境和科技信息社会的服务环境。应改善交通环境，力争形成以铁路为主干、公路为基础、航运为辅助、水运为补充的多种运输方式并举的交通枢纽。

（二）将边境贸易同少数民族利益相结合

将发展边境贸易同云南边疆少数民族的利益相结合，以促进边境民族地区的发展。云南边境少数民族地区边境贸易的实际利益，有助于该地区结合自身利益，进行长远的生产发展、生产结构和生产布局的安排。由于少数民族地区远离市场中心，此项措施使得当地经济发展呈现良性循环。少数民族应该享有进口商品的优先使用权，在不影响当地的市场安排的情况下，应该允许其出口，以换取当地建设急需的商品。

（三）调整关税结构，给予边境贸易相应的优惠政策

受国内外政治经济环境的影响，中国与其他国家的贸易受到了影响，各国贸易保护主义纷纷抬头，促使中国的出口受到限制，云南省也在受影响之列。云南外贸企业普遍而言，总体经济实力较弱，加之受国内通胀压力的影响以及国家在出口退税政策上的调整，外贸企业流动资金明显不足，企业成本逐步增加，使得外贸增长压力逐步加大。以云南省的农产品为例，尽管东南亚地区的外需很大，但是原材料、员工工资、运费的上涨导致了外贸企业的运营举步维艰。因此，建议给云南外贸企业以一定的政策优惠或者降低关税，增加外贸企业在国际市场上的竞争力，促进云南省的进出口发展。

（四）积极开拓新兴市场，全面深入推进"走出去"战略

云南应深入实施外贸市场多元化战略，加大对新兴市场尤其是发展中国家市场的开拓力度，重点选择资源储量丰富、人口规模较大、双边贸易基数小、贸易互补性强、发展潜力大的国家作

为重点开拓的市场。① 应利用国家现有优惠政策，加大中央和省级政府相关政策和资金支持力度，争取加大进出口银行、信用担保等政策性金融机构对开拓新兴市场的支持。

在统筹多边双边开放合作方面，云南应积极实施境外重大项目扩展过程，密切跟踪云南周边各项国际大通道建设项目，组团行动，找寻机会，主动出击，快速跟进。

（五） 加强宏观调控和监督管理

云南应针对不同国家、地区和市场，研究和制定有利于打入其中的对外贸易政策和管理办法，并与周边邻国政府协调疏通，实现双边或多边的正常经贸交往，签订必要的协定，建立经贸合作的政府专职机构作为外贸平台，以此来推动云南省与多边多国的友好交往和外贸发展。

政府各职能部门应加强对边贸的监督管理，控制进出口商品的质量，维护产品信誉和国家声誉，为云南省与周边各国的贸易打下良好的基础。

（作者单位：云南财经大学）

---

① 资料来源：云南省商务厅 2013 年工作报告。

2012 年云南省金融业发展报告

张体伟

2012 年,在国际金融危机深化、国内外经济下行压力加大的环境下,云南省金融机构货币信贷运行总体延续稳步增长态势。2012 年 9 月末,全省金融机构人民币各项存款余额为 17 466.55 亿元,比 2012 年初增加 2 110.93 亿元,同比增长 17.1% 。其中,居民储蓄存款余额 7 536.85 亿元,比 2012 年初增加 881.95 亿元。2012 年 9 月末,全省金融机构人民币各项贷款余额 13 497.47 亿元,比 2011 年同比增长 15.4% ,增速比 2011 年同期增长 0.9 个百分点,新增贷款比 2012 年初增加 1 376.3 亿元。全省银行业金融机构人民币各项存贷款余额同比增幅"双双略有小幅回升",金融对全省经济增长的支持进一步加强,对确保全省实现"稳增长、冲万亿、促跨越"目标发挥了重要保障作用。

一、运行现状

(一)银行业金融机构总体运行现状分析

2012 年 9 月末,云南省银行业金融机构人民币各项存款余额为 17 466.55 亿元,比 2012 年初增加 2 110.93 亿元,同比增长 17.1% ,增幅比一季度和上半年分别提高 4 个和 3 个百分点。全省银行业金融机构人民币各项贷款余额 13 497.47 亿元,比 2011 年同期增长 15.4% ,比 2012 年初增加 1 376.3 亿元,增幅比一季度和上半年分别提高 1.5 个和 0.6 个百分点。

表1　2012年9月末云南省金融机构人民币存贷款余额及增长变化情况

指标名称	9月末（亿元）	比年初增加（亿元）	同比增长（%）
金融机构人民币存款余额	17 466. 55	2 110. 93	17. 1
其中：个人存款	7 612. 19	932. 51	17. 1
#储蓄存款	7 536. 85	881. 95	16. 2
单位存款	9 000. 00	1 002. 56	20. 8
#活期存款	5 274. 74	−34. 98	9. 4
#定期存款	1 845. 05	501. 55	40. 5
金融机构人民币贷款余额	13 497. 47	1 376. 3	15. 4
其中：短期贷款	3 685. 40	631	26. 1
中长期贷款	9 513. 18	635. 28	10. 7
#个人消费贷款	1 626. 63	166. 89	16. 0

数据来源：云南省统计局编《2012年云南统计月报第8期》。金融部分的短期贷款、中长期贷款和个人消费贷款的增速为比年初增速。

（二）货币信贷执行情况

1. 存款余额情况及同比增幅变化情况

（1）存款余额情况。

2012 年 9 月末，全省金融机构人民币各项存款余额为 17 466. 55 亿元。其中，个人存款余额 7612. 19 亿元，比年初增加 932. 51 亿元，同比增长 17. 1%。居民储蓄存款余额 7 536. 85 亿元，比 2012 年初增加 881. 95 亿元，同比增幅达 16. 2%，储蓄存款增速减缓，增幅与 2011 年同期（17. 08%）相比减少了 0. 88 个百分点。单位存款余额达 9 000 亿元，比年初增加 1 002. 56 亿元，同比增长 20. 8%。

（2）存款余额同比增幅变化情况。

与过去 6 年同期水平相比，存款余额同比增幅比上年度同期增幅水平略有回升。以 2006 ~ 2012 年各年 9 月末同期人民币各项存款余额水平为例，从绝对额看，每年度存款余额呈现出逐年大幅增长趋势；但从增长幅度看，2006 年 9 月末 ~ 2012 年 9 月末同期人民币存款余额同比增长率分别为 16.92%、19.35%、16.5%、33.1%、20.8%、15.2%、17.1%。可见，2012 年 9 月末，云南省金融机构人民币各项存款余额同比增幅比 2011 年度同期小幅回升（见图 1）。

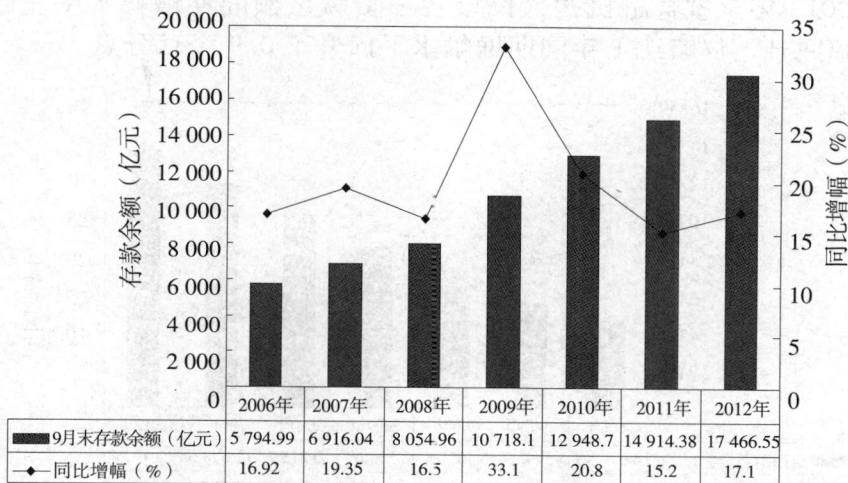

	2006年	2007年	2008年	2009年	2010年	2011年	2012年
9月末存款余额（亿元）	5 794.99	6 916.04	8 054.96	10 718.1	12 948.7	14 914.38	17 466.55
同比增幅（%）	16.92	19.35	16.5	33.1	20.8	15.2	17.1

图 1 云南各年度 9 月末金融机构人民币存款余额变化及同比增减趋势图
资料来源：云南省金融业统计 2006～2012 年各年度三季度报表。

2. 贷款余额情况及同期同比增幅变化情况

（1）贷款余额情况。

截至 2012 年 9 月末，全省银行业金融机构人民币各项贷款余额为 13 497.47 亿元，比年初增加 1376.3 亿元，同比增长 15.4%。其中，中长期贷款余额 9 513.18 亿元，比年初增加 635.28 亿元，同比增长 10.7%；个人中长期消费贷款余额 1 626.63 亿元，同比增长 16.0%。短期贷款余额 3 685.40 亿元，比年初增加 631 亿元，同比增长 26.1%。

（2）贷款余额同比增幅变化情况。

从云南省银行业金融机构人民币各项贷款余额看，2012 年与 2011 年同期水平相比，增幅略有回升。从绝对额看，不仅每年度云南省金融银行业机构人民币各项贷款余额呈现出逐年稳定增长态势，而且从贷款余额各年度同期增长幅度看，2006 年 9 月末～2012 年 9 月末，同期人民币贷款余额同比增长率分别为 22.28%、19.52%、15.4%、34.9%、19.8%、14.5%、15.4%。

因此，从云南省金融机构人民币各项贷款余额变化同比增减趋势来看（见图2），2012 年前三季度与过去 6 年的同期同比增幅水平相比，在 2009 年贷款余额增幅达到最高水平后，2010 年、2011 年连续两年的前三季度同比增幅持续走低，增幅回落明显，到 2012 年全省金融机构人民币各项贷款余额同期增幅水平止跌小幅回升，仅略比上年同期增幅水平回升了 0.9 个百分点。

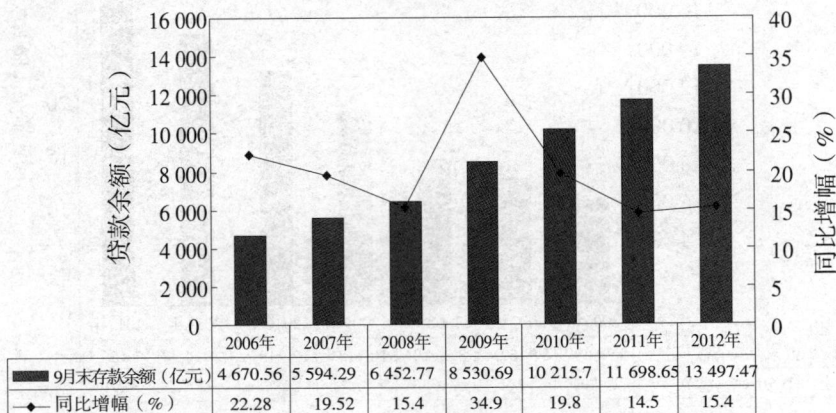

	2006年	2007年	2008年	2009年	2010年	2011年	2012年
9月末存款余额（亿元）	4 670.56	5 594.29	6 452.77	8 530.69	10 215.7	11 698.65	13 497.47
同比增幅（%）	22.28	19.52	15.4	34.9	19.8	14.5	15.4

图 2　全省各年度 9 月末金融机构人民币贷款余额及同比增减变化情况

资料来源：云南省金融统计 2006～2012 年各年度月报表。

（三）证券保险业及其他运行情况

1. 证券业运行情况

2012 年以来，云南证监系统紧紧围绕"促发展、严监管、强服务、保稳定"的主线，认真履行职责，强化服务，发挥功能，突出服务实体经济发展，充分发挥资本市场功能，促进行业整合和产业升级，支持滇中产业新区建设；突出提升市场服务功能，加快发展各类中介机构，加大服务支持力度，加快推进云南桥头堡建设；突出保护投资者利益，促进市场稳定健康发展；突出规范市场主体行为，不断完善日常监管机制；突出维护辖区资本市场秩序，有效防范区域性市场风险。不断扩大直接融资规模，全力实现直接融资工作新突破，确保稳增长冲万亿促跨越工作目标的实现。截至 2012 年 9 月末，全省直接融资和保险机构融资 482.7 亿元，完成全年目标 500 亿元的 96.5%。其中，鸿翔一心堂药业成为云南第 31 家上市公司；全省新增债券和银行间市场债务融资 360.7 亿元；股权投资基金项目投资融资 26 亿元；保险机构融资 96 亿元。①

2. 保险业运行情况

2012 年 1 ~ 9 月，云南省保险业原保险保费收入 209.31 亿元，同比增长 12.4%。其中，财产保险保费收入 91.45 亿元，同比增长 12.9%；寿险保费收入 91.83 亿元，同比增长 7.8%；意外险保费收入 8.81 亿元，同比增长 14.8%；健康险保费收入 17.22 亿元，同比增长 39.0%（见表 2）。全省各州市原保险保费收入情况详见表 3。

表 2 2012 年 1 ~ 9 月云南省原保险保费收入及赔付支出情况表

单位：万元

年 份	2011 年 9 月末	2012 年 9 月末	同比增速（%）
原保险保费收入	1 862 245.60	2 093 079.56	12.4
1. 财产险	810 125.61	914 475.22	12.9
2. 人身险	1 052 119.99	1 178 604.34	12
（1）人身意外伤害	76 745.13	88 065.00	14.8
（2）健康险	123 884.73	172 237.01	39
（3）寿险	851 490.13	918 302.33	7.8

资料来源：中国保监会网站：《2012 年 1 ~ 9 月全国各地区原保险保费收入情况表》，2012 年 10 月 23 日。

表 3 2012 年 1 ~ 9 月云南省各州市原保险保费收入情况表

单位：万元

地 区	财产险	寿 险	意外伤害险	健康险
昆明市	367 746.57	333 216.26	39 518.47	76 741.81
曲靖市	85 568.75	97 735.33	6 469.49	20 230.45
玉溪市	68 519.95	83 646.37	6 054.79	10 605.06
保山市	28 066.89	37 252.93	2 948.92	2 807.73
昭通市	29 114.15	23 328.30	2 435.07	1 954.86

---

① 数据来源：《关于云南省金融部门联席会议制度九次会议以来各项议题工作进展情况的汇报》，2012 年 11 月 30 日。

续　表

地　区	财产险	寿　险	意外伤害险	健康险
丽江市	22 409.35	25 307.26	3 153.03	2 725.16
普洱市	28 786.14	27 580.15	4 202.09	7 223.11
临沧市	24 074.93	18 375.00	1 854.40	4 503.79
楚雄州	36 655.14	46 062.39	3 175.88	11 936.85
红河州	74 567.52	77 669.15	4 612.95	15 495.72
文山州	31 093.59	25 343.89	2 615.05	5 827.84
西双版纳州	20 599.75	36 574.51	2 478.12	3 434.32
大理州	55 249.01	54 917.53	5 368.97	4 072.24
德宏州	23 496.46	26 043.69	2 037.88	3 180.88
怒江州	5 003.99	2 269.23	397.27	1 091.62
迪庆州	10 097.39	2 926.30	618.13	404.64
云南省本级	3 425.65	4.03	124.46	0.94
全省合计	914 475.22	918 302.32	8 8065.00	172 237.01

资料来源：云南保监局：《2012 年 1~9 月云南省辖区各地区原保险保费收入情况表》，中国保监会网站，2011 年 10 月 25 日。

3．其他情况

一是金融合作协议融资超额完成全年目标。2012 年 9 月末，全省累计落实银政合作协议融资 1 541 亿元，提前超额完成年初确定的 500 亿元目标。

二是跨境人民币结算情况。2012 年 1~9 月，全省银行业机构共办理跨境人民币结算业务 311.15 亿元，同比增长 93.2%。自 2010 年 7 月云南省正式启动跨境人民币结算试点以来，已经累计结算 620.54 亿元，资本项目下投资结算从 2011 年的 36 亿元增加到 2012 年 9 月末的 104.84 亿元。

三是继续推进小额贷款公司试点工作，地方金融发展实现新突破，小额贷款公司基本实现全省县域全覆盖。2012 年 1~10 月，全省小额贷款公司累计发放贷款 216.54 亿元，70% 以上投向"三农"和小微企业。[1]

二、2012 年前三季度全省金融业运行的主要特点

总体上看,2012 年前三季度全省金融业运行总体平稳,且全省银行业金融机构人民币各项存贷款余额增幅呈现"双双略有小幅回升"态势,增量显著扩大、支持重点突出。

(一) 金融机构货币信贷运行平稳

从存贷结构变化情况可以看出,云南省银行业金融机构存贷比结构较为合理,反映出全省的货币信贷运行较为平稳。以 2006 年 9 月末~2012 年 9 月末云南省金融机构人民币存贷款余额间的存贷比为例,各年度的存贷比一直在 77%~80% 之间浮动。2012 年 9 月末,云南省金融机构人民币存贷款余额间的存差已突破 3 900 亿元大关,金融机构存差资源丰富。

(二) 新增银行信用融资较快且结构进一步优化

截至 2012 年 9 月末,云南省金融机构人民币存贷款余额同比增幅比 2011 年同期同比增幅呈现出"双双小幅回升"态势,全省金融机构人民币各项贷款平稳增长。新增本外币贷款 1 520.87 亿元,表外融资新增 406.44 亿元,共计新增银行融资 1 927.3 亿元,完成年度确保目标 2 000 亿元的 96.3%。信贷结构进一步优化调整,表外融资业务渠道进一步拓展,全省涉农贷款和中小微企业贷款增速高于全省贷款平均增速,分别较年初新增 594.36 亿元和 456.25 亿元。其中,中小微企业新增贷款 272.13 亿元;林权抵押贷款突破 100 亿元,达 102.87 亿元,比年初新增 28.76 亿元,中长期贷款新增 694.62 亿元。[2]

(三) 创新融资方式,突出信贷投放重点

以"稳增长、冲万亿、促跨越"为目标,以促进县域经济、

---

① 数据来源:《关于云南省金融部门联席会议制度九次会议以来各项议题工作进展情况的汇报》,2012 年 11 月 30 日。
② 数据来源:《关于云南省金融部门联席会议制度九次会议以来各项议题工作进展情况的汇报》,2012 年 11 月 30 日。

园区经济和民营经济跨越发展为主题，加强银团合作、银政合作、银企合作和银农合作力度，不断扩大合作规模。根据与银团相关战略合作协议，建立信息沟通交流渠道、省级重点建设项目融资协调工作联席会议、银团贷款联席会议和多层次、多渠道的项目对接机制等，加大对重大项目融资协调力度。2012年以来，全省银行业金融机构创新金融服务方式和融资方式，确保全省金融总量稳步增长，有效满足实体经济发展的资金需求，突出信贷投放重点。

一是加大对重大贡献基础设施建设信贷支持力度，继续加大对铁路、公路、民航、水运等重点项目建设信贷投放力度。

二是引导金融机构加大对全省优势特色农产品生产和加工的信贷投放力度，重点支持肉、蛋、奶、鱼、菜、果等主要农产品和优势特色产业发展，支持建设一批标准菜园、茶园、果园、高产桑园和畜牧水产养殖为主的专业化、规模化、优质化、标准化农产品基地，开拓国内外市场，提升全省农产品市场占有率。

三是加大农村金融产品和服务方式创新力度。在红河州开远市、文山州富宁县、保山市隆阳区率先启动了"三农"金融服务改革创新试点。

四是继续深入开展中小微企业融资便利化行动。2012年已在德宏州和保山市开展，其他州市也在积极推进。2011年10月以来，共举办了5期小微企业融资超市日试点，参加的金融机构与小微企业签订了金额达10.73亿元的贷款合同以及48.64亿元的意向融资协议，金融机构提供的融资产品超过了120种。①

（四）服务桥头堡战略，推进区域性金融中心建设和沿边金融开放

结合国发〔2011〕11号文件精神，全面规划昆明市国际区域性金融中心建设，推动地方金融和沿边金融体制机制改革开放和创新，初步构建以昆明区域性金融产业中心为核心，以瑞丽、河口、腾冲、西双版纳次区域跨境人民币金融服务中心为支撑的"1＋4"区域金融发展格局。同时，以跨境人民币业务为依托，有效推动金融服务中心和金融开放工程建设实施。通过积极拓展

---

① 数据来源：《关于云南省金融部门联席会议制度九次会议以来各项议题工作进展情况的汇报》，2012年11月30日。

跨境人民币业务，继续完善对外开放基础设施，进一步增强金融服务功能，有效推进金融服务中心建设和金融开放工程实施，积极支持具备条件的企业"走出去"。加强与人民银行总行及相关部门协调审批事项，指导商业银行做好跨境人民币资本项目业务操作，帮助企业顺利开展资本项目下的人民币业务。目前全省所有具有进出口经营资格的企业均可开展跨境人民币结算业务，41家进出口企业为重点监管企业。同时，全省积极疏通跨境人民币结算渠道，引导商业银行与境外代理银行建立业务关系，扩大跨境人民币结算业务范围和规模。2012 年 4 月，工行德宏州分行与缅甸经济银行木姐分行签订的跨境人民币代理清算协议；2012 年 6 月，人行与泰方达成互开本币结算账户、建立代理清算关系等初步合作意向，促进中泰两国双边本币结算的深化发展；承办中俄金融合作分委会第十三次会议，增进了与俄方央行及金融机构的交流互动。

三、全省金融业发展需关注的问题及 2013 年发展预测

（一）当前及今后全省金融业发展中需关注的问题

从 2012 年以来的经济运行状况看，全球经济仍处危机后的调整期，我国经济增长阶段转换的征兆更趋明显。地方政府投资扩张能力下降，受新一轮全球性宽松货币政策影响，大宗商品价格走高和短期资本回流，都可能推高 2013 年的 CPI。

2012 年 5 月份以来，货币政策开始明显放松，社会融资总量也大幅增加，然而实体经济新增中长期贷款、固定资产投资增速回升缓慢。在潜在增长率开始下降和内部结构深刻调整时期，投资主体预期不稳、信心不足、风险厌恶等，投资扩张受到抑制，货币政策的有效性有所降低。[1] 9 月，国务院常务会议确定了"十二五"时期服务业发展的重点任务，明确提出完善财税、金融、土地多方政策支持服务业；明确提出加快出口退税进度、扩大融资规模等八项促进外贸发展的积极举措。同时，中国人民银

---

① 国务院发展研究中心经济形势分析误题组：《2012 年经济形势分析及 2013 年展望》，载《中国经济时报》，2012 年。

行2012年2月24日、5月18日分别下调存款类金融机构人民币存款准备金率0.5%。央行下调准备金率，旨在保持稳健的基调下，向市场释放流动性，增强经济活力和市场预期以新的希望，为第四季度和2013年经济发展做准备。另外，央行分别宣布于6月8日、7月6日下调存贷款基准利率0.25～0.3个百分点，这是3年以来我国首次下调存贷款基准利率，同时首次允许存款利率最高上浮10%，贷款利率最多下浮20%。此次降息的目的旨在短期内稳定预期，防止经济增速过快下降；进一步降低企业融资成本、刺激信贷需求，推进利率市场化改革。央行继续加强货币政策预调微调，此前央行一直强调"增强调控的前瞻性、针对性和灵活性"。2012年8月3～4日召开的人行分支行行长座谈会议上，强调货币政策在保持连续性和稳定性的同时，要增强前瞻性、针对性和有效性，以有效性取代灵活性，旨在提高货币政策有效性，有效地解决信贷资金供求结构性矛盾，切实强化金融服务实体经济的功能。

从省内来看，既符合国家产业政策又符合信贷授信要求的优质企业较少，影响企业信贷投放进度和力度；金融环境仍需改善，金融环境创建工程仍需推进；金融服务水平滞后和金融人才缺乏等问题依然突出。

（二）2012年信贷形势分析及2013年信贷总量增长预期

1. 宏观政策调整及预期

一是结合十八大报告以及2012年中央经济工作会议精神，中央继续加强和改善宏观调控，正确处理保持经济平稳较快发展、调整经济结构、促进产业优化升级、民生项目建设、"美丽云南"建设的关系，加大解决突出问题工作力度，巩固和扩大应对国际金融危机冲击成果，促进经济增长由政策刺激向自主增长有序转变。当前我省经济发展中不平衡、不协调、不可持续的矛盾和问题仍很突出，经济增长回升和机遇与产业支撑跨越发展乏力的压力并存，部分企业生产经营困难，节能减排形势严峻，经济金融等领域存在一些不容忽视的潜在风险。二是继续实施积极的财政政策和稳健的货币政策，保持宏观经济政策的连续性和稳定性，增强调控的针对性、有效性、前瞻性，加快推进经济发展方式转变和经济结构调整，着力扩大国内需求，着力加强自主创新和节能减排，着力深化改革开放，着力保障和改善民生，保持经济平稳较快发展和物价总水平基本稳定，保持社会和谐稳定。

2.2013 年全省银行业金融机构信贷总量预测

在 2012 年信贷总量的基础上以及在国家将实施相关货币政策的背景下，结合党的十八大报告精神、2012 年中央经济工作会议精神以及桥头堡战略和西部大开发战略的进一步推进，结合全省园区经济、民营经济和县域经济跨越发展的需要，全省银行业金融机构将发挥信贷调控作用，将更加有力地支撑产业基地建设和战略新兴产业发展；增强企业和全社会节能减排内生动力，加强重点节能工程建设，大力发展循环经济和环保产业；加快水利交通等基础设施建设；加大"美丽云南"建设的信贷支撑力度；加大"三农"、中小微企业等薄弱环节的贷款投放力度，对云南民生工程的金融支持力度，推进发展高原特色现代农业，加大优势特色产业和农产品基地建设力度。2013 年，在滇金融机构本外币各项存款余额预计增长 20% 左右；金融机构本外币各项贷款余额增幅预计增长到 18% 左右。

四、对策建议

十八大报告提出："深化金融体制改革，完善金融监管，推进金融创新，维护金融稳定。"结合云南实际，为促进我省金融业平稳运行和稳步发展，促进金融助推云南科学发展、和谐发展和跨越发展，需要以加强金融基础建设为前提，以金融服务创新为切入点，以产业支撑和承接产业转移为着力点，加大金融改革创新力度，拓展融资渠道，加大融资对接力度；调整优化信贷结构，促进全省经济发展方式转变；加强金融基础设施和金融生态环境建设；推动沿边金融综合改革和对外开放合作，构建区域金融开放格局。

（一）继续加大金融改革创新力度

云南现处于跨越发展的关键时期，需抢抓国家实施西部大开发和支持云南桥头堡建设的战略机遇，继续创新金融发展举措，深化机构改革，推动银行间多样化创新金融产品，加大改革力度，推进"基金入滇工程"，推进企业上市，加快证券公司创新发展，扩大期货市场规模，加大融资担保机构管理，突破发展瓶颈，全力推动云南科学发展、和谐发展、跨越发展。

加大云南金融机构改革创新力度，拓展金融服务领域。深化各政策性银行、商业银行和股份制银行在滇机构改革，借助资本和管理优势，带动云南整体金融服务水平上新台阶。深化城市商业银行改革，通过增资扩股、完善网点布局，提高经营管理水平等途径，把城市商业银行建设成核心竞争力强、法人治理结构完善、业绩优良的现代商业银行。支持鼓励外资银行入驻云南，设立分支机构；支持云南金融机构到周边国家设立分支机构，为桥头堡建设提供金融服务窗口和平台。

深化农村信用社改革力度，积极推动农村金融创新。通过完善股权治理结构，优化资产质量，提高信息化水平，增强可持续发展能力和盈利水平，进一步发挥农村金融主力军作用，有效推动农村金融市场和服务体系建设。在加大农村信用社县域法人机构改革基础上，推动县级信用社改制组建农村商业银行，支持农村合作金融机构改造为产权清晰、治理结构完善、服务高效的社区型农村银行业金融机构。积极推动农村金融创新，提升农村地区金融服务水平。针对农村贷款需求特点，在现有金融产品基础上大胆尝试，创新抵押担保方式，为全省高原特色优势产业发展提供信贷支持。特别是以林权、土地经营权、农村房屋所有权"三权"为突破口的农村抵押贷款，应进行创新服务。

（二）拓宽融资渠道，加大融资对接力度

加强银团合作、银政合作、银企合作和银农合作力度，不断扩大合作规模。根据与银团相关战略合作协议，建立信息沟通交流渠道、省级重点建设项目融资协调工作联席会议、银团贷款联席会议和多层次、多渠道的项目对接机制等，加大对全省重大项目融资协调力度。

制定实施优惠税收政策，争取国内大保险公司落户云南，参与民生项目建设；推进企业应用债务融资工具，鼓励云南优势企业、中小企业申请发行企业债券、公司债、中小企业集合债、企业可转换债券、中小企业集合票据和短期、中期融资券等融资工具，扩大企业债券发行规模，拓宽企业融资渠道。利用云南特色

产业与优势资源，大力发展股权投资基金市场。

（三）调整优化信贷结构，促进全省跨越发展和经济发展方式的转变

全省金融机构需立足区域优势和省情实际，提高执行宏观政策的主动性和创新力，找准金融支持经济发展的结合点、切入点，充分发挥银行业金融机构信息发现和资源配置功能，加快信贷资金结构优化调整，提高金融资源配置效率。加大对特色优势产业信贷支持力度，支持做大做强特色优势产业，增强经济发展可持续性；加大外向型特色优势产业和现代服务业发展的信贷扶持力度；加大对沿边开放经济带、对内对外经济走廊骨干产业和城镇建设的信贷支持力度，增强重点区域对全省经济发展的带动力；加大交通、油气管道、电力交换枢纽、物流、通信等基础设施建设项目的信贷投放比重；加大对生态环境建设的信贷支持，优先支持节能环保和循环经济发展，同时促进"森林云南""美丽云南"建设；加大对"三农"、中小企业、水利、保障性住房等薄弱环节的信贷支持，加大"贷免扶补"以及对边疆民族地区发展，尤其是对较少民族地区、特困民族地区发展的信贷支持，满足"三农"发展和民生工程建设的资金需求；综合运用各种货币政策工具，引导信贷投向，推动县域经济、园区经济和民营经济跨越发展，促进全省经济结构调整和发展方式转变，为桥头堡建设提供持续动力。

（四）推动沿边金融综合改革和对外开放合作

认真贯彻落实国发〔2011〕11 号文件精神，以昆明区域性国际金融中心建设为核心，以瑞丽、河口、西双版纳、腾冲次区域跨境人民币金融服务中心为支撑，建立面向东南亚、南亚国家跨境人民币清算中心、跨境金融信息中心，构建地方金融监管中心，建设瑞丽次区域离岸人民币金融服务中心，深化区域性跨境金融市场建设，推动金融市场开放，促进面向东南亚、南亚的金融服务和金融合作，深化与湄公河次区域国家和地区金融合作关系，提高沿边金融开放的国际化水平，开展涉外保险业务，完善保险服务体系，探索资本市场发展和西部落后地区农村金融服务新路径，通过金融改革创新和沿边金融开放，把云南建成我国面

向西南开放金融改革创新和沿边金融开放的战略先行区，人民币周边化与区域化试验区。

一是加快发展跨境人民币业务。继续扩大跨境贸易人民币结算企业试点范围，畅通人民币与周边国家货币清算渠道，推进跨境人民币投融资工作，拓展商业银行跨境贸易人民币投融资业务，扩大境外人民币资金来源和运用渠道。

二是加快构建人民币与周边国家货币兑换机制。构建以金融机构为主体、非金融机构为补充的多层次本外币兑换体系，满足境内外企业和个人本外币兑换需求；探索建立人民币与毗邻越、老、缅国家货币汇率的定价机制。

三是建立和完善跨境人民币现钞回流机制。在成功与越南实现人民币现钞跨境调运基础上，逐步推开与老挝、缅甸和泰国等东盟国家的人民币现钞跨境调运业务，并建立人民币现钞出入境回流机制。

四是着力构建瑞丽次区域离岸人民币金融服务中心。着眼瑞丽姐告贸易区具有的"境内关外"保税区自由贸易特征，发挥"境内关外"保税区低税率优势，全面开展人民币离岸金融业务，争取建成次区域离岸人民币金融服务中心。

五是创新资本市场发展路径。推进泛亚股权交易中心建设，引进代办股权转让系统试点，为非上市公司股份转让提供交易平台。开辟桥头堡建设企业上市审批绿色通道，降低云南企业境外上市门槛。推进股权投资企业健康发展。设立战略性新兴产业国家级创投母基金。支持发行桥头堡专项债券。

六是构建地方金融监管中心。创新地方国有企业金融资产管理模式，建立地方金融监管中心，推动地方新型金融机构差异化管理，完善地方新型金融机构监管模式，健全地方金融管理监测预警机制，鼓励民间金融合法规范发展。

七是扩大中小微企业集合债的试点范围。全力支持中小微企业信用融资试点。健全小微企业金融服务机制，构建中小企业信用体系。拓宽民间资本投资实体经济的领域，放宽民间资本投资地方金融机构限制。

八是建立次区域内跨境资金流动统计监测和汇率、债务和偿债能力等预警机制，提升区域金融危机救助水平。推动湄公河次区域各国加强监管与协作，推动市场准入、审慎监管等协调与配合。

九是创新发展服务云南特色产业、优势产业的保险产品，推进保险资金投资重点优势产业。

（五）加强金融基础设施和金融生态环境建设

加强金融基础设施建设。建设金融信息网络中心，形成以云南为中心、内联全国、外联周边国家的金融信息化网络；建设区域跨境支付系统和跨境支付机构，开发具有辐射泛亚区域的支付服务和产品，扶持有实力的第三方支付机构筹办具有覆盖泛亚区域功能的支付服务组织；推动区域金融信息交换平台建设。逐步形成桥头堡金融网络辐射体系、金融服务延伸体系、金融信息交换体系。优化支付服务环境，完善金融监测体系。加强金融生态环境建设，增强云南金融吸引力，形成金融生态环境建设合力。推进社会信用体系建设，优化社会信用环境，完善金融生态基础设施，改善金融生态内部环境。

参考文献：

［1］云南省统计局：《2012 年云南统计月报》2012 年第 8 期。

［2］中国保监会网站：《2012 年 1～9 月全国各地区原保险保费收入情况表》，2012 年 10 月 23 日。

［3］中国人民银行昆明中心支行：《关于云南省金融部门联席会议制度九次会议以来各项议题工作进展情况的汇报》，2012 年 11 月 30 日。

［4］云南省人民政府金融办公室：《国家桥头堡沿边金融综合改革试验区建设实施框架》（草案），2012 年。

（作者单位：云南省社会科学院农村发展研究所）

2012 年财政运行形势分析及预测

苏建宏　王传桢

2012 年以来，各级各部门认真贯彻落实党中央、国务院的各项决策部署，紧紧咬住"稳增长、冲万亿、促跨越"的目标，奋力战胜连续三年干旱、地震等频发的自然灾害，努力克服宏观经济下行、企业效益下滑等不利因素的影响，全省地方公共财政预算收入突破前 8 个月增收乏力的困境后，增速稳步回升，并有望超额完成年初目标任务；全省地方公共财政预算支出进度逐月加快，较好地保证了重点支出项目的资金需求，财政运行总体良好。

一、2012 年云南财政运行总体情况

2012 年 1～11 月，全省财政总收入完成 2 394 亿元，比上年同期增收 206 亿元，增长 16%。全省地方公共财政预算收入完成 1 212.7 亿元，比上年同期增收 217.7 亿元，增长 21.9%，高于全国平均水平 5.6 个百分点，增幅居全国第 10 位。其中，税收收入完成 953 亿元，增长 19.1%，高于全国平均水平 5.1 个百分点，增幅居全国第 10 位，拉动地方公共财政预算收入增长 15.3 个百分点；非税收入累计完成 259.7 亿元，增长 33.5%。全省地方公共财政预算支出完成 2 788.7 亿元，比上年同期增支 518.1 亿元，增长 22.8%，高于全国平均水平 4.5 个百分点，增幅居全国第 5 位。初步预测，2012 年全省地方公共财政预算收入预计达

1 340 亿元左右，比上年决算数增长 20% 左右，可以超额完成 1 300 亿元的年初收入任务。全省地方公共财政预算支出预计达到 3 520 亿元左右，比上年决算数增长 20% 左右。

2012 年年前 8 个月，我省财政收入累计增速基本上未超过年初预算确定增长 17% 的目标，收入增速均较上年同期回落了 11 个百分点以上，出现了超两位数的降幅。具体表现为：第一，增值税、营业税、企业所得税和个人所得税等主体税种增长形势总体不理想，特别是增值税当月增速共有 4 个月呈现负增长态势。第二，宏观经济下行对云南产业的冲击十分明显。除烟草产业保持稳定增长外，支撑我省重工业发展的有色金属、化工和钢铁等行业大部分出现亏损，企业经营困难，经济效益下滑严重，大多数主体税种呈现大幅回落态势。第三，税收弹性系数（指经济增长率与税收增长率的比例关系，体现税收收入增长对经济增长的反应程度）快速下降，由 2011 年的 1.9 下降到 2012 年三季度的 1.4，反映出经济增长实际效益整体下降，经济增长成果并未在财政指标上得以充分体现。

二、力促 2012 年云南省财政经济加快发展采取的主要举措

针对 2012 年宏观经济下行、财政增收乏力、收支平衡难度加大等严峻形势，省委、省政府及早谋划，及时、果断出台一系列政策措施，力促财政经济的平稳较快发展。

一是咬定"稳增长、冲万亿、促跨越"工作目标不放松。针对年初经济下行压力加大的实际，省政府及时出台了稳增长的 28 条政策措施，重点打好园区经济、民营经济、县域经济"三大战役"，专门召开了全省推进工业跨越发展大会、招商引资工作会议、民企入滇助推桥头堡建设大会、重大项目建设推进会议、园区经济战役启动大会、高原特色农业推进大会等一系列重要会议，出台了一系列促进经济加快发展的重要文件。在多种有力措施的作用下，全省经济实现企稳回升，为促进财政经济加快发展创造了有利条件。

二是着力推进桥头堡各项建设。桥头堡建设国家第一次部际联席会议的顺利召开，《桥头堡建设总体规划》获得国家批准，

初步形成了国家相关部委和云南省上下联动、相互协调推动桥头堡建设的格局。先后与 37 个国家部委、10 家金融机构及 25 家大型国有企业签订了桥头堡建设战略合作协议，推动了国家各项优惠政策进一步细化、落实。

三是着力抓产业发展。2012 年以来，我省把加快产业发展作为全省经济工作的重中之重，及时召开了全省推进工业跨越发展大会，出台《中共云南省委、云南省人民政府关于推动工业跨越发展的决定》，进一步明确了推动我省工业跨越发展的政策措施，在政策优惠、工业投入、园区建设等方面实现了突破，支持产业的力度不断加大，为促进税收持续增收打下坚实基础。

四是及时出台了促进财税工作的 17 条措施。针对 2012 年前 8 个月财政增收乏力的严峻形势，省政府对进一步做好财税增收节支和确保完成全年财政收支目标作了紧急部署，并于 9 月中旬召开全省财税工作座谈会，出台了《云南省人民政府办公厅关于进一步做好财税工作的通知》（云政办发〔2012〕178 号）。文件从强化收入征管、强化支出管理、强化组织保障等三方面制定了 17 条措施，以扭转财政增收乏力的不利局面。

随着各项措施的逐步落实到位，全省经济增长明显加快，前三季度，全省 GDP 分别增长 10.8%、11.7% 和 12.6%，分别高于全国平均水平 2.7、3.9 和 4.9 个百分点；地方公共财政收入增速稳步回升，并于 9 月份超过年初预算目标，为完成年初目标任务奠定了坚实基础。

三、2012 年云南省财政运行的基本特点

回顾 2012 年的地方公共财政收入形势，总体呈现出"低开、平走、回升"的增长轨迹和"两升、两稳、两优"的基本特征，即"财政收入和主体税种增长持续回升，财政支出增速稳步增长和财政收入质量较为稳定、支出进度和支出结构持续优化"。

（一）两升：财政收入和主体税种增长持续回升

1. 财政收入小幅回升

前 11 个月，全省地方公共财政预算收入增长一改往年"高

开、高走"之态势，呈现出历年少有的"低开、平走"的态势，但进入 9 月份后，随着经济形势有所好转和省政府出台的促进财税工作 17 条措施的逐步落实到位，全省地方财政公共预算收入增长持续回升的态势得以进一步巩固，增速屡创新高。

2. 主体税种持续回升

除个人所得税受政策性减收因素影响仍为负增长外，增值税、营业税和企业所得税的增幅均呈小幅回升态势。其中，增值税增速回升，主要是由于占收入份额较大的卷烟、建材、有色金属、电力等行业市场供求有所好转。企业所得税和营业税也因部分涉税行业效益有所好转带动，呈现回升态势。

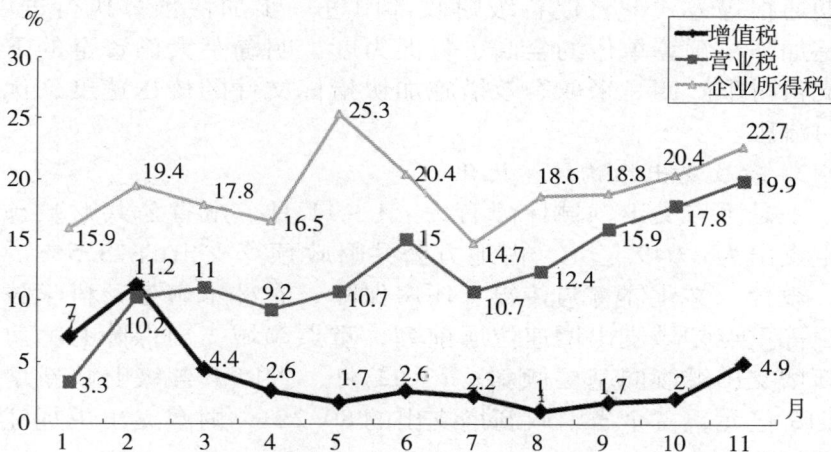

2012 年各月全省增值税、营业税和企业所得税累计增长情况图

（二）两稳：财政支出增速稳步增长和财政收入质量较为稳定

1. 财政支出增势平稳

前 11 个月，全省地方公共财政预算支出增势总体平稳，为保民生、稳增长起到了十分重要的作用。

2. 财政增收质量相对稳定

2012 年以来，我省大部分州市财政部门一度存在通过加快非税收入收缴力度来弥补税收收入增长不足的现象，但通过采取加强税收收入征管、严控各地非税收入非理性增长等措施后，当前我省非税收入占地方公共财政预算收入的比重为 21% 左右，与往年基本持平，财政收入质量并未明显降低。

（三）两优：财政支出进度明显优于往年和财政支出结构持续优化

1. 财政支出进度明显优于往年

2012年以来，我省前三季度支出进度增速相对较快，进入四季度后逐月回落，财政支出集中在年末的状况得以有效扭转。支出进度明显加快，主要得益于我省坚持把抓好支出进度工作放在重要位置，并采取了一系列有效措施加以推进：一是狠抓年初预算编制质量。2012年预算编报质量的明显提高，为预算执行进度的加快打下了较好基础。二是强化对州市财政支出进度的考核、按期通报等方式，督促各级财政部门进一步加快预算执行进度。三是加强与预算单位的会商、督促力度，明确了大额资金的下达和支付时限。四是采取有效措施加快指标文件的传送速度，优化支付流程。

2. 财政支出结构持续优化

一是重点支出领域保障有力。1～11月，全省公共财政预算民生支出为2 049亿元，占地方公共财政预算支出的73.5%。其中，教育、文化体育与传媒、住房保障、农林水事务、科学技术支出等重点领域支出增速位居前列，重点领域支出保障有力。二是新增支出继续向基层倾斜。1～11月，省以下各级财政新增支出415亿元，占全省财政新增支出的80.2%，财政支出更加注重基层保障。

四、2013年云南省财政预算安排的初步方案

2013年是贯彻落实十八大精神的第一年，全省财政经济发展既面临诸多有利因素，也面临一些挑战和压力。

从有利因素来看：一是云南经济社会发展有良好的战略支撑。桥头堡战略历史性地把云南推向全国对外开放的前沿。目前，桥头堡建设的步伐正在加快，滇中经济圈建设正如期推进、"三大战役"已全面打响，这些重大战略部署将为推进我省经济跨越发展提供重要支撑。二是经济发展的后劲逐步显现。随着推进工业跨越发展系列措施的落实到位，产业调整和培育取得新进

展，这将进一步夯实经济发展的内生动力。三是党的十八大和中央经济工作会议召开后，新一轮改治经济改革将有序推进，将为云南经济跨越发展注入新动力。

从不利因素来看：一是宏观经济外部环境未见根本好转。受国内外市场有效需求明显不足、产业结构调整任务繁重等因素的影响，我省 2013 年财政经济形势的不确性因素较大。同时，我省地方公共财政预算收入在连续多年高增长后，将逐渐理性回归至低速增长区间，这是必须正视的客观经济规律。二是税收增收基础不牢、后劲不足的问题将在 2013 年凸现；结构性减税政策、房地产市场调控、企业提质增效难度加大、经济结构调整和转变发展方式任务艰巨等带有长期性的实际困难，也将严重制约主体税种的持续增收。

根据中央经济工作会议精神，2013 年的经济工作要继续把握好稳中求进的工作总基调，继续实施积极的财政政策。结合省第九次党代会"科学发展、和谐发展、跨越发展"的战略和"四翻番、两倍增"的目标要求，并综合考虑各种有利和不利因素，建议 2013 年全省地方公共财政预算收入年初预算按比 2012 年完成数增长 17% 确定，预计为 1 567 亿元。据此测算，全省财政总收入为 3 029 亿元，比 2012 年预计完成数增加 412 亿元，增长15.8%。建议 2013 年全省地方公共财政预算支出年初预算拟按比 2012 年实际完成数增长 17% 确定。

五、2013 年财政支出预算安排的重点内容

一是确保工资性支出和机构正常运转。严格按照国家有关政策标准安排工资性支出，严格控制办公楼等楼堂馆所建设、装修，设备购置；严格控制和规范庆典、研讨会、论坛等活动，从严控制各类检查考核评比达标表彰活动，切实控制和降低行政运行成本。

二是全力保障直接兑付个人的民生支出。继续加大对民生领域的投入，按照国家、省委、省政府有关要求，对兑现到个人的民生支出，严格按照确定的补助范围和补助标准，应保尽保，确保国家、省委、省政府民生政策的全面落实。

三是努力保障财政支出法定增长目标。继续加大对农业、教育、科技、文化的投入力度，在安排资金上对上述领域的项目予以倾斜，确保财政对该领域的投入高于经常性收入增幅。

四是确保地方政府性债务还本付息需要。根据地方政府性债务偿债还本付息计划，通过预算安排，努力扩充省级偿债准备金规模，确保按时足额偿还到期债务，维护政府举债信誉。

五是保障与中央配套项目的资金落实。按照中央项目资金配套要求，足额落实省级应配套资金，保障地方资金及时足额到位，确保中央确定重点项目的顺利实施。

六是落实省委、省政府确定的重大项目资金。经济处于下行通道上时，越需要政府加大投资拉动经济增长。地方财政将统筹公共财政预算资金、政府性基金，多渠道落实省委、省政府确定的重大项目建设资金需求。

近年来，在加快推进公共财政建设，不断加大民生支出保障的过程中，地方财政支出结构已发生显著变化。目前，我省各项对应到个人的民生支出已占到地方一般预算支出的72%以上，财政支出更多更好地惠及广大城乡居民。与此同时，各级财政还要确保地方政府性债务的还本付息，为重大项目提供资金支持等。可以说，预算安排早已捉襟见肘，面临无米下锅之困。

六、2013 年云南省财政运行面临的主要矛盾和问题

（一）经济持续高速增长势头难以为继

世界经济复苏步伐缓慢，我国 2013 年宏观经济增速仍呈放缓趋势，客观上决定了财政增收压力非同往年。在地方公共财政预算收入连续多年高增长后，如何主动适应极有可能的低速增长期，将是我省各级财政面临的新课题。

（二）税收持续快速增收难度加大

云南经济为典型的投资拉动、资源依赖和烟经济，工业结构中，重工业以化工和有色金属为主，轻工业主要依赖烟草。受宏观经济形势影响，支撑我省工业经济的有色金属、采矿及钢材等

产品价格大幅下跌，企业经营困难，经济效益下滑严重，全省除烟草产业保持稳定增长外，有色金属、化工和钢铁等行业大部分出现亏损，2013 年主体税种快速增长的基础不牢。

（三）多重因素叠加下的新增支出压力呈扩大之势

2013 年是新一届地方政府的开门之年，也是贯彻落实十八精神的重要一年，各级地方政府加大投入、加快发展的意愿较强，财政支出扩张的需求较大。与此同时，各项民生支出因提标扩面政策出台较为密集，如规范公务员津补贴、实施事业人员绩效工资改革、实施政法经费保障机制改革、农村义务教育阶段寄宿制学生生活补助提标、推进城乡居民养老保险全覆盖、加大保障性安居工程投入等刚性新增支出较大。并且，由财政兜底的政府债务进入偿债高峰期，债务还本付息压力增大。上述各项因素的叠加，将会在 2013 年形成一轮支出需求的高峰，加剧财政收支矛盾和平衡困难。

（四）偿债形势极为严峻

截至 2011 年底，在全省政府性债务余额中，省本级债务占30.94%，州（市）级债务占40.44%，县（市、区）级债务占28.62%，需由财政性资金偿还的债务占 59.42%。以可用财力计算，2011 年全省政府债务率 173.9%，州市级高达 354.5%，县级为 104.1%。全省各级财政债务负担沉重，特别是 2012 年我省的二级公路还贷压力十分巨大，偿债形势异常严峻。

（五）财力与事权不匹配的矛盾依然突出

1994 年分税制体制改革，基本理顺中央和地方的财政分配关系，但是，对政府间事权和财政支出责任仅作了原则性的划分，没有清晰、明确的规定。随着各项改革的不断深入和经济形势的发展，事权和财政支出责任的划分对我国各级财政体制改革的推进和财政发展的"瓶颈"制约越来越突出，尤其是基层政府财政支出责任不断增加，而从财力构成上看，基层政府尚未形成独立、有效的主体税收体系，收入主要依靠上级补助，能够自由掌控的收入极其有限。因此，财力与事权不匹配是形成基层财政困难的根本原因。

七、做好2013年财政运行的对策建议

（一）进一步提高财政资金保障能力

认真贯彻落实《云南省人民政府办公厅关于进一步做好财税工作的通知》（云政办发〔2012〕178号）精神，进一步加强税收征管，强化对重大项目、重点行业和重点税源企业的税源监控，紧密结合经济形势和政策变化，深入分析收入征管、组织中存在的主要问题和各种减收、增收因素，及时提出有关建议并采取有效措施，确保2013年财政收入目标任务圆满完成。

（二）进一步调整和优化支出结构

各级财政部门要认真落实好省委、省政府关于加快经济发展方式转变的各项决策部署，积极调整和优化财政资金的投向及结构，大力支持重大经济建设项目和重点区域加快发展，有效引导社会资金更多地投向农业、重大基础设施建设、生态环保和社会事业等方面，切实推动经济发展方式转变，进一步增强全省经济社会的可持续发展能力。各级财政要确保民生等重点支出需要，确保中央和省级重大项目的资金配套。要努力压缩一般性支出，强化因公出国（境）费、公务用车购置及运行费、公务接待费等"三公经费"监管。

（三）进一步深化预算管理改革

继续完善基本支出公用经费定额标准体系，积极构建以投入控制为核心、以项目绩效为引导、以制度和机制建设为保障的绩效预算编制和管理体系，进一步提升部门预算管理水平。进一步加强对项目支出和一般性转移支付的绩效考核，全面开展和推进预算绩效管理工作。不断完善各级财政管理体制，加快建立和完善公共财政体系。加强对地方政府性债务管理，防范政府债务风险。按照上级财政部门的要求，积极推进预算信息公开的制度建设，逐步实现全省预算信息公开的程序化、规范化和制度化。

（四）进一步抓好预算执行

强化预算执行工作，切实增强预算执行的均衡性和有效性。加强对宏观经济形势、微观经济运行及财政收支预算执行情况的研判，建立健全及时准确的预算执行动态监控机制，摸清情况、加强预警、早做谋划，及时解决组织收入中的各种问题。对于主体税种，要从地区、行业和企业等不同层面，"面、线、点"相结合，深入开展税收对比分析及收入预测，及时发现税收收入异常的地区、行业和企业，查找税收征管薄弱环节，切实防止税收收入的"跑、冒、滴、漏"。加强资金整合力度，充分发挥资金使用效益。督促预算单位抓紧做好支出执行准备工作，及早将预算资金落实到具体项目上。坚持按预算拨款，确保专款专用，严格管控暂付款支出行为。加强对结余、结转资金的管理，合理控制结余资金规模。

（作者单位：云南省财政厅）

2012 年云南省物价形势分析及
2013 年展望

刘诗祥

2012 年，云南省较好地贯彻了国家宏观调控的各项政策措施。随着需求放缓、粮食丰收、猪肉价格涨幅收窄、房地产调控累积效应逐步显现、翘尾因素减弱和国际大宗商品价格趋稳等因素的影响，居民消费价格总体上平稳回落，通胀压力明显缓解，较好地完成了全年物价调控任务。展望 2013 年，受货币因素、农产品价格等因素影响，居民消费价格仍然存在上行压力，预计全年涨幅可能略高于 2012 年，达到 3% 。而受经济增速稳定、生产需求平缓的影响，工业生产者价格指数大幅上涨的可能性不大，预计全年上涨 0.5% 左右。

一、2012 年云南省市场价格运行情况

2012 年，云南省居民消费价格总水平比上年上涨 2.7% ，其中城市上涨 3.0% ，农村上涨 2.3% 。2012 年全年涨幅低于 2011 年 2.2 个百分点，实现了物价平稳下降，较好地完成了全年预期调控目标。

（一）居民消费价格平稳下降
总体来看，2012 年云南省居民消费价格指数（CPI）温和上

涨，略高于全国 2.6% 的增长幅度。分月来看，得益于上年宏观调控措施影响，2012 年居民消费价格呈"U"形走势，上半年逐步下降，下半年以后由于猪肉价格进入新一轮上涨周期、资源价格改革和输入性通胀压力增强等因素，物价涨幅在波动中小幅回升。从影响因素看，2012 年 12 月份 2.7% 的居民消费价格总水平同比涨幅中，上年价格上涨的翘尾因素约为 0.3 个百分点，新涨价因素约为 2.4 个百分点。

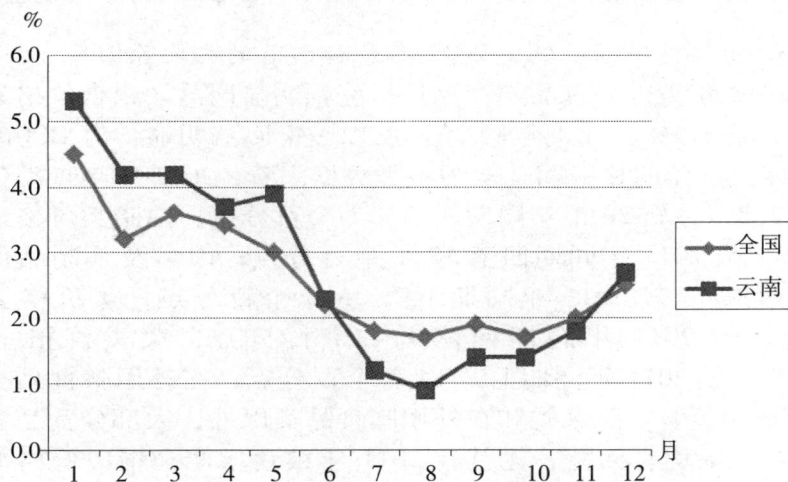

图 1　2012 年云南省与全国居民消费价格涨幅（月度同比）
数据来源：国家统计局、国家统计局云南调查总队各月价格数据。

分类来看，食品类价格上涨 6.2%，影响居民消费价格总水平上涨约 2.07 个百分点；烟酒类价格上涨 0.6%；衣着类下降 1.3%；家庭设备用品及维修服务价格上涨 1.4%；医疗保健和个人用品价格上涨 1.6%；交通和通信价格上涨 0.2%；娱乐、教育文化用品及服务价格上涨 1.2%；居住价格上涨 2.2%，影响居民消费价格总水平同比上涨约 0.38 个百分点。食品类和居民类价格对 CPI 的贡献率分别为 76.7% 和 14%，合计 90.7%，表明物价上涨主要由食品和居住类价格拉动，物价上涨的结构性特征依然突出。

从全年累计同比来看，八大类商品七升一降。（见表 1）

表1　2012年居民消费价格指数中八大类商品同比涨幅

商品类别	累计同比涨幅	商品类别	累计同比涨幅
食品	6.2	家庭设备用品及维修服务	1.4
烟酒	0.6	医疗保健及个人用品	1.6
衣着	−1.3	交通和通信	0.2
居住	2.2	娱乐、教育文化用品及服务	1.2

数据来源：国家统计局云南调查总队网站："2012年我省收入和价格主要数据"。

3. 食品类涨幅较低是2012年物价回落的主要原因

2012年大部分食品类商品价格涨幅明显回落。粮食价格累计同比上涨6.2%，比上年同期上涨12.9%回落明显，对CPI的拉动力度比上年明显减弱。从各小类数据来看，2012年粮食类价格上涨2.8%，较2011年同期回落9.1个百分点；油脂类价格上涨0.8%，较2011年同期回落12.1个百分点；肉禽及其制品价格下降0.8%，较2011年同期下降25.6个百分点；蛋价格上涨3.9%，较2011年同期回落6.7个百分点；菜类价格上涨15.4%，较2011年同期上升14.7个百分点；在外用膳食品类价格上涨10.7%。除菜类和在外用膳食品类以外，大部分食品类商品价格涨幅均有回落，尤其在2011年粮食增产和猪肉价格上涨推动养殖盈利水平逐步上升的基础上，2012年粮食和猪肉价格涨幅较大幅度回落是带动居民消费价格涨幅回落的主要原因。

（二）工业生产者价格明显下跌

2012年，云南省工业生产者出厂价格（PPI）累计同比下降2.1%，涨幅比上年同期回落6.8个百分点。生产领域价格明显下跌，但回落幅度稍小于全国平均水平。自2011年7月份以来，云南省工业生产者出厂价格指数（PPI）涨幅达到高点后逐步下降，进入2012年3月，PPI涨幅开始为负，与CPI走势出现分化。2012年1~12月，CPI与PPI涨幅之差分别为4.4、3.9、4.6、4.5、5.2、4.6、4.3、5.1、6.0、4.9、5.1、5.2个百分点，总体上逐步扩大，表明生产领域开始出现通缩现象，上游价格向下游传导的压力有所减轻。

分类来看，云南省工业生产者出厂价格中，生产资料类下降3.2%，生活资料类上涨1.1%，可以看出2012年PPI下跌主要

是由生产资料拉动，其中又以原料类为主。（见表 2）

表 2　2012 年工业生产者出厂价格指数中各大类商品同比涨幅

商品类别	同比涨幅	商品类别	同比涨幅
生产资料类	-3.2	生活资料类	1.1
采掘	-1.8	食品	1.1
原料	-4.4	衣着	5.4
加工	-1.4	一般日用品	1.0
		耐用消费品	1.4

数据来源：国家统计局云南调查总队网站："2012 年我省收入和价格主要数据"。

2012 年，云南省工业生产者购进价格（PPIRM）累计同比下降 0.7%，涨幅比上年同期回落 8.7 个百分点。其中，有色金属材料和电线类、黑色金属材料类分别下跌 7.0% 和 5.4%，燃料动力类、化工原料类分别上涨 2.2% 和 0.8%。

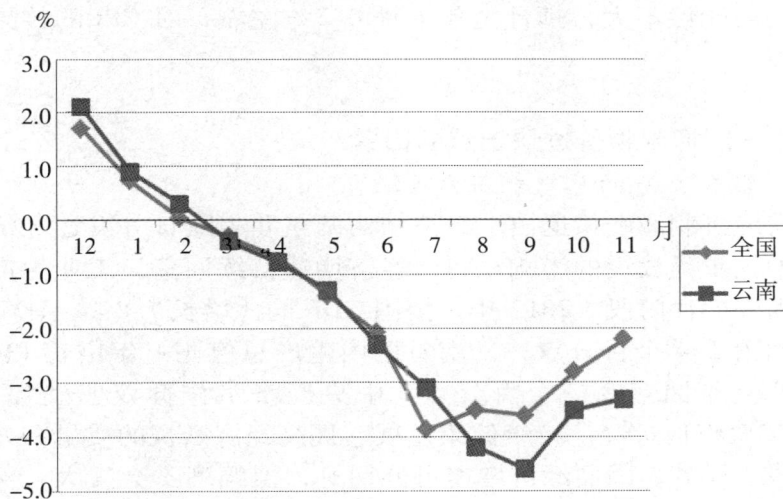

图 2　2012 年云南省与全国工业生产者出厂价格涨幅（月度同比）

数据来源：国家统计局、国家统计局云南调查总队各月价格数据。

总体来看，2012 年工业品出厂价格持续下跌，说明工业生产和经济增长相对潜在合理水平仍然偏弱。这既与房地产投资减缓、企业库存周期性调整、消费与出口需求不足有关，也是部分制造业产能严重过剩、缺乏自主创新的结果。9 月份以来的工业回升主要是政府主导的基础设施建设项目加快的结果，企业本身的自主增长动力仍显不足。下一步云南省生产领域形势的逐步好转，仍然有赖于消费与出口形势的逐步回暖，以及经济结构的逐步调整，带来企业自身发展内在动力的逐步增强。

二、2013 年云南省物价形势展望

现阶段影响云南省物价变动的因素可归结为以下几方面：一是国内宏观经济调控政策；二是食品价格；三是劳动力价格；四是翘尾因素；五是输入性通胀。虽然 2012 年物价实现了温和上涨，但这是在 2011 年高物价基础上的继续上涨，仍然必须清醒认识到物价上涨的压力。综合来看，2013 年推动物价上涨的因素较多，初步判断 2013 年物价涨幅较 2012 年有所扩大。预计 2013 年涨幅可能略高于 2012 年，达到 3%；工业生产者价格指数大幅上涨的可能性不大，预计全年上涨 0.5% 左右，对 CPI 的传导压力有限。

（一）抑制物价过快上涨的因素

1. 物价上涨的总需求压力较轻

受经济刺激政策退出、经济结构调整和美欧日等发达经济体经济增长步伐放缓的影响，我国经济增速持续回落，工业生产逐步进入去库存阶段。2012 年，全国 GDP 同比增长 7.8%，比上年同期回落 1.4 个百分点；云南省国内生产总值比上年增长 13%，增幅比上年回落 0.7 个百分点。中央经济工作会议明确提出，2013 年要将促进经济持续健康发展、提高经济增长的质量和效益作为核心任务，因而经济增速可能回升，但幅度不会很大，保持在 8% 左右的概率较大。IMF 于 2012 年 10 月 9 日在《世界经济展望报告》中进一步下调了今明两年全球经济增长预期，显示 IMF 对全球经济前景走势趋于悲观。报告预计，2012 年和 2013 年全球经济增长率分别为 3.3% 和 3.6%。其中，中国经济 2012 年和 2013 年增长率预计将为 7.8% 和 8.2%。受世界经济复苏乏力和中国经济内在调整的影响，经济增速稳定，2013 年物价上涨的总需求压力较轻。

2. 粮食丰收提供了稳定物价的物质基础

据农业部公布数据，2012 年全国粮食总产量 11 791 亿斤，比 2011 年增加 367 亿斤，增长 3.2%，这是我国连续第 9 年粮食丰收。农业是国民经济的基础，粮价是百价之基，我国粮食产量连年增加、供给充裕，有利于粮食价格及相关食品价格的稳定，将对保障供应和稳定物价发挥基础性的作用。

3. 翘尾因素维持在较低水平

2012 年，翘尾因素保持在较低水平，同时 CPI 各月环比涨幅总体上比 2011 年有所回落，环比负增长的月份较多。因此，2013 年的翘尾因素比 2012 年更小。翘尾因素的回落在一定程度上将抑制 2013 年 CPI 的涨幅。

（二）推动物价上涨的因素

1. 国内外相对宽松的货币供给环境不利于物价稳定

2012 年我国新增贷款 8.2 万亿元，较 2011 年增加 7 300 亿元。中央经济工作会议指出，2013 年要继续实行稳健的货币政策，但要通过综合手段把握调控力度，适当扩大社会融资总规模，保持贷款适度增加，切实降低实体经济发展的融资成本。这与 2011 年末提出的"要实施稳健的货币政策，按照总体稳健、调节有度、结构优化的要求，把好流动性这个总闸门"相比，为实施较为宽松的货币政策预留了空间。预计 2013 年中央银行货币供给量将超过 2012 年的水平，将有可能成为物价上涨的国内货币因素。此外，2012 年 9 月以来，美国、欧洲等许多国家出台新一轮量化宽松的货币政策，全球货币流动性较为充分，可能会带来国际大宗商品价格震荡上行的趋势，对我国形成输入性通胀压力。输入性通胀还表现为国际市场农产品价格居高不下，目前我国进口依存度较高的大豆和玉米的期货价格创历史新高，而大豆与食用油息息相关，不可避免带来食用油价格的上涨。2012 年 10 月末，M_2 同比增长 14.1%，比上月末低 0.7 个百分点，比上年同期高 1.2 个百分点，结束了市场对 M_2 趋于稳定的预期，货币扩张重回高增长轨道，预计 2012 年 M_2 余额与 GDP 的比值仍将在 1.8 左右。央行 2012 年分别两次降低人民币存款准备金率和人民币存贷款基准利率。除中国降息外，近期欧洲央行、韩国、巴西、澳大利亚和印度均采取了降息措施。美国推行第三轮量化宽松政策，欧洲央行货币直接交易（OMT）实质上类似于量化宽松。宽松的货币政策在一定程度上将增加市场流动性，推升物价涨幅。

2. 农产品仍面临较大上涨压力

一是猪肉价格将进入新一轮上涨周期。2011年四季度以来，生猪价格持续走低。2012年6月初，全国生猪出场价回落到本轮价格周期波动的最低点，近几个月猪肉价格已出现止跌回升的趋势。从历史规律看，猪肉价格波动周期一般为36个月，上升周期为18个月左右。受猪肉生产周期和国家出台调控生猪价格政策的影响，猪肉价格有可能在2013年进入周期性上涨阶段。我国猪肉价格在CPI中的权重约为3.8%左右，一旦猪肉价格上行周期确立，对CPI的影响不容小觑。另外，受低温、雨雪、冰冻天气的影响，蔬菜价格上涨在所难免，必然会推动总体物价的上涨。加之春节临近，部分鲜活食品价格出现较大幅度的上涨。

二是农产品价格上涨是一个长周期现象，是必然趋势。当前我国各类产品的供求结构基本平衡，加之粮食连年丰收，短期内基本不会出现供给短缺导致的价格上涨。但从生产成本角度来看，农村劳动力价格上升、农资成本也在不断上涨等因素，必将不断推升农产品价格。从调查数据来看，目前各地化肥价格均处于高位运行，各品种普遍比上年同期涨价10%～20%。农资价格上涨增加了农民种粮成本，从而将推高粮价。随着城市地价快速上涨，拉动了城郊地价，并进一步传导至农业地价，从而抬高农产品生产成本，推升农产品价格。而为维护农民利益的需要，国家不断提高农产品最低收购价，通过补贴低收入群体，容忍农产品价格适度的上涨，利用价格手段促进农民增收，是增加农民收入、进一步提高农民种粮积极性的必然要求。

3. 劳动力成本上升和资源价格改革将推高物价

从中长期因素看，劳动力成本提高对物价的拉动作用不断增强。随着劳动年龄人口比重下降，人口红利消失，劳动力短缺出现，劳动力价格上涨，提高工资收入标准是必然趋势，我国将进入国家对居民收入历史欠账进行补偿的阶段。工资的刚性和人力资源价格的上涨将增加我国商品生产成本，进而推动我国物价上涨。

资源产品价格改革的稳步推进，也将在一定程度上推高物价涨幅。2012 年，为了推进经济体制改革，发挥价格的杠杆作用，国家启动了居民阶梯电价改革，7 月 1 日开始在全国全面试行。阶梯电价把居民每个月的用电分成三档。经相关投入产出模型测算电力价格上涨 10%，将导致 CPI 和 PPI 分别上涨 0.55% 和 1.19%。2011 年底，国家开始开展天然气价格形成机制改革试点，预计今后天然气价格改革的范围将进一步扩大。阶梯电价的推行和天然气价格改革范围的扩大将在一定程度上推升物价涨幅。

4. 服务价格呈现上涨势头

目前，随着我国经济发展和服务消费扩大，服务消费价格呈现上涨态势。随着我国经济发展，居民收入水平提高和个性化消费需求升级将逐步进入服务消费快速增加的时期，金融、保险、家政、旅游、健身和美容、美发等服务消费在日常消费中的比重明显增大，需求日趋刚性。随着第三产业的不断发展，服务消费价格上涨是必然趋势。2012 年下半年以来，各省区服务价格的月涨幅普遍高于消费品价格的月涨幅。

5. 本轮物价涨幅回落的趋势基本结束

自 2012 年 9 月开始，云南省 CPI 涨幅已经开始逐步回升，全国范围的情况也基本同步。2000 年以来，我国经历了四轮周期性的物价波动。第一轮从 2000 年 1 月至 2002 年 3 月，上升阶段持续了 16 个月，回落阶段持续了 11 个月；第二轮从 2002 年 4 月至 2006 年 3 月，上升阶段持续了 28 个月，回落阶段持续了 20 个月；第三轮从 2006 年 4 月至 2009 年 7 月，上升阶段持续了 25 个月，回落阶段持续了 15 个月；第四轮从 2009 年 8 月至今，上升阶段持续了 24 个月，回落阶段已经持续了 15 个月，根据历史规律，初步判断本轮物价回落的趋势已经基本结束，物价将进入新一轮上升阶段。

三、加强物价调控的政策建议

面对 2013 年物价形势，既要坚定信心，也要看到通胀因素，密切关注未来物价走势，更加重视管理通胀预期，采取切实有效的综合措施，努力保持物价总水平的基本稳定。

（一）继续加强对重要农产品的供给管理

完善主要农产品储备制度，积极调剂区域间农产品的供需余缺，健全进出口调节机制，充实国内储备。对猪肉和蔬菜等重要商品供应需要同时发挥"看不见的手"和"看得见的手"的作用。当供给紧张价格大涨时主要依靠市场调节，辅以政府适当抛售储备以平抑市场价格；同时，鼓励提高农民产销组织化程度，提供更完善的信息服务，防止盲目扩大生产规模。一旦出现供给过剩价格大降时，应充分发挥政府作用，及时出手收购增加储备，防止价格过度震荡和生产的大起大落。着力强农、惠农，加大财政对"三农"的支持力度，加大农田水利基础设施建设，增强应对自然灾害的能力，保证农业生产稳定增长。统筹安排土地出让收入，加大对蔬菜生产和生猪养殖公共设施等方面的投入，做好生猪疫病防控。稳步推进农产品现代流通综合试点，将部分农产品批发市场作为城市公益性流通基础设施给予土地、税收等方面的政策优惠，继续支持大型流通企业发展"农超对接"。积极引导蔬菜生产和市场流向，形成解决农产品"卖难""买难"的长效机制。

（二）推进农产品流通体系建设

积极落实近期国务院常务会议制定的降低流通费用的政策措施。在政策指导下，各省市应针对地方特点尽快出台相应的实施细则，逐步将税费减免政策和绿色通道政策扩展到蔬菜、鲜活产品以外的其他农产品品种。综合运用经济、行政和法律手段，探索建立反垄断、促进公平竞争和降低流通成本的长效机制，严厉打击价格欺诈、操纵价格和乱收费等违法行为，逐步规范市场价格和收费秩序。

（三）运用价格手段促进收入分配体制改革。

收入分配体制改革有利于居民收入平稳、较快增长，也有利于消费保持稳定增长。明确劳动力价格上涨带动物价总水平的上涨具有一定的合理性，适度提高对食品价格上涨容忍度。同时，完善低收入群体的社会保障和救助标准与低收入者 CPI 上涨幅度挂钩联动机制。在积极进行收入分配制度改革的基础上，重点保障其基本消费需求，不断提高其营养摄入水平和食品安全水平。我国收入分配体制改革总体方案有望近期出台，将有助于提高居民收入水平和改善居民收入分配结构，为扩大消费奠定坚实的收入基础。同时，有必要进一步加强最低生活保障体制建设，强调完善低保对象认定条件和规范审核审批程序，改善低收入群体的最低生活保障，有利于增强低收入群体的即期消费能力。

（四）继续坚持房地产调控，稳定资产价格

资产价格的上涨会恶化经济运行环境，带来人民生活成本的不断上涨，不利于投资的稳定增长和人民生活水平的稳步提高，并最终会影响到经济增长与社会稳定。进一步完善房地产调控政策，继续实施限购措施，制定合理的房价目标；继续加大保障性住房建设力度，逐步加大政府住房保障力度，规范保障性住房的后续管理；建立保障性住房建设资金稳定投入机制，健全保障性住房管理的体制机制；规范住房租赁行为，鼓励社会资金参与公共租赁住房建设和运营，逐步形成规范化的房屋租赁市场。

（五）不断增强经济发展的内生动力

目前来看，生产领域通缩现象主要原因并不在宏观政策，而在于部分制造业产能严重过剩、企业本身的自主增长动力不足。仍然需要把政策重心放在经济结构的长期调整、促进技术的不断进步、保持消费的稳定增长，以及一些制度化改革，如科技创新体制改革、收入分配体制改革、社会保障制度改革上，用经济结构调整、效率的提升、制度改革的不断深化，以及民生得到更好的保障，为经济良性增长创造良好环境，不断地强化经济发展的内生动力。

参考文献：

［1］国家统计局云南省调查总队：2012 年我省收入和价格主要数据，2013 年 1 月 20 日。

［2］国家统计局云南省调查总队：12 月份云南居民消费价格（CPI）和工业生产者价格（PPI）运行情况通报，2013 年 1 月 20 日。

（作者单位：云南省社会科学院经济研究所）

2012 年就业形势分析与 2013 年就业趋势

宋　媛

目前，云南省就业格局正在发生重大转变，就业非农化趋势明显加快，雇员化就业程度逐渐提高，但是劳动力资源供需结构性矛盾更加凸显。2012 年，云南省实施就业优先战略，落实一系列积极就业政策，确保了就业形势稳中向好，登记失业率控制在 4.6% 以内。从全省劳动力市场反馈的信息看，第三产业依然是吸纳非农就业最重要的产业，第二产业就业吸纳能力有所增强，个体和私营企业单位是城镇就业增长的主体，劳动力市场已经处于供不应求的状况。但是劳动力总量过剩，供需行业、技能等结构性不对称仍然是主要矛盾，二、三产业的就业弹性有所下降，固定资产就业弹性较低等问题需要重视。从动态看，2013 年云南就业压力很大，就业形势不容乐观。

一、云南省就业格局变化趋势

（一）二、三产业就业吸纳能力持续增强，就业非农化趋势明显加快

云南省一直以来都是一个以农业就业为主的省份，乡村从业人员的比重较大。截至 2011 年，城乡就业人数 3 643.8 万人，其中城镇从业人员 686.15 万人，乡村从业人员 2 171.08 万人，分别占城乡就业人员总数的 24% 和 76%。但是，近 10 年来乡村从

业人员比重持续下降，从 2001 年的 84.9% 下降到 2011 年的 76%，城镇从业人员逐年上升，从 2001 年的 15.1% 上升到 2011 年 24%。

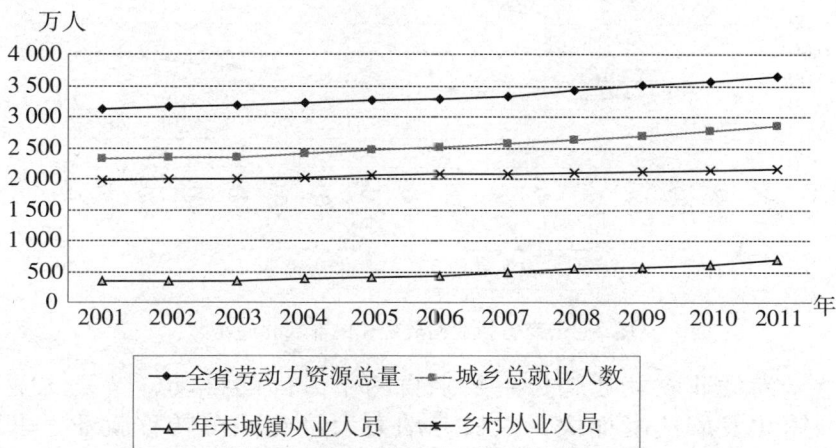

图 1   2001~2011 年云南就业人口分布情况

资料来源：《云南统计年鉴 2012》。本文数据如果没有注明的，都来自《云南统计年鉴》。

10 多年来，随着经济增长和结构转变，云南就业人员在产业分布格局呈现非农化就业明显加快的趋势。云南省三次产业就业人数的顺序依次为一、三、二，第二、三产业就业人数比重呈逐年上升趋势，第一产业就业存量比重则呈逐年下降趋势。2011年，云南省第一、二、三产业就业人员分别为 1 697.2 万人、374.3 万人和 785.73 万人，所占比重分别为 59.4%、13.1% 和 27.5%。如果以第一产业就业人数作为农业就业人数，第二、三产业就业人数总和作为非农就业人数，从 1995~2011 年的就业人数变化趋势可以看出，云南省的就业格局从 2000 年以后就呈现出农业产业就业人数快速下降、非农产业就业人数快速上升的趋势，尤其是 2006 年以来，非农化就业趋势明显加快。截至2011 年，非农业就业比重达到了 40.6%，而农业就业比重下降到 59.4%。

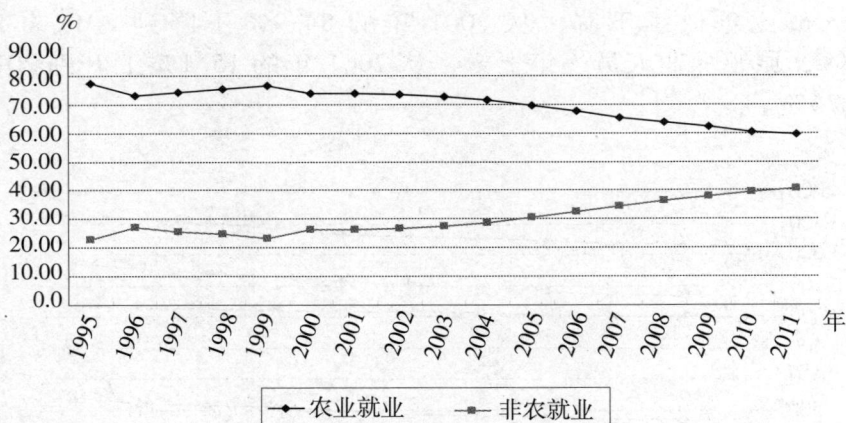

图 2 云南省就业格局变化的非农化趋势

　　云南的非农就业趋势主要来自两个方面的推动，一是工业化和城镇化发展速度加快，农村劳动力大量到城镇转移就业，非农就业人数也就大幅度上升；二是农村劳动力在本地从事兼业和非农业人数不断上升，推动了非农化就业的发展。

　　农村劳动力到城镇转移就业是推动非农化就业的主要推动力。从 2000～2011 年的数据显示，随着云南省城镇化的加快，农村人口不断向城镇转移，非农就业人数也快速上升。2012 年，云南城镇化率达到了 39.2%。从就业人数看，非农就业人数在 2005 年以前与城镇化率基本同步，2006 年以后，非农就业人数逐渐大于城镇化率，随着城镇化率的提高呈快速增长的趋势。

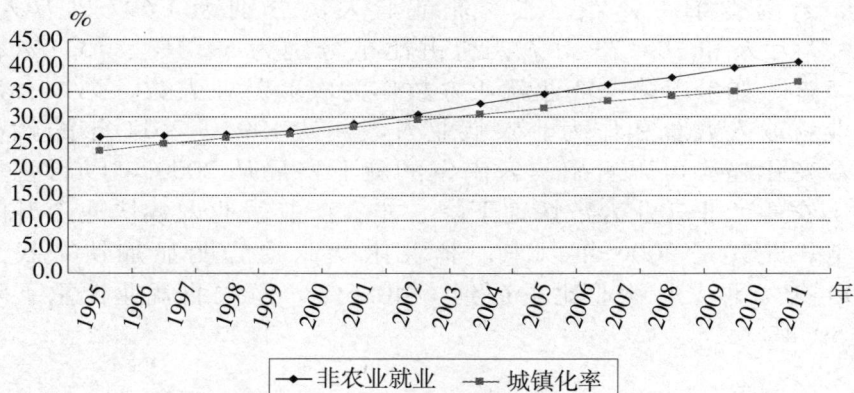

图 3 云南省城镇化率和就业非农化

农村劳动力在本地非农化是就业非农化的重要助推器。按照统计部门的统计分类，乡村从业人员从事的行业也分为一产业就业（农业就业）、非农产业就业（包括二产就业、三产业就业）。从云南省统计部门的农村住户抽样调查数据显示，从 2006 年以来，云南农村劳动力的非农化趋势也在持续加快。2005～2011 年 6 年中，一产业就业（农业就业）劳动力比重从 2005 年的 89.6% 下降到 76.6%，非农就业劳动力比重从 10.4% 上升到 23.3%。6 年中，云南省农村地区农业就业人数年均减少 2.1 万人。

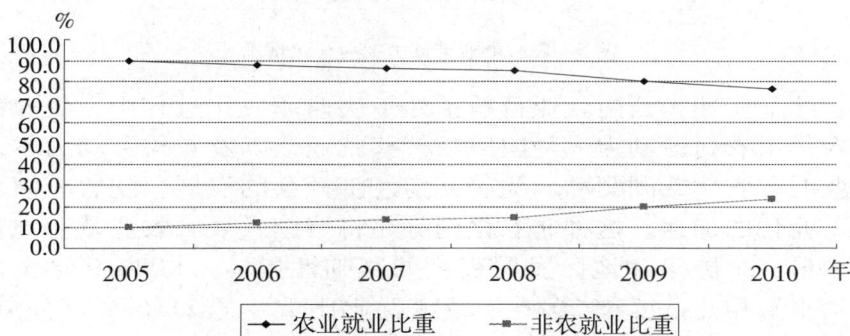

图 4　农村就业劳动力的非农化趋势

云南农村劳动力按照从业类型可以分为农业户、农业兼业户、非农业户（包括非农兼业户和非农业户）三大类。如果把农村地区农村就业人数中兼业的劳动力也算作非农化就业，从农业就业中除去，那么农村劳动力非农化趋势则更加明显。2005～2011 年 6 年间，云南省农村劳动力中，农业兼业和非农业就业劳动力的比重从 21.37% 增加到 40.21%，就业人数达到 862.3 万人，年均增加 84.5 万人。其中，农业兼业的劳动力比重从 9.46% 上升到 16.96%，就业人数达到 363.8 万人，净增加 168.96 万人，年均增加 33.79 万人。由此可见，农村地区的劳动力不论是就业数量上和就业比重上，非农化趋势都非常明显，到 2011 年农村就业正在由以农业为主的就业格局向农业与非农业就业基本相等的格局发展。随着"十二五"期间城镇化和工业化发展的加速，云南农村就业格局将发生根本性转变，农村就业非农化成为无法逆转的趋势。

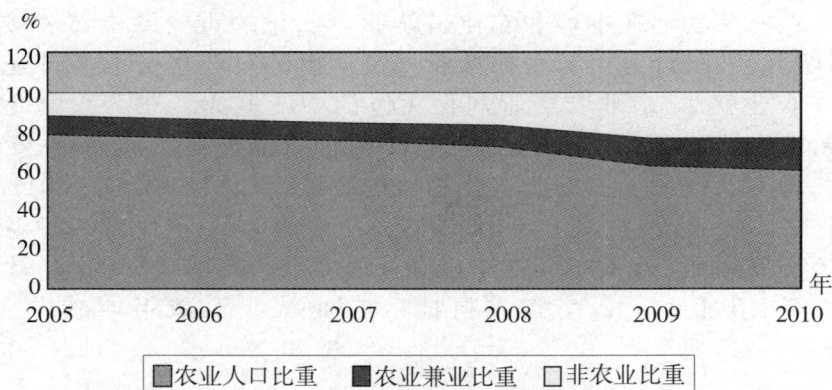

图5　农村就业劳动力就业分化情况

图例：■农业人口比重　■农业兼业比重　□非农业比重

　　综上所述，云南就业目前正处于快速非农化过程中，快速的非农化由农村劳动力大量向城镇转移就业，以及农村劳动力本地就业的非农化共同驱动。随着云南经济社会的发展，随着城镇化和工业化的加速，这种非农化趋势还将持续发展。农业就业比重是衡量一个国家和地区发展程度的基础性指标。与2010年全国平均水平相比，云南2011年城镇就业比重要低21.6个百分点、乡村从业人员比重要高22.4个百分点。我国1997年非农就业比重就超过了农业就业比重，2010年非农就业比重已经达到了63.3%，农业就业比重仅有36.7%，云南省的非农化就业比重比全国低了22.7个百分点。云南的指标远远低于全国2010年的水平，就业人员以乡村就业人员和农业就业为主的状况还没有发生根本性变化，说明了云南省经济社会发展水平与全国的差距仍然较大。

　　（二）个体和私营企业是城镇就业增长主体，城乡就业雇员化程度逐渐提高

　　10多年来，云南省城镇从业人员持续增长，从1995年的350.8万人增加到2011年的686.15万人，增加了335.35万人，增长了96%。其中，城镇单位就业人员从1995年的311.5万人增加到2011年的317.18万人，仅增加了5.68万人，增长了1.8%；城镇个体和私营企业从业人员分别从1995年的4.4万人、27.9万人增加到2011年的220.81万人、154.44万人，分别增加了216.4万人、126.5，分别增长了49.2倍、4.5倍，年均增长 3.07 倍和 0.28 倍。1995～2011 年，城镇个体和私营单位新增从业人员数量占城镇新增从业人员的 84.6%。

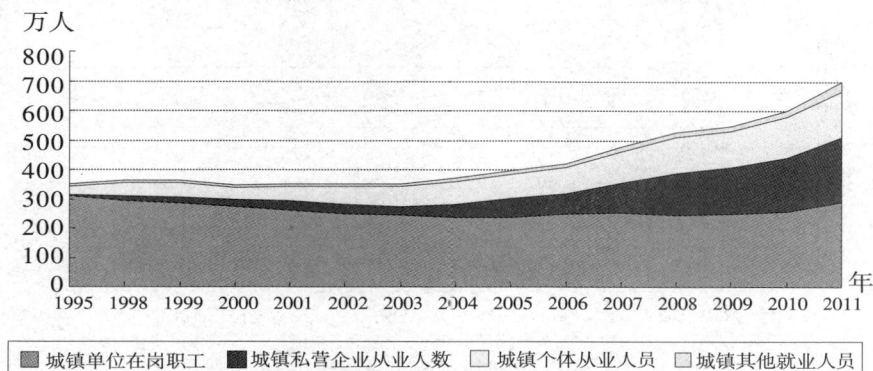

图 6　云南城镇从业类型的分化

　　根据就业形态的分类，可以分为自雇就业和受雇就业。简单地说，所谓自雇就业就是没有雇主，自己为自己支付劳动报酬的就业；而受雇就业则是为别人工作，由雇主支付劳动报酬的就业。目前，被视为自雇就业的主要有农村的家庭经营活动和城乡个体工商业活动。相对自雇就业，受雇就业往往工作更为稳定，收入水平更高，保障程度也更高。从云南省的就业情况看，城乡就业的雇员化趋势有着迥异的表现。

　　城镇就业主要是受雇就业，改革开放以前，城镇就业都是单位就业，改革开放以后，随着私营企业、个体工商业（自雇就业）和灵活就业形态的出现，城镇就业形态出现了分化。按照云南省统计局的就业统计中，城镇各类单位就业和私营企业就业都是受雇就业，个体就业人员则是自雇就业，而灵活就业人员因存在"受雇就业"和"自雇就业"，暂作为"其他"就业形式。从图 6 中可以看出，云南省城镇就业人员中，受雇就业一直是主要就业形态，1995～2011 年，云南城镇就业中，受雇就业比重从 1995 年的 90% 逐年下降，到了 2007 年稳定在 71% 左右，2011 年出现上扬，回升到 74%。其中，城镇单位就业从 1995 年呈逐年下降的趋势，到 2010 年下降到 41%，2011 年略有回升为 42%。自雇就业比重则逐年上升，到了 2007 年至今一直保持在 22% 左右。其他就业人员比重呈缓慢上升，2007 年稳定在 6% 左右，但 2011 年下降到 4.8%。这就说明，目前云南城镇就业中，约 60%

的就业属于非正规就业，近30%的就业人员属于自雇就业和其他就业，就业的稳定性下降，劳动者收入和保障程度有所下降。

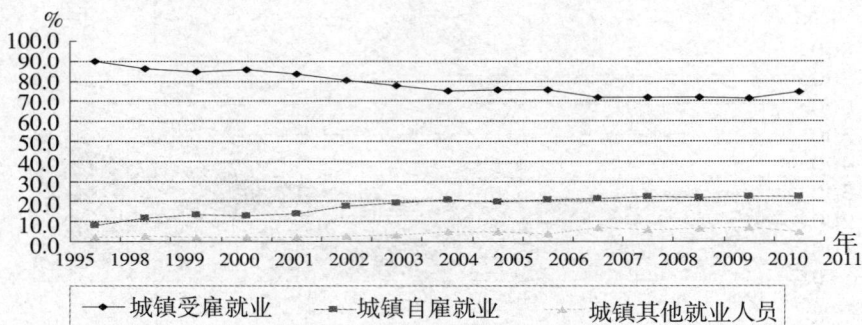

图7　云南城镇就业格局变化

农村就业在改革开放以前绝大部分属于自雇就业，改革开放以后，随着乡镇企业和私营企业的发展，农村劳动力就业呈现出雇员化就业逐渐增加的趋势。按照统计部门的统计，乡村就业中乡镇企业和私营企业就业都是受雇就业，其他就业人员则作为自雇就业。1995~2010年（2011年统计口径变化，没有乡镇企业就业人数，没有可比性），云南省乡村受雇就业比重逐年上升，从1995年的15.5%上升到了21.3%，但是与全国的46%的比重相比还差了24.7个百分点。由此可见，云南农村经济发展还比较滞后，与全国平均水平相比差距还较大。

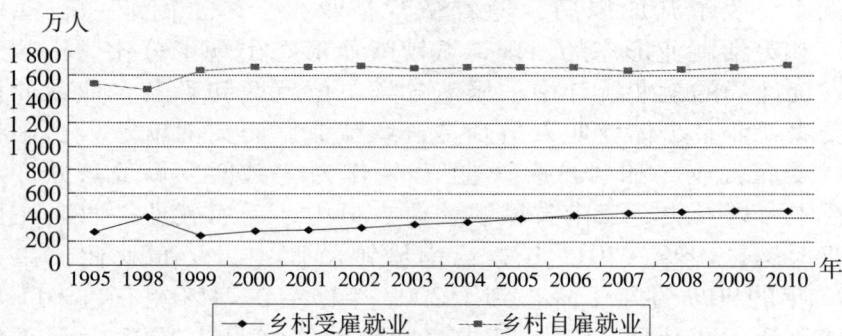

图8　云南乡村就业格局变化

资料来源：历年《中国统计年鉴》。

把城乡就业综合起来看，云南省就业格局的雇员化趋势逐年增强。从表 1 的数据中可见，目前云南就业形态包括三类：受雇就业、自雇就业和其他就业（灵活就业）。1995 年以来，自雇就业比重逐渐下降，从 72% 逐渐下降到 2010 年的 66%，受雇就业比重呈曲折缓慢上升趋势，从 27.7% 上升到 2010 年的 32.5%，其他就业比重则从 2004 年以后出现较快增长，从 0.3% 上升到 2010 年的 1.5%。但是，与全国平均水平相比，云南受雇就业比重低了 17.5 个百分点，自雇就业的比重则高出 31 个百分点。可以看出，云南城乡就业的稳定性较差，67% 左右的劳动者要实现收入稳定增长和保障水平稳定提高还较为困难。

表 1　云南省就业总量及其就业形态变化

| | 占全部就业比重（%） | | |
	就业总数（万人）	雇员就业	自雇就业	其他形式就业
1995	2 149	27.7	72	0.3
1998	2 240.5	32	67.6	0.4
1999	2 244	24.6	75.1	0.3
2000	2 295.4	25.2	74.5	0.3
2001	2 322.5	25.6	74	0.4
2002	2 341.3	25.6	74	0.4
2003	2 353.3	26.5	73.1	0.4
2004	2 401.4	26.8	72.5	0.7
2005	2 461.3	28.2	71	0.8
2006	2 517.6	29.3	69.5	1.2
2007	2 573.3	31	67.7	1.3
2008	2 638.8	31.6	67.1	1.3
2009	2 684.8	32.2	66.4	1.4
2010	2 765.9	32.5	66	1.5
2011	2 857.23	19.6	79.7	0.7

注：2011 年因统计变化，缺少乡村乡镇企业就业人数，与历史数据没有可比性，不作比较。

资料来源：根据历年《云南统计年鉴》《中国统计年鉴》相关数据整理计算。

（三）劳动力资源供求的主要矛盾从总量矛盾更为集中表现为结构性矛盾

如果将新增就业作为劳动力总需求，将新增劳动力资源作为劳动力总供给，从 2004 年以来劳动力总需求增长总体来说快于总供给，这意味着云南省新增劳动力总量供大于求的格局基本结束，劳动力市场正在发生着深刻的变化，主要矛盾开始由劳动力总量供大于求更为集中地表现为结构性矛盾。云南省劳动力市场上已出现严重的结构问题。由三次产业就业增量的分析知道，2003 年以来（除 2004 年以外），第一产业一直向第二、三产业转移劳动力，最少的是 2005 年 2.7 万人，最多的是 2000 年 24.5 万人。除统计数据上根据一、二、三产业就业人数统计的转移人数外，事实上，云南省每年还有大量农村劳动力流动就业。据云南省人力资源部门和统计部门统计，农村劳动力转移就业从 1996 年的 69.8 万人增加到 2010 年的 725 万人，2011 年全省新增农村劳动力转移就业 168.40 万人次，比上年增加 1.74%，其中新增省内就业 125.63 万人次，比上年增加 19.34%。这些转移就业的乡村劳动力弥补了城镇化、工业化、信息化中城镇劳动力供给总量的不足，但在素质上却很难适应产业升级对劳动力的要求，而大量技术岗位则无法招到合适的人才，造成劳动力供求结构的严重失衡，对云南省的经济发展和产业升级形成越来越严重的制约。

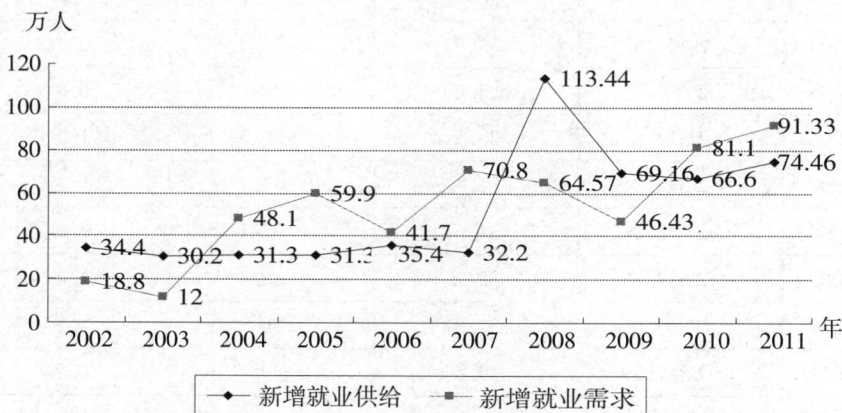

图9 云南新增就业供给和新增就业需求变化

数据来源：2008 年数据是根据《2009 年统计年鉴》计算得来，其他年份的数据是根据《2007 年度云南省劳动和社会保障事业发展统计摘要》《2009 年、2010 年、2011 年云南省人力资源和社会保障事业发展统计公报》的数据计算得来。

二、2012 年就业基本情况和特点

2012 年，国家和省委、省政府始终把就业作为民生之本、安国之策，把促进就业作为保障和改善民生的头等大事，实施就业优先发战策略，出台了一系列稳定和扩大就业的措施，以应对产业结构调整、经济发展方式转变、城镇化快速发展、人口老龄化提前到来等新情况对就业的影响，来缓解劳动力总量供大于求、结构性矛盾突出等老问题对就业的压力，保证了就业形势和社会的稳定，使就业呈现良好的发展态势。

（一）城镇就业稳步增长，总体形势稳中向好

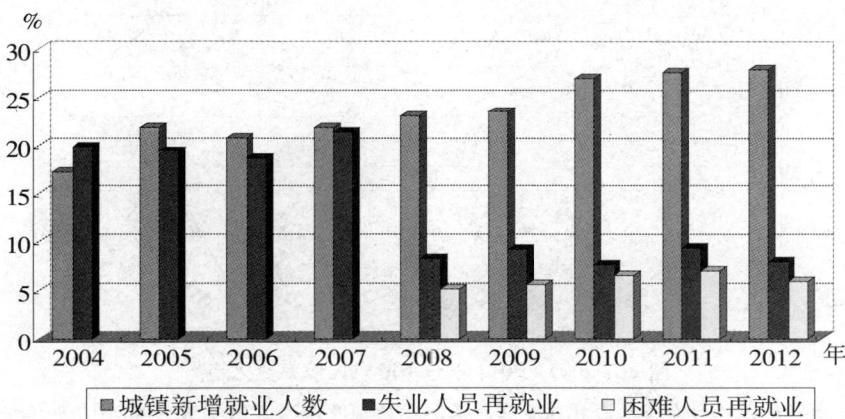

图 10　2012 年云南省城镇就业情况

资料来源：2012 年的数据来自云南省人力资源和社会保障厅，其余数据源自 2004、2005、2006《云南省劳动和社会保障失业发展主要统计指标汇编》《2007 年度云南省劳动和社会保障事业发展统计摘要》《2009 年、2010 年、2011 年云南省人力资源和社会保障事业发展统计公报》。

2012 年，云南省围绕实施就业优先战略和更加积极的就业政策，以高校毕业生、农民工和就业困难人员为重点，加大了对促进就业的支持力度。截至 12 月 26 日，实现城镇新增就业 29.3 万人；失业人员再就业 8 万人以上，其中就业困难人员就业 6 万人以上；全省开发公益性岗位 3.63 万个，完成目标任务的 100.8%，援

助 2 312 户"零就业家庭"成员实现至少 1 人就业，实现"零就业家庭"动态清零；城镇登记失业率控制在 4.03%；扶持了 13.7 万人创业，扶持 1 000 户劳动密集型企业，发放创业贷款 107 亿元。新增转移农村劳动力 110 多万人。基本实现以重点对象的就业带动和促进整体就业工作，确保了云南省就业局面总体稳定。

（二）劳动力需求略大于供给，求人倍率保持在 1 以上

根据云南省就业局发布的 2012 年 16 个州、市劳动力市场及部分民办职业介绍机构所统计的劳动力市场职业供求状况数据分析表明：2012 年劳动力需求旺盛，一、二、三季度的总需求达到 634 055 人，总求职人数达到 497 584 人，分别比上年同期增加了 78 860 人和 53 140 人，平均求人倍率 1.28。

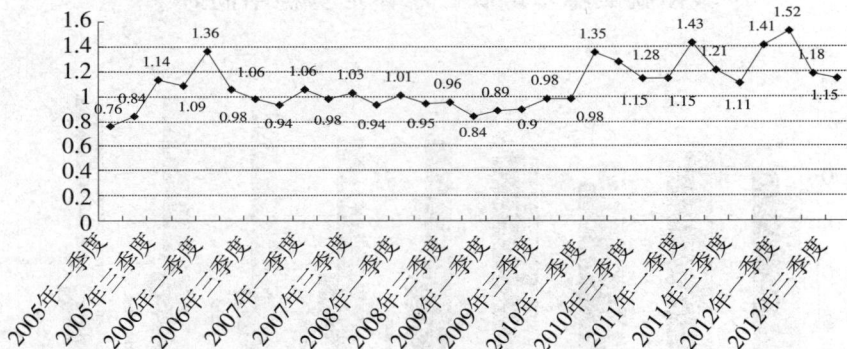

图 11　2005～2012 年分季度求人倍率变化趋势

资料来源：云南省人力资源和社会保障厅网历年分季度《云南省劳动力市场供求状况分析》。

分季度看，与 2011 年同期相比，2012 年第三季度需求人数和求职人数分别增加了 27 711 人和 18 704 人，各增长了 16.3% 和 12.3%，求人倍率略有上升，供不应求的状况依然存在。但是，与 2012 年第一、二季度相比，市场需求持续走低，需求人数分别减少了 31 236 人、9 650 人，求职人数比第一季度增加了 20 254 人、比第二季度减少了 3 827 人，求人倍率从一季度的 1.52 下降到三季度的 1.15。（见图 11）

由于受经济发展速度趋缓的影响，2012 年第一、二、三季度劳动力市场岗位需求数持续走低，第一、二、三季度同比分别增

长了 10.2% 、16.9% 、16.3% ，环比虽然第一季度增长了 11.7% ，但第二、三季度分别下降了 9.4% 和 4.7% 。（见图 12）

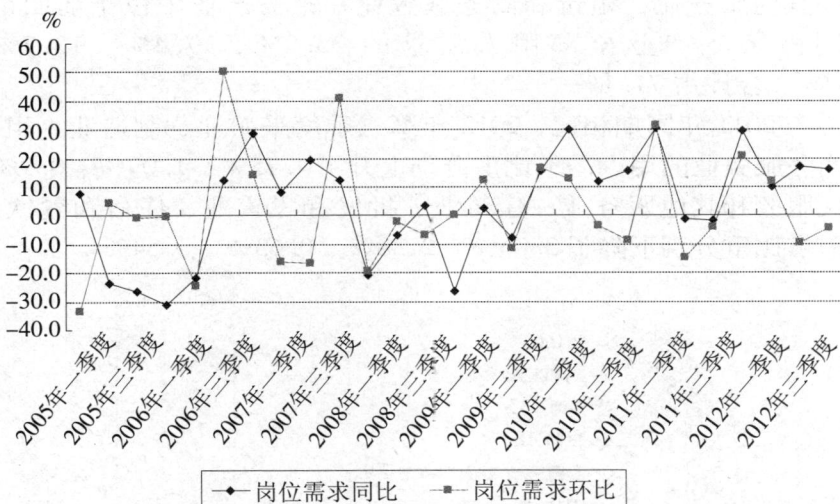

图 12　劳动力市场岗位需求数变化情况

资料来源：云南省人力资源和社会保障厅网历年分季度《云南省劳动力市场供求状况分析》。

（三）用人需求集中在第二、三产业，企业是用工主体

2012 年第三季度，第一、二、三产业需求人数所占比重依次为 7.05% 、35.34% 、57.6% ，与上年同期相比，第一、二产业需求人数所占比重分别上升了 2.24 个百分点和 3 个百分点，第三产业需求人数所占比重下降了 5.23 个百分点。

在用人单位需求中，用人需求集中在企业，占总需求人数的 96.02% ；机关、事业单位只占总需求的 1.32% 。企业中内资企业占总需求人数的 80.23% 。其中，需求人数最多的是私营企业和有限责任公司，分别占总需求人数的 32.26% 和 18.28% ；个体经营占总需求人数的 13.38% 。

从各行业需求来看，企业用人需求集中在住宿和餐饮业、制造业、建筑业、批发和零售业、采矿业、居民服务和其他服务业、租赁和商务服务业，上述行业的用人需求分别是 19.55% 、13.99% 、10.78% 、10.01% 、8.22% 、7.9% 、3.51% ，占所有企业需求的 73.96% 。其中，制造业、建筑业和采矿业在第二产

业中最多，分别占第二产业全部用人需求的 39.6%、30.5% 和
23.3%，合计占 93.4%。住宿和餐饮业、批发和零售业、居民服
务和其他服务业、租赁和商务服务业在第三产业中位于前四位，
分别占第三产业全部用人需求的 33.9%、17.4%、13.7%、
6.1%，合计占 71.1%。

与 2011 年同期相比，2012 年第三季度采矿业、制造业、租赁
和商务服务业的用人需求比重分别上升了 4.75%、1.09%、0.9%；
居民服务和其他服务业、建筑业、批发和零售业、住宿和餐饮业
的需求比重分别下降了 3.06%、2.38%、0.63%、0.54%。

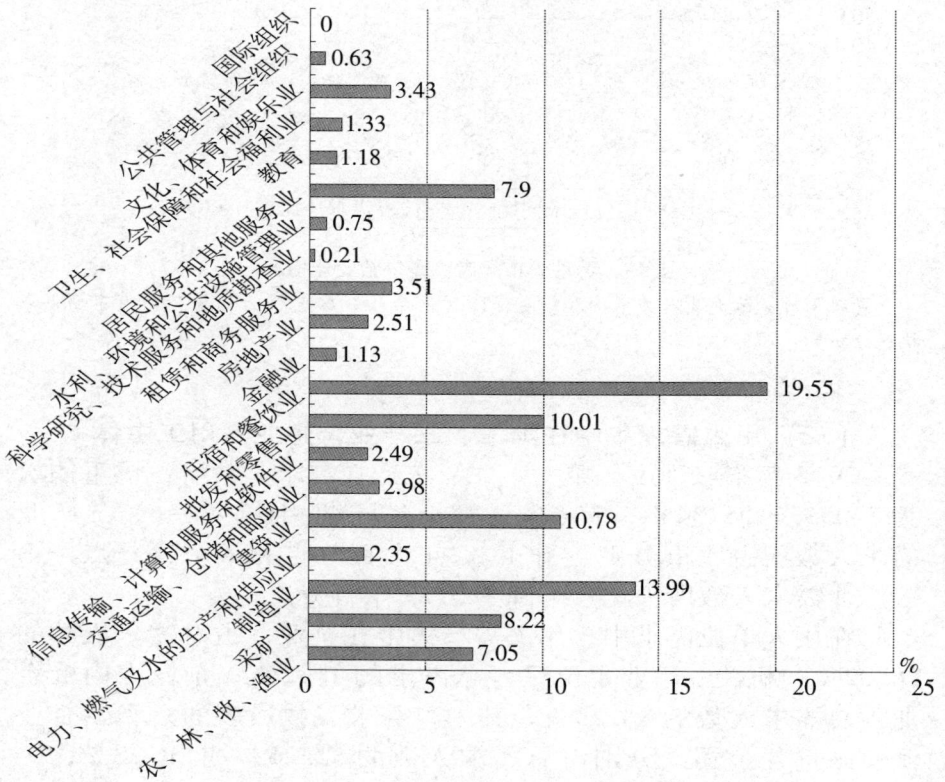

图 13　2012 年第三季度分行业中总需求人数比例

资料来源：云南省人力资源和社会保障厅网《云南省二〇一二年第三季度劳动力市场供求状况分析》。

存在劳动力短缺，除了初级专业技术职务以外，其余技术等级的求人倍率均在 1 以上。其中，高级技师、技师、中级专业技术职称的求人倍率分别为 1.93、1.6、1.64，劳动力市场的需求满足率仅 50% 左右。

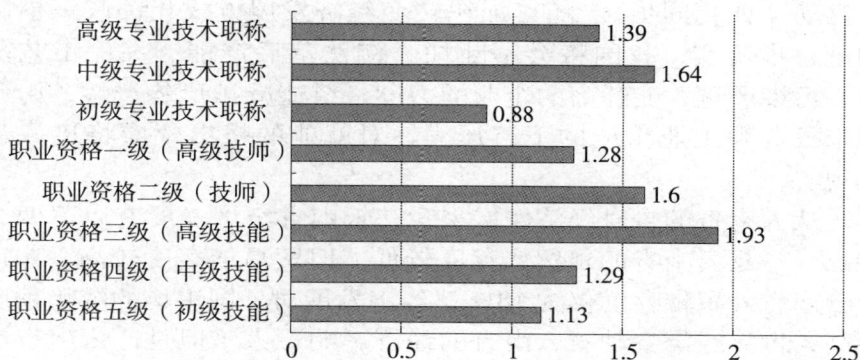

图 15　2012 年第三季度按技术等级分组的求人倍率

资料来源：云南省人力资源和社会保障厅网《云南省二〇一二年第三季度劳动力市场供求状况分析》。

三、2013 年就业形势展望

2013 年是云南省全面建设小康社会的重要时期，是深化改革开放、转变发展方式的关键时期，省委、省政府提出了要按照"翻两番、增三倍、促跨越、奔小康"的要求，扎实工作，与全国同步全面建成小康社会。就业形势的稳定对于保障和改善民生，促进社会和谐、稳定具有重要作用。

（一）2013 年云南面临的就业环境

从国际形势看，国际金融危机的影响短期内难以消除，各主要国家经济复苏依旧乏力。美国等发达国家经济复苏显著放慢，就业市场形势难以改善；欧洲各国受主权债务危机升级、金融体系脆弱性上升和刺激政策力度缩减等因素影响，就业形势依旧严峻。这些影响因素导致全球市场需求低迷，贸易保护主义抬头，通货膨胀压力增大，对我国的就业市场造成了较大压力，必将对云南省的就业造成较大影响。

从国内形势看，党的十八大报告中明确提出，我国的发展必须要全面落实经济建设、政治建设、文化建设、社会建设、生态文明建设五位一体总体布局，促进现代化建设各方面相协调，努力推动"四化同步"。随着加快转变经济发展方式相关政策措施的进一步落实，我国将会不断加大淘汰落后产能、关停工艺落后、污染严重、能耗高的企业的力度，节能减排形势严峻，由此带来投资和工业生产的下行压力，对就业的挤出效应将进一步显现。

从云南省的自身经济发展来看，云南省经济发展有以下两个特点：一是云南省的外贸依存度较低，但贸易依存度较高。2011年云南省外贸依存度仅为18%，经济发展对外国市场的依赖程度不高，世界经济变动对云南省的经济影响不大。但是，云南省经济发展对国内其他省份的依存度则较大。近年来，随着我省经济的快速发展和地区间的联系日益紧密，贸易（货物和服务）呈现大进小出的不平衡的大交流格局，贸易依存度快速提升，2008年达到了62.6%，比2000年提高了17.5个百分点。2008年下半年至2009年，以全球金融危机引发的外需不足，导致中国各地，特别是沿海地区经济下滑，基础原材料需求减少，进而传导影响到云南的能源、矿产资源等工业产品的流出，使云南省工业生产大幅下滑，工业经济增速减缓。2011年，云南的工业经济增速虽然已经回升到18%，但也仅仅比2007年高出0.5%，比全国平均水平低0.1%，居全国第27位。2012年1~11月，以全球金融危机引发的外需不足对中国各地的经济影响仍然难以消除，云南规模以上工业增加值同比增长了14.9%，居西部第6位，增长速度将较2011年有所下降。

二是云南省的经济增长主要依靠投资、消费的增长拉动，但因产业、产品结构难以满足投资消费的需求，从而导致对本省经济拉动效应不高。在对历史数据分析后发现，长期以来，三大需求中云南投资、消费需求均呈稳步增长态势，只有净出口需求一直为负数，因此，从支出法的角度来说，净出口需求在经济发展过程中不仅没有起到助推作用，反而阻碍着云南本土经济的增长，经济增长主要以投资需求和消费需求拉动为主。2011年，云南净出口需求 - 3 519.41亿元，对经济增长的贡献率为 - 50%，负拉动经济增长 5.4 个百分点，同期投资需求 7 138.91 亿元，对经济增长的贡献率达 93.5%，拉动经济增长 11.0 个百分点；消费需求 5 278.62 亿元，对经济增长的贡献率为 56.4%，拉动经济增长 8.1 个百分点。2012 年 1~11 月，云南省固定资产投资同比增长 26.8%，但是投资的重点行业对就业拉动效应较低。

总体而言，云南是一个生产额少而使用额多的省份，除个别年份外，历年的消费和投资的比重之和均超过 100%，净流出需求均呈现出负数。也就是说，在投资和消费需求中，更多地包含了省外和国外的货物和服务流入的价值。主要原因，一方面是云南以农副产品粗加工和资源开发为主的工业结构形成的产业链较短且发展不足，生产过程中所需的大量中间消耗物资只能通过省外流入来满足，另一方面是在投资所需的产品中，除水泥及部分钢材、玻璃等产品由本省提供外，多数高档建筑、装饰、装修用品和机械设备都要依靠省外调入。在消费品中，除一些低端的食品及生活用品外，大到汽车、电器，小到牙刷、香皂等都是省外产品。投资和消费的增加，并不能真正创造属于云南本地的增加值，而更多的是拉动了生产地的增加值。

就目前云南的经济和产业结构状况而言，要通过扩大投资与消费需求推动生产发展、提升经济增长的能力，就必须加大云南产业、产品结构的调整力度，扩大产品的品种覆盖面，提高产品的竞争能力，增强产品的市场占有率，促进不断增加的投资和消费需求更多地使用本地产品，才能拉动云南经济持续、健康、快速的发展。

（二）2013 年多矛盾交织、多压力并存，就业形势依然严峻

2011 年，《云南省人力资源和社会保障事业发展"十二五"规划》中提出，"十二五"期间要进一步扩大就业规模，5 年全省城镇新增就业 110 万人以上；下岗失业人员就业 40 万人以上，其中就业困难人员就业 30 人以上，保持"零就业家庭"动态清零；高校毕业生年终就业率不低于 85%；扶持成功创业 30 万人，带动 90 万人就业；城镇登记失业率控制在 5% 以下。到 2015 年，农村劳动力转移就业累计超过 1 000 万人次。未来 5 年，全省将力争使人才资源总量达到 388.28 万人以上，其中高技能人才在技能劳动者中的比例达到 25%。到 2015 年，云南省城乡基本医疗保险参保人数将达到4 438万人，基本实现人人享有社会保障。最低工资标准年均增长要达到13%以上。

2012年12月8日，党的十八大报告中明确提出，要"推动实现更高质量的就业"。就业是民生之本，要"实施就业优先战略和更加积极的就业政策"，以"高校毕业生、农村转移劳动力、城镇困难人员、退役军人为重点人群"，"引导劳动者转变就业观念，鼓励多渠道多形式就业，促进创业带动就业"，"加强职业技能培训，提升劳动者就业创业能力，增强就业稳定性"，"健全人力资源市场，完善就业服务体系"。

2012年12月26日，中共云南省委九届四次会议秦光荣书记所作的报告中指出，要贯彻落实十八大精神，2013年云南省要力争全省生产总值突破万亿元大关、增长12%以上，地方财政一般预算收入增长17%以上，全社会固定资产投资增长20%以上，城镇居民人均可支配收入实际增长12%以上，农民人均纯收入实际增长13%以上，居民消费价格涨幅控制在4%左右，城镇登记失业率控制在4.6%以内，单位生产总值能源消耗降低3.2%以上。在就业方面，要进一步加强就业服务体系建设，完善更加有利于促进就业的政策体系，深化拓展创业带动就业的模式与机制，创造更多就业岗位，保持就业形势总体平稳，保持"零就业家庭"动态清零。

云南省三次产业生产总值中，第二产业占42.5%。但是，第二产业长期以来以重工业为主，轻工业发展不足，2011年工业总产值中重工业、轻工业分别占71%和29%。按照国家转变经济发展方式的要求，云南省将会加大淘汰落后产能和关停落后工艺、污染高的企业，导致传统工业产业的就业弹性下降；但新兴产业的发展还处于起步阶段，对就业增长效应较弱，同时新兴产业对劳动力技能和知识结构的需求与劳动力现状还存在较大差距，也将严重影响新兴产业对就业的拉动，就业的结构性、摩擦性失业风险大大增加。2013年，因投资和需求不足，云南省制造业的发展将会趋缓，对就业增长的拉动也将下降。

综上所述，2013年，云南省将实施更加积极的就业政策，确保就业形势稳定。但是，受国际国内经济发展和就业的宏观环境因素的综合效应，以及云南省的经济增长趋缓、产业结构调整等的影响，云南省的就业将面临更多的不确定风险。与此同时，云南省劳动力供求总量矛盾与结构性矛盾并存、长期矛盾和短期矛盾叠加、城镇就业压力与农村劳动力转移就业压力以及高校毕业生就业压力交织的基本状况难以改变，就业形势严峻。

四、需要关注的几个问题

（一）就业总量过剩，以劳动力供需不对称为主因的局部短缺需要重视

一方面，2013 年就业总量压力仍然过大。云南省城镇平均每年需就业的劳动力总量达 45 万人，但年均只能提供大约 25 万个就业岗位，年度岗位供需缺口高达 20 万个。农村劳动力转移就业压力进一步加大，云南省提出"十二五"末全省城镇化率达到 45% 左右的目标，这就意味着城镇化水平每年要提高 2%，平均每年将有近 100 万农村劳动力需要转移到城镇就业。同时，在此期间我省高校毕业生仍将持续增加，平均每年将增加 1 万余人，仅 2012 年需要就业的应届高校毕业生就达 12.8 万人。[①] 截至 2012 年 9 月，云南省高校毕业生就业率是 85.1%，未就业的毕业生 1.91 万人，加上往年未就业的高校毕业生，截至 2012 年 9 月未就业的高校毕业生达 10.2 万人，2013 年高校毕业生就业总量压力将更大。

另一方面，以供需不对称为主要特征的就业结构性矛盾将更加凸显。随着我省转变经济发展方式、产业结构调整、大力发展新兴产业的速度进一步加快，我省劳动力资源的结构性矛盾将更为凸显。主要表现在：一是产业性不对称将长期存在。云南省现有的劳动力配置结构与经济发展、产业结构调整极不协调，最短缺的是劳动密集型和商业、服务业的普工，而岗位稳定、待遇条件好的企业、行业仍然岗位稀缺。产业性不对称随着新的经济布局和产业布局还将更加严重。二是职业性结构或技能性结构不对称。今后转变经济发展方式，必将大力发展新兴产业，对传统产业进行产业转型升级、节能减排、淘汰落后产能技术升级，将可能需要大量石油化工、生

---

① 《云南 2012 年专科生毕业就业率远超研究生》，云南网，2012 年 11 月 6 日。

物制药、装备制造、电子信息、商业物流、金融服务等方面的高端技能人才，但是云南省当前技能人才的培养难以满足社会经济发展的需要。技术的变化必将导致劳动力技能进步滞后于社会对劳动力的要求，非技能领域积压的大量高校毕业生、低技能和低文化水平的其他城乡劳动力将更加难以就业。

（二）二、三产业的就业弹性有所下降，投资对就业的拉动效应不显著

目前，云南省三次产业就业存量的顺序依次为一、三、二，第二、三产业就业存量比重呈逐年上升趋势，第一产业就业存量比重则呈逐年下降趋势。各产业就业增量在不同年份的顺序有所不同，但从 2003 年起，第一产业就业增量持续为负（除了 2004、2011 年），即就业存量持续减少；第二产业就业增量在上一轮经济周期的底部区域连续出现了三年的负增长，2000 年有所回升后，2001、2002 年又连续两年出现负增长，从 2003 年开始就业增量逐年增加，2005 年最高达到 26.7 万人，2006 年出现下滑，之后逐年增加，到 2010、2011 年分别达到 27.3 万人、25.9 万人，但就业增量一直低于第三产业；第三产业就业增量在上一轮经济周期的底部区域 1997、1998 年连续出现了两年的负增长之后，从 1999 年始终保持正增长，并一直保持就业增量第一的位置，从 2003 年开始就业增量与第一、二产业的差距逐年扩大，处于快速增加的发展趋势。2003～2011 年，云南省就业增量从高到低排列顺序依次为三、二、一。2011 年，云南省第一、二、三

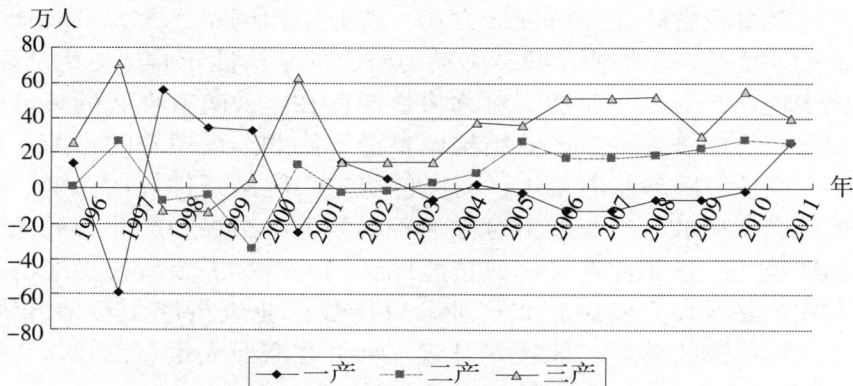

图 16　云南三次产业就业增量变化

产业就业人员当年新增就业人数分别为 25.9 万、25.7 万和 39.1 万人，第一、二、三产业就业人员所占比重分别为 59.4%、13.1% 和 27.5%。第二、三产业吸纳新增就业的能力持续增强，是吸纳就业最重要的产业，第一产业经过产业结构调整、科技创新和农业现代化的推动，新增就业出现了自 2004 年以来的第一次正增长。

从就业弹性的变化可以发现，1995~2011 年，云南省第一产业的就业弹性一直持续下降，到了"十一五"时期已经是负值，说明第一产业的发展难以有效带动就业的增长，正处于向二、三产业转移就业的阶段。第二产业的就业弹性在 1995~1999 年阶段很低，平均值仅为 0.02；2000~2005 年总体处于上升趋势，最高值 2000 年是 2.48，虽然 2001、2002 年两年出现负值，但 2005 年达到了 1.08，阶段平均值为 0.59；到了 2006~2011 年阶段，第二产业就业弹性略有下降，阶段平均值为 0.54，却是三次产业中就业弹性最高的产业。第三产业的就业弹性在 1995~1999 年阶段的平均值是 0.187；2000~2005 年阶段上升较快，最高的 2000 年是 2.03，2001~2005 年处于逐年上升的趋势，平均值达到 0.68，是该阶段三次产业中就业弹性最高的产业；2006~2011 年阶段，受金融危机和连年旱灾的影响，就业弹性略有下降，平均值为 0.46。

与此同时也可以看出，固定资产投资对有效增加就业的作用较小。1995~1999 年固定资产投资的就业弹性仅为 0.07，2000~2005 年阶段变为负值。2006~2011 年，由于省内连续加大了固定资产投资，对就业的带动有所回升，但平均值也仅为 0.12。从 2012 年云南固定资产投资的行业构成来看，投资主要集中在房地产业、电力工业、非电力工业、水利、环境和公共设施管理业、公路运输业、教育业等行业，投资总额占规模以上固定资产投资额（不含农户）的 78%，其中房地产业、电力工业、水利、环境和公共设施管理业、公路运输业、教育业分别占规模以上固定资产投资额（不含农户）的 23.1%、11.4%、9.3%、8.3%、2.6%，合计 54.9%。这些行业中只有非电工业中制造业的投资完成后对就业的拉动较大，其余都属于资金密集型，投资期内能够拉动就业增长，但完成后对就业的拉动不大，但是 2012 年制造业投资比例大幅度下降，固定资产投资对就业的拉动效应将可能比 2011 年更低。

表2 云南三次产业和固定资产投资的就业弹性变化

年　份	第一产业	第二产业	第三产业	固定资产投资
1995	0.030	0.015	0.492	0.104
1996	− 0.187	0.480	0.946	0.098
1997	0.479	− 0.247	− 0.303	0.083
1998	0.489	− 0.169	− 0.337	0.031
1999	2.286	—	0.136	0.023
1996～1999 平均值	0.620	0.020	0.187	0.068
2000	− 0.232	2.484	2.025	− 0.850
2001	0.293	− 0.284	0.361	0.223
2002	0.074	− 0.087	0.341	0.063
2003	− 0.056	0.136	0.332	0.022
2004	0.008	0.181	0.448	0.067
2005	− 0.014	1.082	0.548	0.078
2000～2005 平均值	0.012	0.585	0.676	− 0.066
2006	− 0.075	0.362	0.757	0.086
2007	− 0.046	0.338	0.421	0.086
2008	− 0.017	0.331	0.504	0.097
2009	− 0.076	1.437	0.330	0.062
2010	− 0.019	0.342	0.538	0.137
2011	0.057	0.427	0.190	0.278
2006～2011 平均值	− 0.030	0.539	0.457	0.124

资料来源：根据历年《云南统计年鉴》相关数据计算。

综上所述，第二、三产业的快速、稳定发展对带动就业增长、稳定就业形势具有决定性作用；固定资产投资已经难以有效带动云南的就业增长，今后必须不断扩大内需，消费需求的增长才能有效增加就业。

（三）就业的非农化与雇员化发展不同步，自雇就业比重过高

一般来说，不发达国家往往都是以农业为主的国家，其就业主要都是农业就业，同时就业还呈现出以自雇就业为主的特点。从就业角度来看发展，发展其实就是不断实现就业的非农化和雇员化的过程，而且要在非农化过程中实现雇员化。要成为雇员化，必须从农业转移到非农产业，但是非农化并不必然导致雇员化，因为从农业转移出来的劳动力既可以受雇就业，也可以自雇就业；当无法找到合适的受雇工作时，农村转移出来的劳动力就只能在城镇选择从事个体工商业活动而成为自雇就业者。因此，通过观察就业非农化和雇员化的过程，可以判断一个国家的发展是否健康。在就业非农化过程中如果雇员化水平同步提高，那么，就是一种健康的发展状态；如果就业非农化过程中就业雇员化水平停滞，则意味着优质就业岗位匮乏，社会发展受阻。[1]

表3　云南省就业雇员化与非农化比例对比

年　份	就业总数（万人）	雇员就业（%）	非农就业（%）	差距（%）
1995	2 149	27.7	22.94	-4.76
1998	2 240.5	32	24.68	-7.32
1999	2 244	24.6	23.33	-1.27
2000	2 295.4	25.2	26.12	0.92
2001	2 322.5	25.6	26.36	0.76
2002	2 341.3	25.6	26.72	1.12
2003	2 353.3	26.5	27.37	0.87
2004	2 401.4	26.8	28.71	1.91
2005	2 461.3	28.2	30.56	2.36
2006	2 517.6	29.3	32.6	3.3
2007	2 573.3	31	34.54	3.54
2008	2 638.8	31.6	36.39	4.79
2009	2 684.8	32.2	37.7	5.5
2010	2 765.9	32.5	39.57	7.07
2011	2 857.23	19.6	40.6	21

资料来源：根据历年《中国统计年鉴》和《云南统计年鉴》相关数据计算。

---

① 张车伟：《就业格局变化与存在问题》，见蔡昉主编《中国人口与劳动问题报告 No.13 人口转变与中国经济再平衡》，社会科学文献出版社 2012 年版，第 197 页。

根据云南就业非农化和雇员化的发展水平我们可以发现，1995~2010年，云南省的就业呈快速非农化趋势，非农化比例从22.9%增加到了39.6%，增加了16.6个百分点，年平均增长超过了1个百分点。与此同时，雇员化比例27.7%增加到了32.5%，增长了4.8个百分点，年均增加0.32个百分点，雇员化趋势大大滞后于非农化趋势。进一步分析可见，云南就业雇员化从快于非农化的状况逐渐转变为滞后于非农化的状况，并且就业雇员化滞后于非农化的状况日益严重。1999年以前，云南省就业雇员化比例比非农化比例高；2000~2003年，就业雇员化与非农化几乎同步，雇员化比例和非农化比例基本相当；2004年，就业雇员化开始滞后于非农化，非农化比例高于雇员化比例2.36%；自此之后，就业非农化比例快速增加，就业非农化与雇员化比例差距逐年增大，到了2010年达到了7.07%。如果以2011年的数据比较，因乡村就业人员数中减少了乡镇企业就业人数，就业的雇员化比例更低，仅有19.6%；就业非农化与雇员化的差距更大，达到了21%。雇员化严重滞后于非农化，显示出近年来农村转移到城镇就业的劳动力大部分以自雇就业为主，从事的多是个体工商业或灵活就业岗位，就业稳定性较差。2010年，云南就业雇员化比例比全国平均水平低了17.53%，云南雇员化比例较低反映出当前云南就业仍然是以个体工商业和灵活就业为主，优质就业岗位严重不足，就业质量不高。

五、政策建议

2013年，云南省要继续落实就业优先的发展战略，稳定就业形势，实现经济快速发展与扩大就业的双重目标，进而实现经济社会协调发展，就必须重点做好以下方面。

（一）调整产业、产品结构，大力发展拉动就业的劳动密集型产业

一是利用这次金融危机，创新和调整产业。这次金融危机致使东部地区企业竞争压力增大，创新和产业升级成为其生存的必需，必然会有一些仍然符合比较优势的劳动密集型产业向中西部

转移。云南省可以利用生产要素价格相对低廉，东部企业一部分机器设备处于闲置状态，可以通过租赁和转让市场低价转让，大幅度降低产业形成的投资门槛，创新发展一些中端劳动密集型产业，提高云南的产品在投资和消费市场上的份额，拉动就业增长。

二是发挥云南特色，大力发展旅游业及其相关产业。近几年来，云南省旅游业发展较快，同时还带动了相关产业的发展，如住宿和餐饮业、批发和零售业、旅游产品加工和销售、文化娱乐服务业等，拉动就业的效应明显。今后应依托云南建设旅游大省的契机，要以文化为灵魂发展旅游产业，通过实现旅游与文化的紧密结合，实现旅游业大发展，突出云南少数民族文化特色，不断提高景点的可观性和旅游业的服务质量，吸引更多的游客，用旅游业及其相关产业的发展带动就业增长。

（二）积极扶持创业与发展中小企业，扩大就业吸纳能力

目前，对创业者与中小企业而言，最为需要的是财政和金融的支持。已经出台的政策措施中，在这两方面对中小企业扶持不够，建议对中小企业实施更宽松的税收政策，采取"放水养鱼"的方式，实现企业发展、就业增加、税收总量不减的多赢局面。在金融政策方面，要根据目前中小企业难以充分利用金融体系，利率等货币政策效果不明显的特点，主要以增加信贷支持的方法扶持中小企业的发展。

（三）以就业优先战略发展城镇化，促使城镇化和就业协调发展

城镇化是通过以产业为代表的物质要素和以人口为代表的生产力要素的集聚机制来发挥其经济社会功能的。具体表现为人口的集聚、产业的集聚和消费的集聚，并伴随着资源的集聚。城镇化能够促进社会分工和职业细化，扩张就业总量，丰富就业结构，提升就业质量，是一种就业机会和就业资源开发和配置的过程。[①] 因此，以就业优先战略合理发展城镇化，充分发挥城镇化

---

① 陈云：《就业与城镇化协调发展的挑战与应对》，见《中国社会发展研究报告 2011·走向民生为重的社会：现阶段社会建设面临的挑战及其应对》，中国人民大学出版社 2011 年版。

对就业的拉动作用，促使城镇化发展与就业相协调，是今后稳定就业形势的重要途径。目前着重做好以下两个方面的工作：一是要合理布局城镇产业结构，以产业的集聚带动就业的集聚。结合产业布局和城镇化发展，在全省进行城镇化发展的顶级规划设计，在大的城镇群之间形成合理的产业结构和布局，在城镇群落之间形成完整、合理的产业链，根据各个城镇的资源禀赋和在总体产业体系中的位置，培育和发展各自的支柱性产业，培育完整的产业服务体系，在全省形成产业特色化、规模化、集群化、高端化的现代产业体系，以产业的发展和集聚创造就业机会，带动人口的集聚，实现城镇和就业的协调发展。二是着力解决农民工市民化问题，实现稳定就业和城镇的可持续发展。目前全省有500多万农民工在省内非农产业流动就业，为全省城镇发展做出了重要贡献，已经成为城镇快速发展的重要劳动力资源，解决好这些农民工的市民化问题，是城镇稳定发展的基础，也是目前促进稳定就业的关键。建议进一步加快户籍制度改革，完善城乡一体化的劳动力市场建设，健全城乡一体化就业制度和社会保障制度，加快实现农民工市民化的步伐，把所有劳动者纳入当地公共服务对象范围，逐步建立起公平、开放的社会管理体制和运行机制，促使农民工获得公平、合理的资源和机会分配，满足他们的合理需求，维护他们的合法利益。

（四）以市场需求为导向优化教育结构和布局

教育结构和布局要与云南省的经济社会发展相适应，一是要根据云南经济发展的总体目标对人才结构的需求优化现有教育结构，调整学历教育结构，缩小硕士、博士的招生比例，提高硕士、博士的培养质量，扩大本科教育中供不应求的专业的学生比例，重视学生实践能力的培养，普及和提升专科和中等职业教育。二是改革职务晋升和工资制度，弱化学历的作用，强调实际工作水平和贡献的作用，以制度改革转变教育观念，树立正确的人才观。三是根据云南产业布局优化教育机构和专业的设置和分布。"十二五"时期，云南针对自身资源环境禀赋情况、产业机构情况和目前面临的国际、国内的机遇和挑战，对经济发展进行了空间战略布局，产业布局也将发生巨大变化。今后云南的教育机构和专业的设置和分布应与产业发展需求相适应，并在政策、财力等方面给予扶持。四是推行终身教育，建立人力资本培养的长效机制，不断优化劳动力结构。

（五）建立职业培训和再就业培训长效机制，提升劳动力质量

随着市场经济体制改革的深入，以市场为导向的就业制度已经建立，劳动力失业和企业破产裁员是市场经济的常态，今后劳动力必须适应产业结构调整和经济社会的发展需要才能实现就业形势的稳定，因此，必须建立职业培训和再就业培训的长效机制，以市场需求不断提升劳动力质量。一是创新职业培训，建立终身教育体系。实行职业培训以人为本，以社会需求为导向，教育方式灵活多样，不断创新教育体制，使任何人不管想要接受什么专业培训、何种方式的培训都能找到学习场所。如农村现在实行产业结构调整，大力发展现代农业，但农村文化程度低的人较多，难以适应现代化农业的发展需求，在鼓励农业专业大中专毕业生到农村就业的同时，也应该积极加强对农村其他人员进行农村实用技术的培训，并在完善农业推广体系建设的基础上建立长期培训的机构和机制，推行终身技能培训制度。二是鼓励大专院校和大中型企业利用自身资源实施技能型人才培训，可以各自根据师资和技术专长开办培训机构，也可以实行院企结合，合作办培训。培训机构实行企业化管理，各级政府相关部门对培训机构的资质及其办学质量进行管理和监督，并在资金补助、减免税收等方面给予扶持，以加快培训机构的发展，降低培训成本，鼓励更多的人积极参加培训，不断提升自身素质，满足产业升级和结构调整对不同层次和专业的技能劳动力的需求。

（六）加快完善城乡社会保障制度，提高收入，扩大内需

一方面，通过完善城乡社会保障制度，稳定提高低收入群体的收入，尤其是保障农民工的基本生活，刺激城乡低收入者的低端消费，拉动云南低端产品的消费，进而拉动就业增长。但是，社保支出的增加将增加劳动力成本，进而增加企业的成本，对企业尤其是中小企业的发展和吸纳就业不利。因此，建议公共财政应该在社保支出中承担更大的责任，相应削减企业的社会保障支出，2009 年执行的援企稳岗"五缓、四降、三补贴、两协商"

政策就是一个很好的政策导向，建议形成长期的制度安排，改善企业的生存环境、稳定企业和投资者对未来的预期、增强人民福利的稳定性、稳定消费者的预期、增加消费，同时，可以使更多的企业得以生存，税收基础也可以不断扩大，就业将持续增长。

另一方面，稳定提高城乡居民的收入，扩大内需，拉动就业。近年来，云南省经济增长的很大一部分贡献因素来自于中小企业和非公经济，而新增就业也主要依靠这些部门，同时还依赖非正规部门或正规部门的非正规就业。这种就业存在脆弱性和不稳定性，工资和收入增长的不稳定导致普通劳动者和低收入家庭的收入增长也存在脆弱性。因此，建议通过政府对企业减税和减负，鼓励企业稳定和提高职工工资，并通过调高个人所得税起征点，以及深化教育、提升人力资本，提高居民实际收入，刺激消费，形成有利于经济增长和发展方式转变的效果。

参考文献：

［1］谭永生、李爽：《2011 年就业形势分析及 2012 年展望》，见王长胜主编《中国与世界经济发展报告（2011）》，社会科学文献出版社 2012 年版。

［2］杨宜勇、杨亚哲：《2012～2013 年中国就业形势分析与展望》，见陈佳贵等主编《2013 年中国经济形势分析与预测》，社会科学文献出版社 2012 年版。

［3］莫荣：《2012 年就业形势：实施就业优先战略，实现体面就业》，见陆学艺、李培林、陈光金等主编《2013 年中国社会形势分析与预测》，社会科学文献出版社 2012 年版。

［4］张车伟：《就业格局变化与存在问题》，见蔡昉主编《中国人口与劳动问题报告 No. 13 人口转变与中国经济再平衡》，社会科学文献出版社 2012 年版。

［5］蔡昉、陆旸：《中国人口变化及潜在产出增长趋势》，见陈佳贵等主编《2013 年中国经济形势分析与预测》，社会科学文献出版社 2012 年版。

［6］叶文辉、杨阳：《云南省就业结构转变与就业弹性的实证分析》，载《综合竞争力》2011 年第 1 期。

［7］郑杭生主编：《中国社会发展研究报告 2011·走向民生为重的社会：现阶段社会建设面临的挑战及其应对》，中国人民

大学出版社 2011 年版。

　　［8］李培林等著：《当代中国民生》，中国人民大学出版社 2010 年版。

　　［9］杨艳林、娄飞鹏：《中国经济发展中的就业问题》，山东人民出版社 2010 年版。

　　［10］郜风涛：《中国经济转型期就业制度研究》，人民出版社 2009 年版。

　　（作者单位：云南省社会科学院经济研究所）

产 业 篇

2012～2013 年农业经济发展报告

吕素芬

2012 年，国际金融危机和欧洲主权债务危机进一步深化，世界经济不景气，中国经济增长放缓。面对复杂、严峻的挑战，全省上下联动齐发力，紧紧围绕省委、省政府各项决策部署，早行动，措施得力，前三季度全省农业经济保持了稳步发展态势。展望 2013 年，虽然要应对国际、国内的诸多困难和挑战，但随着党的十八大的召开，我国进入全面建成小康社会决定性阶段，我国将努力巩固和发展农业、农村经济好形势，农业、农村经济发展的基本面较好，我省农业经济将保持平稳、较快发展。

一、2012 年农业经济运行的主要特点

2012 年，全省连续第三年遭受严重干旱，虽然后期降水偏多，但库塘蓄水仍不足。面对严峻的生产形势，全省各级党委、政府和农业部门认真贯彻落实中央、省农业农村工作会议精神，以发展现代农业为突破口，狠抓各项科技措施的落实，提升特色产业发展水平，推动农业发展方式转变，农业经济效益稳步提高，形势喜人。前三季度，全省农业总产值 1 472.7 亿元，同比增长 6.9%，实现农业增加值 874.3 亿元，同比增长 6.5%，高于全国 2.3 个百分点。全省农业经济保持了稳定发展，为全年实现"稳增长、冲万亿、促跨越"的发展目标奠定了基础。

（一）粮食有望实现十连增

我省粮食"九连增"，为保障主要农产品有效供给、稳定经济社会发展大局提供了有力保障。2012年，全省继续把粮食安全作为农业和农村工作的重点来抓，各级政府加强领导，涉农部门加强协调配合，采取各种有效措施，稳定粮食播种面积，着力抓好10大科技增粮措施的落实，重点实施800片高产创建示范区、4 000万亩配方施肥、2 500万亩农机耕播收作业和1.6亿亩次病虫害综合防治；启动实施100万亩"吨粮田"建设。夏粮产量达260.5万吨，同比增加9.3万吨，秋粮预计增产幅度突破100万吨。全省水稻、玉米、马铃薯等主要粮食作物的平均单产均高于上年，粮食生产丰收在望。据初步预计，全省粮食总产可实现50万吨增产目标，有望实现连续十年增产。

（二）高原特色产业取得新突破

云南省具有发展高原特色农业的条件，农业生产种类多、门类全，目前，已形成了以粮食为主体，烟草、蔗糖、茶叶、咖啡、油、蔬菜、蚕桑、水果、药材、橡胶、花卉和畜牧等为骨干的特色农业发展格局。2003年以来，制定实施农业地方标准1 100项，位居西部省、区、市第二，发布农产品生产技术规程近3 000个；绿色、有机、无公害农产品基地达4 760万亩，认证无公害农产品1 110个、绿色食品747个、有机农产品205个；建设农业标准化生产综合示范区235个、示范面积近1 000万亩。农产品质量安全水平位居全国前列，农产品检测合格率稳定在95%以上，是全国多年没有发生过重特大农产品质量安全事故的四个省份之一。一批有较强竞争力并有一定生产规模的优势农产品在全国占有重要位置，烤烟、茶叶、花卉、核桃、咖啡、膏桐、橡胶种植面积位居全国第一，烟叶、鲜切花、核桃、咖啡、橡胶产量居全国首位，现代医药、花卉园艺、生物能源、木本油料等新兴特色产业逐步兴起。2012年，全省共认定121个省级农业科技示范园，94个农产品深加工科技型企业以及104个优质种业基地，高原特色产业取得新突破。

（三）畜牧业生产保持快速发展势头

2012年，全省各级各部门高度重视畜牧业生产发展，坚持市场导向，抓住政策机遇，以规模化养殖和畜牧产业化经营为重点，加快畜牧结构调整和品种改良，大力完善畜牧防疫体系，不断提升畜牧业整体效益。启动建设 500 个以上畜禽标准化规模养殖场和 50 个年出栏万头以上的生猪标准化规模养殖场，重点扶持建设 20 个肉牛基地县和 20 个肉羊基地县。前三季度，畜牧业生产继续保持快速发展势头。据初步预计，全年肉类总产可望达610 万吨，增长 10% 以上。

（四）主要农产品价格呈上涨态势

据省农业厅对全省主要农产品监测结果来看，前三季度，全省各类农产品价格与去年同期相比，均有不同程度上涨。稻类平均价格 2.96 元/公斤，同比上涨 7.76%。成品粮平均价格 4.87元/公斤，同比上涨 9.45%。面粉类平均价格 4.25 元，同比上涨6.61%。油料平均价格 8.89 元/公斤，同比上涨 10.42%。食用油平均价格 18.09 元/公斤，同比上涨 6.97%。蔬菜价格先涨后跌，总体水平高于去年同期。生猪价格一路下跌，9 月份开始回升，但总体价格水平仍低于去年同期，平均价格 15.66 元/公斤，同比低 4.14%。仔猪价格前 3 个月上涨，后 6 个月下跌，总体价格水平高于去年同期，平均价格 26.33 元/公斤，同比高 7.83%。畜产品价格波浪走势，涨跌幅度不大，总体价格水平高于去年同期。1 月上涨，2 月有所下降，3～5 月上涨，6～7 月有所下降，8～9 月开始上涨。畜产品平均价格 31.69 元/公斤，同比上涨12.76%。淡水鱼价格小幅波动，总体呈上涨态势，价格水平高于上年同期，平均价格 14.94 元/公斤，同比上涨 6.24%。

（五）重点农资平均价格缓慢上涨

前三季度，全省重点农资平均价格 5.84 元/公斤，同比上涨8.47%。其中，钙镁磷肥 0.81 元/公斤，同比上涨 12.34%；国产复合肥 3.17 元/公斤，同比上涨 19.33%；普通过磷酸钙 0.76元/公斤，同比上涨 10.21%；碳酸氢铵 0.96 元/公斤，同比上涨8.95%；国产尿素 2.68 元/公斤，同比上涨 17.52%；普通棚膜16.26 元/公斤，同比上涨 0.03%；地膜 14.91 元/公斤，同比下跌 0.34%；农用柴油 7.45 元/升，同比上涨 1.16%。

（六）农产品出口贸易逆势上扬

2012 年以来，云南外贸进出口呈下行态势，特别是出口贸易低迷，但出口降幅有所减缓，而外贸进口则保持快速增长，增幅超过 40%。前三季度，全省外贸进出口总值完成 141.2 亿美元，同比增长 17.8%。其中，出口 67.1 亿美元，同比下降 8.3%；进口 74.1 亿美元，同比增长 58.7%。全省农产品进出口持续增长，前三季度，农产品进出口 24.5 亿美元，同比增长 24.4%。农产品出口贸易逆势上扬，出口 13.8 亿美元，同比增长 12.6%，农产品跃升为全省第一大宗出口产品，成为出口支柱产业。云南出口农产品中，有一半以上出口到东盟市场，七成以上为蔬菜、烟草、花卉、野生菌等特色产品。云南农产品直接出口额连续多年位居西部省区市第一，出口遍布 100 多个国家和地区。

二、影响农业经济运行的主要因素

2012 年全省农业经济克服多重严峻挑战，在高基数上再夺丰收、在高起点上再创佳绩，农业经济保持了稳定发展，主要得力于政策、机制、措施的共同作用。

（一）政策促进

从 2004 年起，中央连续出台 9 个"一号文件"促进农业、农村经济发展，强农、惠农、富农政策体系不断完善。中央财政"三农"支出在 2011 年首次突破 1 万亿元的高起点上，2012 年继续增加"三农"支出，预算达到 12 287 亿元，同比增长 17.9%。去年秋冬播前，中央财政首次提前拨付农业"四补贴"及高产创建资金 1 300 多亿元，支持农民购买化肥、种子等生产资料。再次提高粮食最低收购价，小麦每斤提高 0.07～0.09 元，稻类每斤提高 0.12～0.18 元，这是我国自实行稻谷最低收购价政策以来总体上调幅度最大的一年。随着中低产田改造、测土配方施肥、病虫害统防统治等一系列项目的实施，农业生产的基础更牢，底气更足。2012 年，云南省水利投资增加到 250 亿元左右，中低产田地改造取得实质进展，全省高稳产农田总量达 3 973 万亩，农民人均达 1 亩以上。基础设施建设实现了由落后薄弱到加快建设、大为改善的重大转变。集体林权制度改革配套改革深入推进，林权抵押贷款总额突破 100 亿元、余额达 70 亿元、居全国第一。政策促进，全省农业发展的物质基础更加坚实。

（二）机制保障

为确保一系列强农、惠农、富农政策落实不缩水、不走样，中央不断强化党委统一领导、党政齐抓共管、有关部门各负其责的农村工作领导体制和工作机制，形成了中央来统筹、部门聚合力、上下齐联动的重农抓粮新格局。从春耕春管、"三夏"抢收抢种到秋收、秋冬种，在农业生产的关键农时，在防灾、减灾的重要节点，中央统筹部署，要求千方百计落实扶持政策，减轻农民负担。发展改革部门继续实施千亿斤粮食增产规划，提高粮食最低收购价格，稳定市场预期；科技部门组织科技工作者深入田间地头，开展技术指导服务，为粮食生产提供科技支撑。我省以强力推进高原特色农业发展为突破口，立足优势抓特色，突出特色创品牌、增效益，打造高原粮仓，发展特色经济作物和山地牧业、淡水渔业。加大优势农产品基地建设力度，启动实施 100 万亩 "吨粮田" 建设；实施冬季农业开发 2 300 万亩以上，扩大菜篮子产品生产，重点实施 200 万亩外销蔬菜基地建设；实施 200 万亩商品马铃薯基地、50 万亩双低油菜基地和 10 万亩高标准果园建设；提升胶、茶、蔗、桑发展水平，改造中低产胶园 10 万亩、茶园 50 万亩、蔗园 40 万亩、桑园 30 万亩。发展山地牧业，重点升级改造传统养殖业，启动建设 500 个以上畜禽标准化规模养殖场和 50 个年出栏万头以上的生猪标准化规模养殖场，重点扶持建设 20 个肉牛基地县和 20 个肉羊基地县。发展高原淡水渔业，重点扶持 15 个罗非鱼养殖基地县和 10 个鲟鱼等冷水鱼养殖基地县，启动百万亩生态养殖工程和百万亩天然渔场建设工程，实施百万亩库区网箱养殖工程。实质推进高原特色农业发展。

（三）措施得力

面对近几年日益严峻的旱情，省农业厅通过 "以旱制旱、科技抗旱、物资备旱" 三大措施，组织 8 个春耕备耕督导组奔赴 16 个州市，督导小春粮油生产、冬季农业开发和优势特色产业完成情况，大春粮食生产春耕备耕情况，高产创建、间套种、地膜覆盖等科技措施的实施完成和落实情况，抢抓农时不误春耕。实施十大科技增粮抗旱措施，高产创建 800 片，间套种 4 000 万亩，地膜覆盖 1 500 万亩，水稻集中育秧 40 万亩，玉米集中育苗 60 万亩，测土配方施肥 4 000 万亩，良种推广 4 000 万亩，农机耕播收作业 2 500 万亩，病虫害综合防治 1.6 亿亩次，晚秋农作物播种 1 000 万亩以上。把推广地膜覆盖栽培作为科技增粮的重大措施来抓，推广地膜覆盖加抗逆节水集成栽培技术，稳定扩大粮食种植面积，提高单产。通过间套种技术推广，把天拉大，把地拉宽，提高了单位面积复种指数，提高了土地产出率。及时牵头抽调 200 名专家和农科人员深入全省受旱最重的 70 个县，开展"百日抗旱促春耕"行动。针对旱情和库塘蓄水不足的实际，适当调减水稻种植面积，扩大水改旱面积 300 万亩，改种玉米、马铃薯等旱粮农作物，晚秋粮食作物种植达到 1 000 万亩。积极做好种子、化肥和农药等春耕备耕物资的调度和管理，特别是做好水稻、玉米等水旱双重种子准备。科技增粮效果明显。今年，曲靖市举办各类粮油作物高产创建样板 124 片 129.1 万亩，增产粮食 3.99 万吨。举办小春粮油作物高产创建示范片 22 片 24.53 万亩，平均亩产 271.47 公斤，比上年增产 37.52 公斤；油菜 9 片 10.17 万亩，平均亩产 196.21 公斤，比上年增产 17.44 公斤。

三、2013 年农业经济形势预测

刚刚闭幕的党的十八大，是我们党在新的历史时期的政治宣言和行动纲领。党的十八大对"三农"工作作出了新部署，提出了新要求。"确保国家粮食安全和重要农产品有效供给""两个倍增"，对农业发展提出了更高要求。农业是国民经济的基础产业，2013 年是贯彻落实党的十八大精神的第一年，虽然要应对国际、国内的诸多困难和挑战，但"三农"仍是全党工作的重中之重，我国将努力巩固和发展农业农村经济好形势，农业农村经济发展的基本面仍然较好。

中央财政继续把支持农田水利建设摆在突出位置，将进一步加大投入力度。我省农田水利建设相对滞后，水利化程度低，高稳产农田地少，"雨养农业、靠天吃饭"的生产格局将进一步得到改变。日前，国务院公布了《农业保险条例》，该条例将自2013年3月1日起施行，农业发展风险将进一步降低。2013年，我省农业生产将稳步提高。

党的"十八大"提出把生态文明建设放在突出地位，融入经济建设、政治建设、文化建设、社会建设各方面的全过程，将生态文明建设纳入社会主义现代化建设"五位一体"总体布局。云南是一个生态大省，这将为云南把生态优势转化为发展优势提供一个难得的契机，高原特色农业将得到进一步提升。

从国际形势上看，受大旱影响，2012年8月10日美国农业部将2012～2013年度除棉花以外的主要农作物小麦、粗粮、稻米、含油种子、糖的供应预期均作了下调，此举很可能进一步引发国际农产品价格的上涨。虽然我国粮食生产近年连获丰收，但我国部分粮食仍要进口，会受国际市场波动影响。我国农业生产已进入高成本时期，主要是农村劳动力价格提高和农业生产资料价格上涨，导致农业生产成本明显增加。预计2013年，我省主要农产品价格保持上涨趋势，但在国家一系列宏观调控政策下，上涨幅度将不会太大。

四、促进农业经济发展的几点建议

从国内外发展的规律看，凡是竞争力强的经济区域，都是特色产业发展水平比较高的地区。经过30多年改革开放和在历届省委、省政府的正确领导下，云南各族人民在广袤的红土高原上依托我省独特的气候、物种、区域等资源优势，探索独具特色的农业发展模式，我省农业发展取得长足进步，多项特色农产品产量已居全国前列，高原特色农业正逐步成为优势产业。继续保持我省农业发展好势头，需要进一步整合资源，在特色方面下功夫，做大、做强、做优高原特色农业。

（一）坝区大力发展优质粮食种植

粮食安全，是经济发展、社会稳定和国家自立的基础，是关系全局的重大战略问题。我省坝区面积仅占全省土地面积的6%，坝区是我省重要的粮食主产地，经过多年的建设，全省农业基础设施建设取得了重要进展，部分坝区农田基本建成了"田成方、路相通、渠相连、旱能灌、涝能排""旱涝保收、稳产高产、节水高效"的高标准农田，粮食生产也实现了由零星分散、品种杂乱到集中连片、规模发展的重大转变。2011年粮食产量达到1 755.6万吨，居全国第14位，继2004年首次突破了300亿斤大关后，2011年又突破了350亿斤，2012年有望跃上360亿斤的新台阶，全省粮食总产量将达到1 800万吨以上，全省粮食自给率达到90%左右。下一步，要继续坚持把发展粮食生产作为农业农村经济发展的首要任务，按照"稳定面积、调优结构、主攻单产、增加总产"的思路，实行最严格的坝区耕地资源保护和环境保护，确保农业生产的基本资源不减少。加强农业基础设施建设，将全省资金和项目主要聚焦到具有资源优势和比较优势的产粮大县，按照高标准农田的建设要求，整合分散化、小规模的耕地资源，将全省坝区农田全部建成高标准农田。发挥云南气候优势和物种优势，增加坝区农田复种指数，提高农业综合生产能力。同时，采取多项措施调动地方政府和种粮农民的积极性，发展壮大优质粮食产业，确保粮食安全。

（二）山区发展经济作物为主的特色产业

云南省地处我国以及东南亚地区六条大江大河的上游，是中国重要的生态屏障。云南环境的保护，不仅关系着云南自身的发展，而且对全国的全面协调可持续发展具有重要意义。云南94%的国土面积为山区、半山区，过去山区农村收入来源少，为维持生计，到处乱砍滥伐，环境遭到破坏，山区农业生产条件恶化。云南省在总结本省优势条件的基础上，提出以建设"绿色经济强省"为目标的产业群落，充分发挥各地资源优势，在山区的荒山、荒坡大力扶持茶叶、咖啡、坚果、核桃等经济作物种植。近些年的经验表明，在山区扶持特色经济作物种植，不仅保护了农业生产的生态环境，而且产生了较好的经济效益。特色经济作物种植的亩均经济效益远远高于过去在广大山区长期主要种植的玉米、马铃薯、荞子等的亩均收益，如核桃每亩收益都在千元以上。部分山区地区，特色经济作物种植已成为转变农业增长方式和农民增收的一大亮点。云南广大山区具有培育和发展特色产业的条件和基础，建议发挥各地的比较优势，按照突出特色、发挥优势、合理布局、规模种植、面向市场、提质增效的要求，与退耕还林、石漠化治理、防护林建设、碳汇造林、农村环境治理等生态工程建设相结合，大力推广特色经济作物种植，发展山区特色经济，培育和发展区域性主导特色产业，形成一村一品、一镇一品，带动专业化生产，力争取得"生态建设产业化、产业发展生态化"新突破，推动山区经济发展方式转变，促进全省农业农村经济大发展。

（三）发展山地特色畜牧业

云南四季如春，水热光照充足，适宜牧草生长，天然草地占全省土地面积的38.9%，居全国第7位，位居南方省区之首。且云南省大部分山区空气清新、水源清洁、植被良好、污染较少，区域性原生态畜产品生产条件十分优越，已成为全国畜牧业主产省份之一，生猪、牛存、羊存栏居全国前列，形成了一批产业聚集度高、具有较强竞争力的畜牧业优势产区，畜牧业正成为云南的特色产业。建议按照"增加总量、提高质量、突出特色、择优发展"的要求，充分发挥云南气候温和及饲草饲料丰富的优势，从政策、资金、技术等方面加大对畜牧业扶持力度，升级改造传统养殖业，统筹推进肉、蛋、奶等主要农产品生产，以畜牧业良种化、规模化、标准化、生态化为发展方向，大力开展标准化养殖示范区建设，建设一批规模化畜禽养殖场、高原生态牧场，把云南建成全国著名的常绿草地畜牧业基地和重要的畜产品生产加工基地，实现由畜牧大省向畜牧强省的跨越。

（四）加快特色优质农产品标准体系建设

近年来，云南省各级农业部门和质监部门依托云南独特的地理气候环境，围绕"云烟""云糖""云花""云药""云茶""云菜""云果"等重点支柱产业和特色优势产业，加快推进标准制订和示范推广工作，基本形成了包括产前、产中、产后全过程的、较为完善的农业生产标准体系。但云南省特色农产品标准与检测体系建设还不能完成适宜做强做大云南省高原特色农业的需要，建议围绕特色产业发展的需要，以转变发展方式为主线，以保障农产品安全为重点，坚持质量标准，实施品牌战略，建成种（养）、加工一体化、多元化的标准体系，做到"两个确保"

（一是确保加工企业有稳定充足的原料生产基地，二是确保农户种养殖的农产品有稳定的销路），以实现产品链价值的最大化，推进特色产业发展；以品牌提升云南高原特色农产品"绿色、生态、营养、安全、健康"的整体形象和市场竞争力，做强、做大、做优高原特色农业。

（五）推广良种种植，支持科技示范

农业的落后实质上是科技的落后，推动农业科技应用和创新是提升农业综合效应的关键。2012年中央"一号文件"聚焦于农业科技，抓住了农业长期可持续发展的根本。云南耕作水平低、科技落后制约着特色农业的进一步发展，应瞄准这一"软肋"，把播撒科技星火、提高农业生产的"软实力"作为重要环节。一是支持建立科技示范园区，引导农民学科技，提高农业科技含量，提高科技对高原特色农业的贡献率。二是着力实施特色良种业发展保护工程。国际技术垄断公司通过控制特色良种业来控制中国农业，建议加快建设一批标准化、规模化的良种繁育生产基地，以保护云南的高原特色良种业。三是大力推广良种种植。良种是特色产业发展的基础，应抓好良种种植，实现良种良法配套，提高农产品优质化程度。

（六）扶持龙头企业，发挥带头作用

2011年云南省农业重点龙头企业增加到2410户，龙头企业已成为高原特色农业产业化发展的重要载体。但云南省龙头企业总体少小散弱，品牌建设滞后，市场竞争力不强。建议围绕畜牧、果蔬、茶叶、薯类、生物药、蔗糖、花卉、木本油料、橡胶、林产业、咖啡、蚕桑等12类特色优势产业，选择扎根农业、农村，对农业发展带动性强，企业管理规范，产品既有地方特色，又有市场前景的农业产业化龙头企业进行扶持。通过不断完善财政、税收、土地、金融等方面的扶持政策，进一步优化云南省农业龙头企业发展环境，使其进一步做优、做大、做强，发挥带头示范作用，通过"公司＋农户＋基地"发展模式，带动农户从事特色种养殖业，在企业与农民间架起合作的"桥梁"。支持引导企业实施名牌战略，生产无公害农产品、绿色食品和有机食品，申报无公害农产品、绿色食品、有机食品的原产地认证和知名商标、著

名商标、驰名商标，以品牌提升云南省特色农业整体形象。

（七）支持农民专业合作社发展、壮大

农民专业合作社通过将单打独斗的农民组织起来发展生产，提高了农民的组织化程度，促进了农业产业化经营。近年来，云南省各级政府和各有关部门高度重视农民专业合作社的发展，通过政策引导、项目扶持、典型示范、税收优惠等措施，大力发展农民专业合作社，农村经营主体和农民专业合作社发展迅速，以产业、专业和技术为纽带的农业专业合作组织已增加到 30 814 个。农民专业合作社围绕当地资源优势和产品特色，通过推行标准化生产、注册商标、三品认证等措施，促进了农业生产的专业化和标准化，提高了农产品质量和市场竞争力，促进了特色产业的发展。建议加大力度扶持以特色农产品生产为主业的专业种植、养殖农户组成农产品生产营销专业合作社，在条件成熟时发展成为更高层次的联合社或协会，使农民专业合作社的发展、壮大，成为市场中的一股独立力量，在政府有关部门及农产品加工企业之间，在农产品供求及价格等方面进行协商对话、沟通信息，最终建立起政府、企业与农产品生产营销专业合作社之间的平等的伙伴关系，以促进云南省高原特色农业的发展。

参考文献：

[1] 中共中央、国务院：《关于加快推进农业科技创新持续增强农产品供给保障能力的若干意见》，新华网。

[2] 姚堂文：《前三季度云南经济实现平稳较快发展》，云南省统计局政府信息公开网站，2012 年 10 月 19 日。

[3] 孔垂柱：《发展高原特色农业　建设绿色经济强省》，载《云南日报》，2012 年 10 月 26 日。

[4] 张晓山：《中国的粮食安全问题及其对策》，中国社会科学院农村发展研究所网站。

[5] 张锐：《云南 2012 力争粮食十连增　农民人均纯收入 5500 元》，云南网，2012 年 4 月 25 日。

[6] 杜毅：《2012 年前三季度云南主要农产品和农资价格走势分析及四季度价格预测》，云南农业信息网，2012 年 10 月 15 日。

（作者单位：云南省社会科学院经济研究所）

2012 年云南省工业生产发展报告

胡明武　王　辉

2012 年以来，在复杂多变的国内外宏观经济形势下，云南省工业部门在省委、省政府的领导下，攻坚克难，积极应对，工业经济取得了较好成绩，规模以上工业同比增幅达到 15.6%。但受到市场需求不足等因素的影响，云南省工业经济下行压力仍然存在，2013 年工业经济发展面临的外部环境依然复杂，工业经济基础还有待巩固。

一、云南省工业经济运行的基本情况和特点

（一）工业生产增速逆势上扬

2012 年，云南全部年主营业务收入 2 000 万元及以上工业企业（以下简称规模以上工业）增加值增长 15.6%，增幅分别比一季度末、二季度末、三季度末提高 2.9、2.5、1.7 个百分点；增速全国排位由年初的第 22 位提升至全年第 8 位，比 2011 年提升 8 位。

从月度运行态势看，2012 年以来月度工业增加值增速逐月加快、波动上升，如 2 月的 13.4%、6 月份的 14.1%、9 月份的 16.8%、10 月份的 19.8%、11 月份的 18.6%、12 月份的 19.2%。月度增幅一直高于全国平均水平，且月度增幅与全国增幅逐月扩大，如 2 月份高全国 2 个百分点，6 月份高全国 4.6 个

百分点，10 月份扩大至 10.2 个百分点。

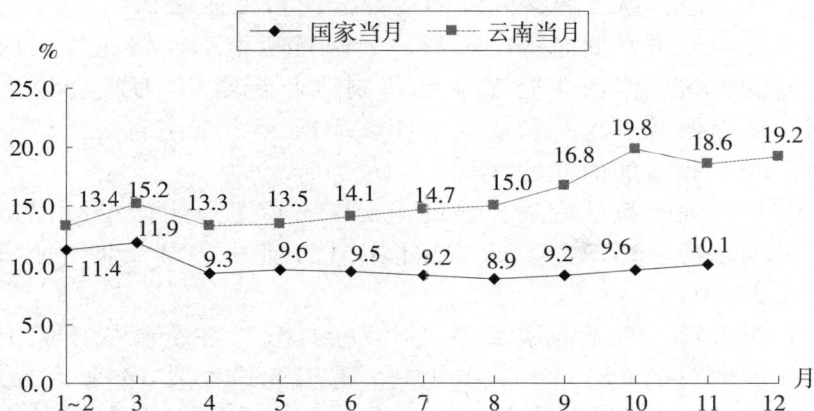

图 1　2012 年国家与云南规模以上工业当月增幅

（二）工业增长逆势向上，生产运行好于全国及川、渝等周边 4 省区市

2012 年以来，全国工业生产一直处于下行之势，从一季度的增长 11.6% 回落到上半年的增长 10.5%、三季度的增长 10.3%。在临近云南省的周边 4 省区中，广西从 17.0% 回落到 15.9%，重庆从 16.3% 回落到 16.3%，四川从 17.8% 回落到 16.1%，贵州从 17.5% 回落到 16.2%。云南省工业增速则是由一季度的增长 12.7%、上半年的 13.1%、三季度的 13.3%、全年的 15.6% 逐季度提高，工业增长逆势向上，生产运行好于全国及周边 4 省区市。

2012 年云南省及周边 4 省区市工业增加值增长速度

单位:%

地　区	3 月止累计	6 月止累计	9 月止累计	12 月止累计
全国总计	11.6	10.5	10.3	
云南	12.7	13.1	13.3	15.6
广西	17.0	16.7	16.3	15.9
重庆	16.3	16.5	16.0	16.3
四川	17.8	16.6	16.4	16.1
贵州	17.5	16.5	16.1	16.2

（三）轻、重工业共同发力支撑云南省工业增长

受宏观经济发展态势的影响，云南省轻重工业增速均出现不同程度的放缓，但由于轻工业烟草制造业新增40万箱卷烟生产计划，从而保持了相对较快的增速。2012年，云南省规模以上工业中，轻工业增加值同比增长17.1%。

随着各项政策效应逐步显现，云南省重工业生产继续保持平稳增长的态势。2012年，全省规模以上工业中，重工业增加值同比增长14.4%。

云南省轻、重工业增加值之比为44∶56，在全省规模以上工业增加值增长的15.6个百分点中，重工业拉动8.13个百分点，轻工业拉动7.44个百分点，轻、重工业的共同发力支持了全省工业经济的发展。

（四）行业结构调整稳步推进，支柱产业支撑作用明显

2012年，全省规模以上工业38个大行业生产同比保持增长的有32个，22个行业增速超过全省工业增幅，行业运行质量提升，行业回升面加大，结构调整取得一定进展。

1. 煤、电等能源要素保障行业生产稳定，促进了云南省工业生产

2012年，煤、电等能源要素保障行业稳定发展促进了云南省工业生产。

从规模看，电力行业2012年云南省新增发电装机750万千瓦，共完成发电量1745.51亿千瓦时，同比增长12.2%；煤炭生产企业户数达411户，比上年增加68户，共生产原煤1.04亿吨，同比增长4.3%。

从生产看，云南省能源行业工业增加值同比增长11.5%，其中，煤炭开采和洗选业增加值同比增长18.2%；电力、热力生产和供应业增加值同比增长10.1%；燃气生产和供应业完成增加值同比增长14.2%；水的生产和供应业完成增加值同比增长6.6%。

2. 烟草、化工、有色金属等传统支柱行业共同驱动，推动全省工业强劲增长

分行业看，烟草工业增加值增长13.2%、化工工业增加值增

长 9.6%、有色金属工业增加值增长 20.5%，上述大行业合计对全省工业增长的贡献率为 46.0%，拉动全省工业增长 7.8 个百分点。

3. 食品、医药和酒、饮料、茶行业增势强劲，增速快于全省工业

2012 年以来，以食品、医药为龙头的消费类轻工行业保持了强劲的增长势头，增速快于全省工业。2012 年，食品、医药工业和酒、饮料、茶行业工业增加值增速同比分别增长 29.3%、26.6% 和 27.2%，分别超过全省工业增速 13.7、11 和 11.6 个百分点。

4. 装备制造业保持较快发展

装备制造业是为国民经济各行业提供技术装备的战略性产业，产业关联度高，吸纳就业能力强，技术资金密集，是各行业产业升级、技术进步的重要保障，且属于低能耗高附加值产业，经济发达省份装备制造业占这些省增加值的比重相当高。从我省的情况看，2012 年，全省装备制造业共有企业数 261 户，占规模以上工业比重为 3.8%，同比增长 12.8%。在云南力帆骏马车辆有限公司、昆明中铁大型养路机械集团有限公司等龙头企业的带动下，一改上半年负增长的低迷走势，生产逐月强劲回升，增速由 6 月份的 -6.8% 上升至 9 月份的 29.8%，而 10 月和 11 月份更是高达 40% 以上的增速，分别达到 48.3% 和 44.9%。随着通用专用设备制造业、交通运输设备制造业等行业的蓬勃发展，装备制造业正逐步成长为推动全省工业企稳回升的新力量。

（五）小微企业发展活跃

2012 年，云南省规模以上小微型工业企业 2 223 户，工业增加值增长 38.4%，增幅高于大中型企业 29.3 个百分点，高于全省平均水平 22.8 个百分点，对全省工业增长的贡献率为 54.1%，拉动全省工业增长 8.4 个百分点。小微企业发展活跃表明，全省工业增长的内在活力进一步增强。

（六）八成产品产量保持增长，重要基础产品产量增速稳定

云南省重点监测的 100 种产品中，产量同比增长的有 84 种。在我省的重要基础产品中，发电量为 1 745.51 亿千瓦时，同比增

长 12.2%；原煤产量为 1.04 亿吨，增长 4.3%；十种有色金属产量为 287.99 万吨，增长 6.4%；钢材产量为 1 600.4 万吨，增长 18.4%；硫酸产量为 1 220.57 万吨，增长 1.8%。总体上看，全省工业产品产量形势趋好。

二、工业效益逐步好转，运行质量明显改善

（一）综合经济效益综合指数稳步提高

至 11 月止，云南省工业经济效益综合指数为 325.13，同比提高 6.6 个百分点，分别较一季度、上半年和三季度提高 9.57、10.67 和 5.74 个百分点。

（二）工业运行质量明显改善

1~11 月，云南省工业企业实现主营业务收入 7 780.75 亿元，比去年同期增长 14.1%；实现利税 1 506.88 亿元，增长 3.8%，其中利润总额为 437.86 亿元，下降 9.7%，虽同比下降但降幅大幅收窄，与一季度、上半年和三季度相比分别缩小了 14.3、11.1 和 11.8 个百分点，而利税总额扭转了 5 月份以来同比一直呈现负增长的局面。从这几项主要指标的增降幅走势图可清楚地看出，全省工业经济效益正朝着回升向好的方向发展。

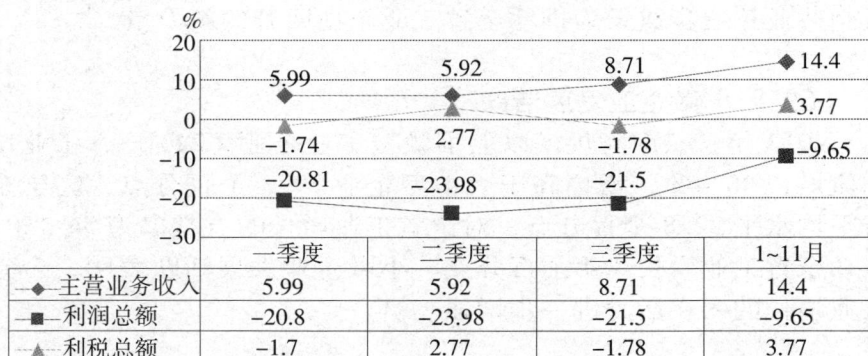

%	一季度	二季度	三季度	1~11月
主营业务收入	5.99	5.92	8.71	14.4
利润总额	−20.8	−23.98	−21.5	−9.65
利税总额	−1.7	2.77	−1.78	3.77

图2　2012年11月止规模以上工业主要经济指标增幅

三、工业经济运行中需要引起关注的情况和问题

2012 年云南省工业经济实现了较快发展，但制约发展的因素逐步显现，生产经营依然面临较大压力。

（一）大中型企业增速不快，对工业增长的支撑力度下降

2012 年，云南省大中型工业企业增加值占规模以上工业的比重为 73.6%，同比增长 9.1%，低于上年同期和全省规模以上工业增加值平均增速 7.1 个和 6.5 个百分点。在 722 户大中型企业中，有 205 户产值出现负增长，占总数的 28.4%。总产值过 10 亿元的 110 户骨干企业中，有 33 户产值出现负增长，其中，武钢集团昆明钢铁股份有限公司负增长 0.3%，红河钢铁有限公司负增长 4.4%，云南德胜钢铁有限公司负增长 7.4%，玉溪新兴钢铁有限公司负增长 13.2%，云南云天化国际化工股份有限公司富瑞分公司负增长 18.8%。

（二）企业经营压力明显加大，成本上升经济效益大幅下滑

一是生产成本大幅上升。1~11 月，工业企业主营业务成本高达 5 959.68 亿元，占主营业务收入的 76.6%，同比增长 15.6%，高于主营业务收入增速 1.5 个百分点；应收账款达 767.07 亿元，同比增长 19.8%；利息支出达 192.1 亿元，同比增长 27.1%。二是企业盈利空间缩小。1~12 月，全省工业生产者出厂价格同比下降 2.1%，低于同期 6.8 个百分点，而同期工业生产者购进价格指数工业品指数同比下降 0.7%，两者相差 1.38 个百分点。这种"高进低出"的价格差，加之用工、用地成本大幅度攀升等，增加了企业生产成本，挤压了企业的利润空间。

（三）市场需求不足问题仍很突出

在政府扩大投资、刺激消费和稳定出口等政策措施的作用下，工业产品的有效需求有所增加，但由于多年来的盲目建设和重复建设，市场需求不足与产能过剩问题仍很突出。

从工业品价格看，目前仍处于较低水平，说明供大于求的局

面未根本改变。1~12月，工业生产者出厂价格指数97.92%，较上年同期下降6.8个百分点，较一季度、上半年和三季度分别回落2.34、1.47和0.35个百分点，特别是钢铁、有色金属、化工等部分行业产品价格回落明显。

从产品生产销售看，云南省需求不足导致企业产量下降、增收乏力。2012年，全省规模以上工业产品销售率95.0%，比上年同期回落2.2个百分点，较上半年仅提高0.3个百分点。在生产回升的同时，若销售渠道不能有效拓宽，最终将会导致库存资金占用的增加，影响流动资金的使用效率，不利于企业继续扩大生产。

（四）工业企业景气调查显示结果不容乐观

2012年12月全省工业企业景气调查显示，资金紧张、订单不足、用工成本上升将是冲击2013工业生产平稳运行的三大主要问题。

1. 生产预期指数走低

调查显示，在对2013年一季度与2012年四季度生产增速情况比较上，近三成（27.7%）的调查企业认为，2013年一季度生产增速比2012年四季度生产增速将会有所减缓。2013年一季度生产预期指数为44.1%，比2012年四季度回落9.9个百分点，回落趋势明显，预示着2013年一季度全省工业生产实现"开门红"存在压力。

2. 资金紧张状况没有根本好转

调查显示，超过七成（70.3%）被调查企业存在着不同程度的资金紧张情况。从资金紧缺指数看，尽管2012年四季度资金紧张状况较三季度有所缓解，但不管是整体资金紧缺指数，还是流动资金紧缺指数，都处于高位运行。

3. 订单不足影响后续工业生产

调查显示，2012年四季度企业生产经营中遇到的一个突出问题是订单不足，24.2%的调查企业存在着订单减少的问题，高于三季度7.5个百分点。订单减少意味着市场需求不足，导致企业生产能力得不到充分发挥。

四、促进工业经济平稳发展的建议

从主要指标变化可以看出，国家宏观调控及云南省采取的一系列稳增长、促跨越的政策措施已取得了显著成效。同时，我们也应注意到，我省工业经济回升向上的基础还不够稳固，市场需求不足与产能过剩的问题仍很突出，部分行业仍较困难。下一阶段，各地要按照省委、省政府对全省经济工作的总体部署，着力解决经济运行中的突出问题，确保工业经济科学、快速、稳步发展。

（一）保持政策的延续性，强化工业经济运行调节

下半年来，省委、省政府出台了多项工业扶持政策，成效显著。

从月度生产看，工业增速由 6 月份同比增长 14.1% 逐月回升，12 月份达 19.2%，在全国的位次也逐月前移，从 6 月份的第 19 位前移至 10 月份的第 1 位，11 月份的第 2 位，12 月份的第 1 位。

从企业的效益看：企业利税增幅转正，亏损面及亏损额降幅"双收窄"，工业经济生产与效益同步向好，表明出台的政策是积极有效的，但是鉴于当前国际国内经济形势尚不稳定，建议保持政策的稳定性和延续性，以确保今明两年工业经济稳定增长。

同时，各地各部门要认真落实省政府提出的各项政策措施，密切跟踪形势变化，密切监测重点行业、重点企业生产态势，及时发现和解决企业生产经营中的困难，帮助企业缓解生产经营难题，协调解决生产要素供需矛盾，促进其健康发展。

（二）力争将 40 万箱卷烟纳入 2013 年卷烟生产计划

为缓解受自然灾害影响的云南经济，2012 年国家为云南新增了 40 万箱卷烟的生产计划，全年云南烟草增长 13.2%，拉动规模以上工业增长 4.3 个百分点。若 2013 年全省卷烟生产计划没有将这 40 万箱的纳入生产计划基数，全省卷烟生产产量必然是负增长，初步测算增加值增幅也将负增长 5% 左右。鉴于烟草制

品业（占规模以上工业的比重在30%以上）在云南工业中举足轻重的地位，建议相关部门力争将2012年新增的40万箱纳入2013年卷烟生产计划的基数，确保云南工业经济平稳增长。

（三）超前谋划，积极应对资金、订单、用工成本三大问题

资金、订单、用工成本是影响当前云南省工业经济平稳发展不利因素中较突出的问题。为减少三大问题对全省工业经济的冲击，政策取向上须重视三大问题，并积极应对。受贷款基准利率下调影响，预计企业融资成本上升的势头在一定程度上会被遏止，资金紧张的状况会得到一定程度的缓解。因此，在政策取向上，积极引导企业去产成品库存，加速回收应收账款，构建稳健趋好的企业财务机制。积极构建企业供需机制，鼓励并激励优先使用省内产品，提高企业订货量和订货额。逐步建立完善劳动力薪酬补贴机制，补贴的重点偏重于社会保险支出方面，切实减轻用工成本上升对企业生产经营的影响。

（四）加快转型升级步伐，提升产业核心竞争力

加快优势传统产业技术改造和创新，提升传统产业的竞争优势。多数行业集中度较低一直是影响我省行业、产业竞争力的一个重要原因。当前，应集中力量支持重点行业内优势企业和高成长性企业发展，进一步加大企业重组力度，优化相关领域内的生产要素资源配置，提高产业集中度，加快行业领域内产业龙头企业、名牌产品的培养，提升整体产业的核心竞争力和应对市场风险能力。加快推进战略性新兴产业发展，培育壮大高新技术产业，尽快形成工业经济新的增长点。

（五）加大对重点工业企业扩大销售的奖励力度

深入贯彻省政府出台的92号文件的相关要求，加大对重点工业企业扩大销售的奖励力度，相关部门应进一步组织筹办一系列促进消费增长的市场推广活动，大力推进电子商务发展，帮助引导企业积极拓展省内外市场。同时，要努力寻求投资与消费的有机结合，形成增投资与扩消费的良性互动，以投资带消费，以消费促投资，在稳增长、扩消费、惠民生的同时，促进企业效益提升和经济发展方式转变。

（六）积极开拓东南亚市场，力促工业出口稳定增长

2012 年，全省工业品出口交货值为 105.7 亿元，同比仅增长 5%，出口交货值仅占同期工业品销售产值的 1.2%，表明我省产品在国外市场的占有率偏低。下一步要充分利用桥头堡建设的有利时机，积极拓展东南亚等新兴市场，不断拓宽贸易领域和渠道，以新兴市场弥补传统市场，力促云南工业品出口稳定增长。

（七）加大对规模以上工业的培育力度

规模以上工业一直是全省经济增长的主体，规模以上工业增加值占全省 GDP 和全部工业的比重分别达 30.1% 和 89.4%。2012 年，全省规模以上工业企业数为 2 945 户，企业数列西部第 5 位，与紧随其后的贵州省仅有 442 户的差距，增加值总量位列西部第 5 位。无论是从企业户数还是总量上看，全省规模以上工业的规模仍显不足，而新建规模以上工业企业是保持全省工业快速发展的重要支撑之一，各级各部门必须继续加大政策扶持力度，提高服务意识，加快新建规模以上企业的培育，为全省工业经济持续加快发展增添后劲。

2012 年，在省委、省政府的坚强领导下，各级工业部门攻坚克难，积极应对，确保了全省工业经济目标的实现。2013 年是全省工业生产上行潜力与下行压力并存的一年，一方面，要素保障行业生产稳定，将对工业生产提供有力支撑。另一方面，市场需求不足仍然是制约增长的主要矛盾，从外需看，欧美等主要经济体增长乏力，增长预期普遍调低，市场需求持续放缓；从内需看，受房地产调控政策及各种补贴政策相继退出的影响，内需大幅度上涨的可能性不大。因此，各级工业主管部门应认真研究分析工业经济运行中出现的新情况新变化，密切关注国家宏观调控动向，及时采取有效措施克服困难，最大限度地发挥好云南省的优势，努力实现全省工业经济平稳较快发展。

（作者单位：云南省统计局工业处）

2012 年云南物流产业发展报告

李严锋　窦志武

随着国家《物流业调整和振兴规划》《关于加快云南省现代物流业发展的意见》（云政办发〔2007〕80 号）等政策的深入实施，以及云南省各大产业的较快增长，对物流服务的需求必将进一步扩大。物流业是为其他产业服务的，物流基础设施、园区和网络的建设会带动其他产业的转型升级，降低其他产业的经营成本和提高运作效率，对桥头堡战略的实施具有重大的推动和促进作用。新一轮西部大开发和加快建设面向西南开放的桥头堡上升为国家战略为云南省物流业建设带来的重大发展机遇，而云南省物流业发展迫切需要各方面的综合支持，才能得到新的发展，从而拉动云南地方经济并促进国家经济的发展。

一、云南物流业发展现状分析

（一）云南省物流业总体发展概述

1. 物流总额不断提升

据统计，2011 年云南省社会物流总额实现 2.72 万亿元，同比增长 20.9%（全国 158.4 万亿元，同比增长 12.3%）；物流总费用 1 733.56 亿元，占 GDP 的比例为 19.81%，高于全国平均水平 2.01 个百分点（全国平均为 17.8%，发达国家一般在 10% 左右）。2010 年，云南物流业增加值仅为 460 亿元，占服务业比重

仅为 15.9%，低于全国平均水平 0.1 个百分点；占 GDP 的比重
为 6.4%，低于全国平均水平 0.5 个百分点。2010 年，云南省
一、二、三产比重为 15.3：44.7：40，这与全国平均水平
（10.2：46.8：43.0）、国内发达地区水平（上海：0.7：42.3：57）
以及发达国家水平（美国：1：20.4：78.6）相比，发展水平差距
较大。

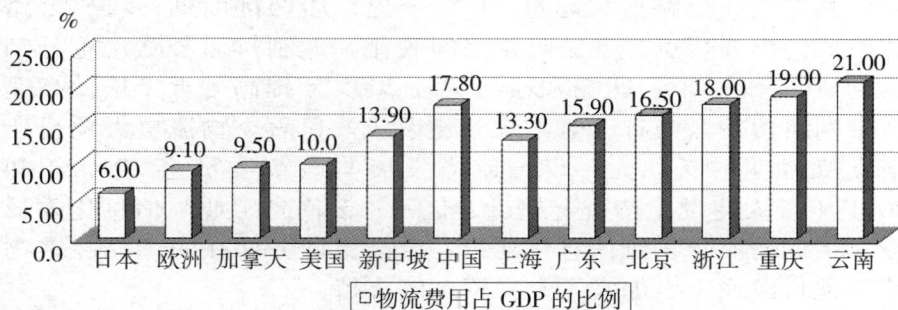

图1　发达国家及我国部分省市物流费用占 GDP 比例对比表

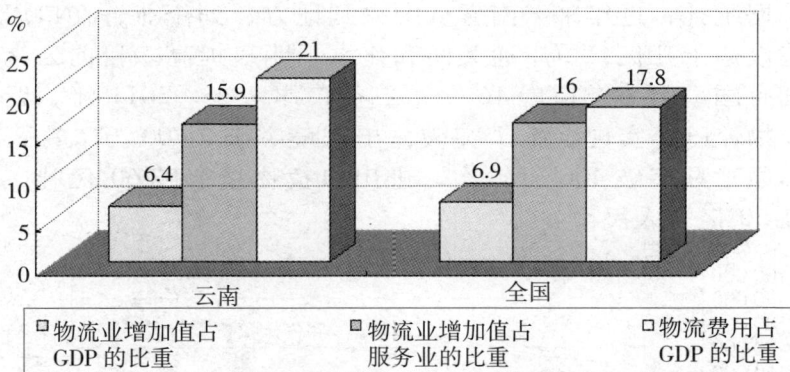

图2　2010 年云南与全国物流发展水平对比表

2. 物流基础设施建设取得重大突破，发展后劲明显增强

"十一五"期间，物流基础设施建设投资呈现快速增长趋势，
在综合交通、物流园区、基地、节点及物流网络建设方面投资实
现跨越式增长，云南省完成投资 2 435.4 亿元，年均增长
12.73%。据不完全统计，云南省在物流基础设施方面 2011 年完
成投资 702 亿元。

3. 物流网络体系不断完善，公、铁、航、水结合的综合物流网络体系初步形成

云南省以云桂铁路、沪昆铁路客运专线等高标准铁路项目为代表的大规模铁路建设全面展开，铁路运营里程达到2 500公里，在建规模超过2 200公里；昆明新机场建设全面推进，云南省机场总数达到12个，位列全国第2位；公路通车里程突破20万公里，其中高速公路里程超过2 600公里，居西部前列；农村公路建设成为重要亮点，乡镇公路路面硬化和建制村通公路比重分别达到90%和98%，通畅和通达率较2005年提高了近1倍。高速宽带网络覆盖云南省，电子政务建设成效显著。物流重大项目建设支持力度不断加大，仅云南省发展与改革委员会2010年和2011年投入建设支持资金超过5亿元，云南省工业与信息化委员会在工业物流与物流信息化建设、云南省商务厅在农产品冷链物流等项目建设中也加大了专项资金的支持。

4. 口岸、港口基础设施和通关便利化建设不断加快，国际大通道建设不断加强，国际口岸物流不断增加

据统计，近年来云南省从中央到地方、到企业，在口岸的投资建设达十几亿，口岸通关便利化水平明显提高。目前云南省已经拥有国家级一类口岸16个，二类口岸7个。2011年，云南省口岸物流已经实现了5个突破，出入境突破2 400万人次，出入境交通工具突破400万辆次，进出口货物量突破60亿吨，关税突破20亿元人民币。

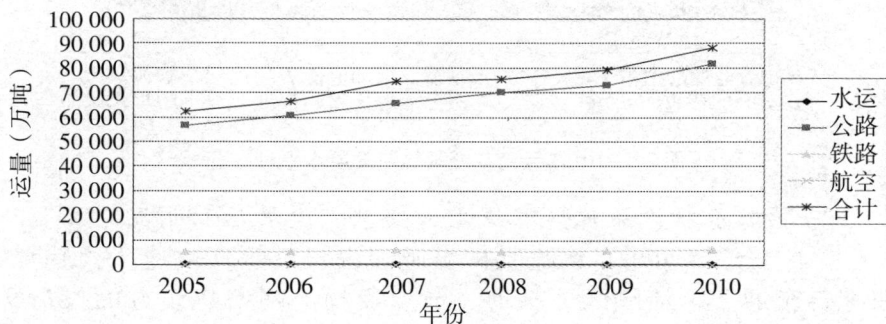

图3　2005～2010年云南省主要运输方式货运量趋势图

　　标志着物流业发展基本情况的货运量和货运周转量持续增长。由图 3 和图 4 可以看到，云南省近 6 年主要运输方式货运周转量和货运量都趋于稳定增长，这表明了云南物流发展的步伐在逐步加快，云南省物流业发展是较为迅速的。

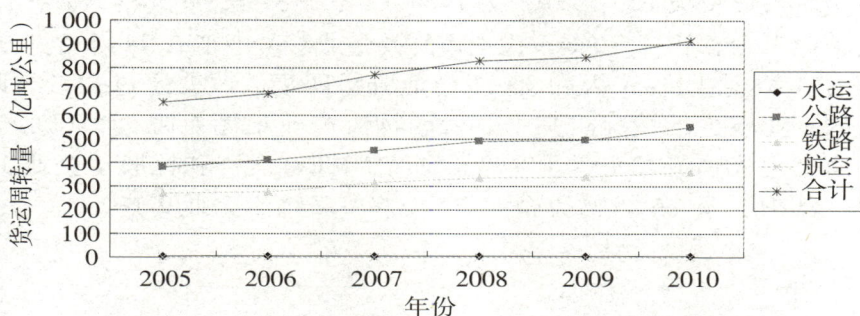

图 4　2005~2010 年云南省主要运输方式货运周转量趋势图

资料来源：《云南省统计年鉴》。

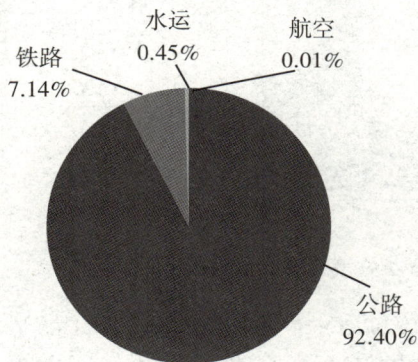

| 图 5　2011 年云南省货运量结构 | 图 6　2011 年云南省货运周转量结构 |

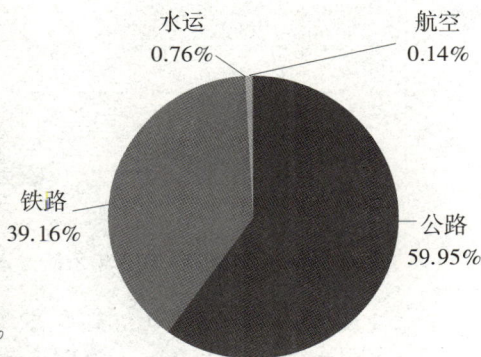

　　从结构上看（图 5、图 6），云南的物流方式以公路运输方式一枝独秀，特别是货运量高达近 93%，表明云南物流成本过高、效率偏低、结构不合理已成为制约云南物流发展的基础障碍。

（二）云南省物流企业发展情况

　　近年来，随着云南社会经济的迅速发展，经过"十一五"期间的发展，云南物流企业的实力不断增强，信息化程度不断提高，经营范围和品种日益综合化，竞争能力有很大提升。2009

年，云南省共有 10 个国家 A 级物流企业，其中 4A 级 2 个，占 20%；3A 级 4 个，占 40%；2A 级 4 个，占 40%；没有 5A 级企业，也没有 1A 级企业。截至 2012 年 8 月，全省共有各类物流企业 14 318 家，21 个国家 A 级物流企业，其中 4A 级 5 个，占 23.81%；3A 级 12 个，占 57.14%；2A 级 3 个，占 14.28%；1A 级企业 1 个，占 4.76%；没有 5A 级企业。3 年来有 11 个企业升级为 A 级企业，4A 级和 3A 级企业升级明显，改变了过去参与评级的企业较少的情况。其中，云南物流产业集团有限公司已成为云南省现代物流龙头骨干企业。该集团拥有全资和控股子企业 17 户，其中国家 4A 级物流企业 2 户，2A 级物流企业 2 户。

家

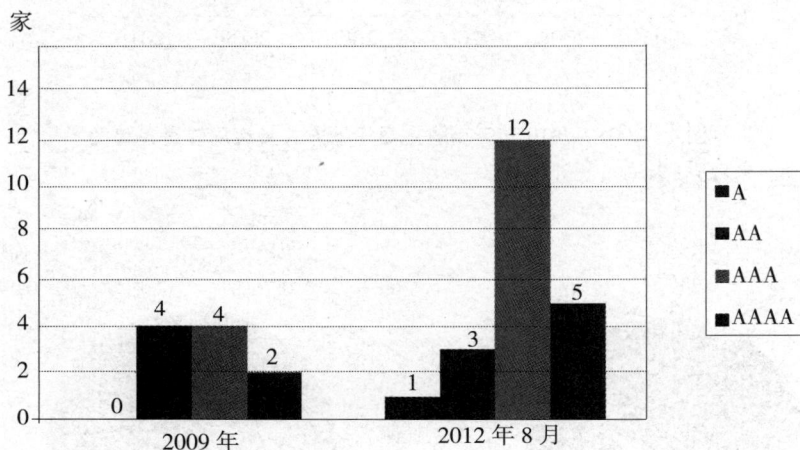

图 7　2009 与 2012 年云南省 A 类物流企业变化情况

云南省已成功构建 17 个专业物流平台和 12 个网络信息平台，经营网点达到 116 个，辐射云南省内 16 个州市和全国 12 个大中城市。2006～2010 年集团连续 5 年跻身中国服务业企业 500 强；2009～2010 年连续 2 年列全国通用仓储企业前 10 名；2009 年被中国物流与采购联合会授予"中国生产资料流通改革开放 30 年杰出企业"荣誉称号。

但与全国其他省份比较，云南的物流企业仍处于较低水平，很多物流企业虽然想评级，但苦于服务能力和规模达不到标准要求，只能依靠逐步创造条件，努力发展来达标。

（三）云南省物流环境概述

1. 物流政策环境不断完善

2011 年，国务院先后批准并出台了《国务院关于支持云南省加快建设面向西南开放重要桥头堡的意见》（国发〔2011〕11 号）和国务院办公厅《关于促进物流业健康发展政策措施的意见》（国办发〔2011〕38 号）。此外，云南省政府也出台了《云南省政府关于加快推进流通产业发展的若干意见》等多个促进物流业发展的产业政策，为云南现代物流业今后一段时期的快速、健康发展提供了更加优良的环境，对促进云南省物流业发展和桥头堡建设，注入了强劲的发展动力。

2. 云南社会经济发展为物流业发展提供了良好的社会经济环境

"十一五"期间，云南省 GDP 从 4 006 亿元增至 7 220 亿元，年均增长 11.8%，人均 GDP 从 7 809 元增加到 15 749 元，国民经济的平稳快速增长，为物流业发展提供了持续不断的源泉与动力；2010 年，云南省服务业增加值达到 2 890 亿元，第三产业对 GDP 增长的贡献率上升到 40%，产业结构趋于合理。随着云南省外向型经济不断发展，服务贸易将成为云南省经济的又一新亮点，产业结构将更趋向于服务经济，第三产业在经济中将起到支柱作用，作为生产性服务业的物流业具有广阔的发展空间。

3. 物流网络和贸易环境不断改善

"十一五"期间，全省综合交通建设完成投资 2 435.4 亿元；"十五"期间，全省投入 860 亿元；"九五"投入 456 亿元；"十一五"期间，全省民航累计完成投资超 200 亿元，仅机场建设集团就完成 197.5 亿，是"十五"投资总额的 13.44 倍。年内，云南构建了云南东盟物流信息服务平台、云南省企业服务公共网络平台、GMS（大湄公河次区域）企业电子商务平台、中国—东盟国际农产品贸易网等。到 2010 年底，云南省农村现代流通服务体系累计投资 60 亿元（银行贷款 21.1 亿元，企业自筹 38.9 亿元），开工建设 591 个财政扶持项目（中央财政支持 161 个，省级财政支持 430 个），争取各级补助资金 3.59 亿元（全国供销总社 0.99 亿元，省级财政 1.1 亿元，省级以下财政 1.5 亿元）。2011 年，云南省外贸进出口总额突破 160.5 亿美元，其中，出口完成 94.7 亿美元，同比增长 24.6%，比全国出口平均增幅高出 4.3 个百分点；进口完成 65.8 亿美元，同比增长 13.2%。对外贸易水平显著提升所带来的物流和商流将形成云南省物流发展的强大内在动力。

二、云南物流业发展机遇、发展趋势和存在的问题

（一）发展机遇

1. 产业发展战略机遇

国家一直实施的"西部大开发"战略、桥头堡建设战略、产业转移战略在物流业调整和振兴规划的宏观支持下，使得云南物流业发展的政策环境不断完善，这有利于拓宽云南省物流业融资渠道，有利于国内、国际资金、技术、人才、劳动力、信息、商品等生产要素的合理流动与有效的区域经济互补，促进了物流基础设施和园区建设进一步提升和完善，并将极大促进云南物流业发展，加快物流基础设施和园区建设，为云南物流业融资提供强大的政策支持和良好的外部环境。

2. 区域优势、产业发展环境凸显行业机遇

云南省地处我国西南边疆，对内与贵州省、广西壮族自治区、四川省、西藏自治区相连，对外与缅甸、老挝、越南接壤。边境线长 4 060 公里，独特的地理区位为云南开展内外贸、发展现代速递物流业创造了良好的条件。随着面向东南亚、南亚国家对外贸易的不断扩大，云南由中国物流系统的末梢逐步成为对外物流系统的前沿。从长远来看，云南将不仅成为泛珠三角"9 + 2"区域经贸合作的重要物流枢纽，在"中国—东盟自由贸易区"发展中成为东南亚经济区的物流中心，更是打通和建立我国连接南亚次大陆以至西亚地区的印度洋大通道的战略起点。这意味着云南省面临着发展成为国际区域贸易物流组织中心的机遇。

3. 省内物流需求增长迅速

随着经济和社会发展水平的不断提高和政府的积极推动，近年来物流需求旺盛，云南物流业发展的环境和条件得到了进一步改善。整个社会对物流服务提出了更高的要求，同时对现代物流

发展提出了更高的需求。如表 2、图 8 所示，2011 年云南省物流需求系数为 2.60，社会物流总额达到 2.27 万亿元，预计到 2015年，社会物流总额将达到 4 万亿元，物流需求系数将处于在2.9 ~ 3.1 的良性发展区间。这些将给物流业发展以强大的推动力，推动物流需求的稳步增长，为促进物流业的发展提供良好的契机。

表 1   2005 ~ 2011 年云南省物流需求数据

年　份	云南省			全国物流需求系数
	社会物流总额（亿元）	GDP（亿元）	物流需求系数	
2005	8 500	3 472.89	2.448	2.60
2006	10 200	4 006.72	2.546	2.80
2007	12 362.4	4 741.31	2.607	3.20
2008	12 733.2	5 700.10	2.234	3.00
2009	16 300	6 168.23	2.643	2.95
2010	22 500	7 220.14	3.116	3.13
2011	22 700	8 750.95	2.600	3.35

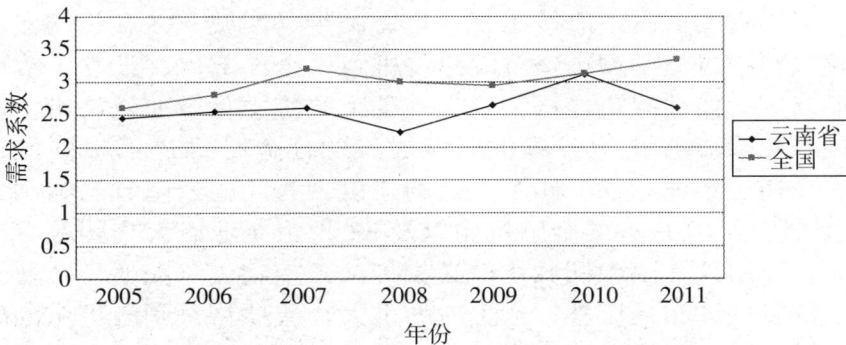

图 8   2005 ~ 2011 年云南省及全国物流需求系数趋势图

资料来源：《云南"十二五"战略发展规划研究》。

4. 国际物流市场潜力较大

东盟国家（主要是大湄公河次区域四国）是云南第一大贸易

伙伴。2011 年，云南省外贸进出口总额突破 160.5 亿美元，其中，出口完成 94.7 亿美元，同比增长 24.6%，比全国出口平均增幅高 4.3 个百分点；进口完成 65.8 亿美元，同比增长 13.2%。对外贸易水平显著提升所带来的物流和商流的涌动将形成云南省物流发展的强大内在动力，这将产生强大的物流需求和高效的物流服务要求，推动云南国际物流业的发展。

5. 特色产业物流市场前景较好

"十一五"期间，随着连接东南亚、南亚地区国际大通道建设的展开，相关大中型企业经营规模的扩大，以物流为龙头的特色产品的产、供、销体系的建立，云南省烟草、花卉、果蔬农副产品、生物制药等特色产业的货物流动量必将不断加大、周转频率不断加快、流通区域不断扩展，特色产业物流市场需求量将稳步、快速增长，成为云南物流业发展的新亮点。

云南省第九次党代会的报告提出，到 2016 年全社会固定资产投资比 2011 年翻一番以上，实现"四个翻番"。云南应提升传统服务业，发展现代物流、金融保险、信息咨询等现代服务业，不断提高比重；坚持扩大投资规模和优化投资结构并举，实施特色产业发展及财源建设行动计划，鼓励和调动更多的资金投向产业。

6. 滇中同城建设为物流业发展提高契机

云南省委、省政府按照"一区、两带、四城、多点"的建设思路，对推进滇中城市经济圈建设进行了全面部署，设立了滇中产业新区、昆曲绿色经济示范带、昆玉旅游文化产业经济带、滇中同城建设领导小组。滇中同城建设的任务是推进滇中同城通信、交通、产业和物流四个方面的建设。为此，云南省已与国家 40 个部委、10 户大的金融机构以及 32 户大企业、大集团签订了战略合作协议。滇中同城建设必将带动云南物流、交通、产业和通信的发展和布局调整，产生新的重大物流项目，刺激更多的融资需求。

（二）云南物流业发展趋势

物流业与宏观经济景气度及工业生产景气度紧密相连。"十二五"期间，云南省宏观经济和工业生产预期继续平稳发展，对物流业的需求也将稳步上升。随着国家和地方支持物流发展政策相继出台，云南省物流业将进入更高层次的发展阶段。

此外，云南省物流业发展呈现出一些新的特征：

（1）土地资源日益稀缺，物流基础设施建设成为重点，物流园区将成为优质的战略资源。物流业的发展离不开物流园区，物流园区的建设与发展将是云南省物流发展战略规划的重点，并将成为战略性的物流资源。因此，物流园区的增值服务附加值会更高，而物流园区的投资价值也将更加显现。

（2）物流企业的并购。并购行为将使企业规模增大，运营成本降低，业务经营范围广泛，从而更能适应客户需求多样化的趋势。

（3）第三方物流主导。第三方物流有利于实现物流配送的社会化，不但节省了运营成本，还节约了能源，必将成为物流业的主导。

（三）面临的主要问题

云南省物流业虽然取得了较快发展，但仍处于起步阶段，还存在着许多问题和制约因素，主要表现为：

一是物流要素分属不同行业和管理部门，管理自成体系，导致物流资源分散，上、下游企业之间尚未形成良好的供应链关系。

二是部门、地区分割现象较严重，导致广泛采用现代物流面临障碍。

三是缺乏功能齐全、竞争力强的物流龙头企业。云南物流企业规模扩张迅速，但与省外物流企业发展差距不断扩大，物流市场竞争加剧。

四是物流发展质量低下，发展质量需要提升。云南物流业增加值仅为 460 亿元，占服务业比重和占 GDP 的比重均低于全国平均水平；物流总费用 1 516 亿元，占 GDP 的比例高于全国平均水平 3.2 个百分点；2010 年云南省一、二、三产比重与全国平均水平、国内发达地区水平以及发达国家水平相比，三产的发展水平差距较大。

表2 2010年云南省物流业增加值同周边省市的对比情况

省（直辖市）	物流业增加值（亿元）	物流业增加值占服务业的比重（%）	物流业增加值占GDP的比重（%）
云南	460	15.90	6.40
上海	1 935	25.80	11.38
四川	983	16.80	5.82
重庆	412	16.65	5.28
湖南	826	17.12	5.19
广东	2 238	10.89	4.90

资料来源：根据相关公开统计数据整理。

从表3可以看出，尽管云南省物流业增加值占服务业的比重和物流业增加值占GDP的比重不断提升，缩小了与国内其他省市的差距，但是物流费用占GDP的比重远高于国内经济发达地区，以及西部的重庆等城市，与世界发达国家和地区差距仍然巨大。这表明云南物流业产业质量不高，迫切需要转方式、调结构，提升物流业发展的质量。

总之，云南省物流项目投资既面临难得机遇，又面临严峻考验，机遇大于挑战。必须充分认识云南省物流项目投资面临的形势，牢牢把握增加投资规模、优化投资结构这一主体，围绕云南省"两强一堡"战略目标，积极主动抢抓新机遇、应对新挑战，审时度势，扎实工作，推进"十二五"期间全省物流项目投资再上一个新台阶。

三、云南物流业发展的对策建议

（一）构建"金孔雀"现代物流体系

云南应立足西南边疆民族地区经济发展和连接东、中、西部，面向东南亚、南亚、西亚、南欧、非洲的区位优势，整合现有物流资源，依托综合立体交通网络，发挥比较优势和后发优势，坚持政府引导、市场运作、企业为主和多元投入并举；构建"一头一体两翼"的"金孔雀"物流体系和1234物流布局，以昆明国际内陆港为重点，港岸联动，港港联动，以铁路、航空、公路为主，规划建设一批专业性物流基地和配送中心项目，构建以公路物流、航空物流、铁路物流为核心的现代物流体系，为云南省经济社会全面协调可持续发展提供基础支撑。

（1）"一头一体两翼"的"金孔雀"物流体系：

一头为昆明国际内陆港，一体为以昆明为中心的滇中城市群物流圈，两翼为物流信息化和物流专业化。

（2）1234 物流发展重点与布局：

①一个昆明国际内陆港物流核心区：以呈贡国际物流区、空港国际物流区、安宁物流区、晋宁物流区和长坡泛亚国际物流园区等构成昆明国际内陆港的核心区。

②两个支撑平台：一是物流信息综合网络平台，二是物流政策平台。

③三大物流辐射区：一是南亚、东南亚物流辐射区，通过昆明市连接红河国际物流中心、西双版纳国际物流中心和德宏国际物流中心，形成昆明连接越南、泰国、缅甸通向南亚、东南亚的国际物流大通道。二是泛珠物流辐射区，通过昆明—文山—广西—广东的公路、铁路辐射泛珠地区。三是成渝物流辐射区，以成昆铁路、沪昆铁路和沪昆客运专线、内昆铁路、渝昆高速公路和兰州至磨憨 213 国道为依托，将物流辐射到成渝经济走廊。

④四个专业物流发展带：呈贡—玉溪农产品物流发展带、安宁—楚雄工业物流发展带、嵩明—曲靖空港物流与矿产物流发展带、官渡区—西山区城市物流配送发展带，为昆明市主导产业发展和城市消费提供物流保证。

（二）完善政策支持，强化政策配套

建议参考国内发达地区的经验，积极发挥财政政策、货币政策等调控工具的宏观调控作用，加大对物流企业的扶持力度，鼓励物流企业创新经营模式和融资模式，营造物流业良性发展的政策环境，特别是要帮助物流企业解决规划、土地、税收、融资、交通管理等热点、难点问题。建议政府各级部门积极研究出台并运用相关政策措施，支持物流业发展。

建议主要扶持九大重点领域：

（1）优化物流业发展的区域布局，加强物流基础设施建设的衔接与协调。

（2）重点加强物流园区布局和城市物流配送体系的建设。

（3）物流基地的国家投入与民间投资并举的鼓励政策。

（4）重点出台物流用地监管与物流用地倾斜政策。

（5）完善物流标准化体系，建立行业准入制度和监督、裁决机制，泛行业运行。

（6）物流金融扶持与物流税收优惠政策，制定可操作的具体扶持政策，惠及行业主体企业。

（7）物流信息化与物流公共信息平台扶持政策，将物流信息化作为现代物流的标志之一。

（8）扶持物流顾问公司与物流专家智囊团队政策，让具有丰富经验的物流管理顾问公司介入政策、规划、设计、评审、运作、管理的全过程中，成为政府的参谋、企业的帮手。

（9）建议政府出台奖励政策，对被评为国家 A 级的物流企业给予一次性资金奖励。

（三）构建物流协同创新平台，夯实云南省现代物流发展的人才基石

云南省的物流专业教育体系基本形成，博士层次有昆明理工大学（云南财经大学博士点可望 2013 年通过验收开始招生），硕士层次有云南大学、昆明理工大学、云南财经大学，本科层次有云南大学、昆明理工大学、云南财经大学、云南师范大学文理学院、昆明理工大学津桥学院、红河学院，专科层次有昆明学院、昆明冶金专科学校、云南交通职业技术学院、丽江师范专科学校等，云南国土资源学院、云南财经大学高等职业技术学院等一批高等职业学院也纷纷设置了物流类专业，但是物流人才的供求脱节现象十分严重，协同创新是解决这一难题的有效途径。

建议云南省在云南财经大学建立现代物流与供应链协同创新平台，通过政府、企业、高校的多方合作，充分发挥各方在物流产业发展方面对政府、行业、企业政策制定的影响力、先进物流与供应链管理与技术创新的科研与教育在物流业内的影响地位，通过协同创新能力的提升，共同推动中国面向西南开放桥头堡建设背景下云南省现代物流发展。

现代物流与供应链协同创新中心可按照"一个中心，三个基

地，六个平台，五项协同，六项突破"的"13656"构建思路构建。

一个中心：面向西南开放重要桥头堡建设的现代物流与供应链协同创新研究与应用。

三个基地：国际化物流教育基地——东盟物流学院，创新实验研究基地——云南财经大学现代物流实验室创新中心，应用示范基地——云南物流工程技术中心。

六个平台：区域现代物流信息、物流产业发展规划与政策、自动化物流服务、农村物流、区域国际物流、东盟物流教育六大平台。

五项协同：在机制体制创新方面，中心将努力实现组织管理、人员团队、人才培养、科研组织、资源共享五个方面的协同。

六项突破：中心协同管理机制、跨校人员聘任、学生联合培养、协同研究、资源成果共享、合作交流六项突破。争取在 8 年时间将中心建设发展成为国际一流的现代物流与供应链学术创新高地，为建设中国面向西南开放重要桥头堡做出积极的贡献。

（作者单位：云南财经大学）

2012 年云南省矿产业发展报告

李　岚　赵果庆

一、总体发展趋势

云南有色金属储量居中国西部省区第一位，被誉为"有色金属王国"。2012 年 1～12 月，云南十种有色金属产量 126.37 万吨，居全国第 4 位，占全国比重为 7.25%，产量同比增长 4.07%。其中，精炼铜（电解铜）产量 39.69 万吨，同比增长 1.02%；原铝（电解铝）产量 83.61 万吨，同比增长 4.18%；铅产量 50.12 万吨，同比增长 24.27%；锌产量 77.21 万吨，同比增长 -4.67%；镍产量 1 574.36 吨，同比增长 -42.03%。可以看出，云南优势有色金属产品增幅极不平衡，有升有降，但总体低于全国 8.42% 的平均增长水平。这说明云南有色金属产业面临困难已逐步显现，优势正在衰退。

黑色金属产业也是云南重要矿产之一。2012 年 1～12 月，云南铁矿石原矿产量 2 325.54 万吨，居全国第 8 位，占全国比重为 4.83%，产量同比增长 17.98%，高于全国 15.48% 的水平；生铁产量 1 528.04 万吨，居全国第 14 位，占全国比重为 2.38%，产量同比增长 15.6%，远高于全国 3.51% 的水平；粗钢产量 1 202.71 万吨，居全国第 15 位，占全国比重为 1.82%，产量同比增长 12.86%，远高于全国 2.93% 水平；铁合金产量 152.2 万吨，居全国第 9 位，占全国比重为 5.37%，产量同比增长

50.01%，远高于全国 13.9% 的水平。不难看出，尽管云南黑色金属产业产品产量在全国并不靠前，但增幅却远高于全国平均水平。这说明云南黑色金属产业的比较优势正在提升。

云南是我国的矿业大省，矿业的发展在云南省乃至全国的经济发展中都占有很重要的地位。在工业分类中，云南矿产业包括 9 个工业部门，分别为：①煤炭开采和洗选业；②黑色金属矿采选业；③有色金属矿采选业；④非金属矿采选业；⑤石油加工和炼焦（2011 年云南只有炼焦）；⑥化学原料和化学制品制造业（云南主要是煤化工、磷化工）；⑦非金属矿物制品业；⑧黑色金属冶炼和压延加工业；⑨有色金属冶炼和压延加工业。从图 1 可以看出，云南各产业工业销售产值都呈递增趋，下半年工业销售产值明显高于上半年，有色金属矿采选业最为突出，煤炭开采和洗选业次之，炼焦变化增长幅度最小。这说明云南矿产业的发展已明显向好的方向转变，这种趋势很可能延续下去。

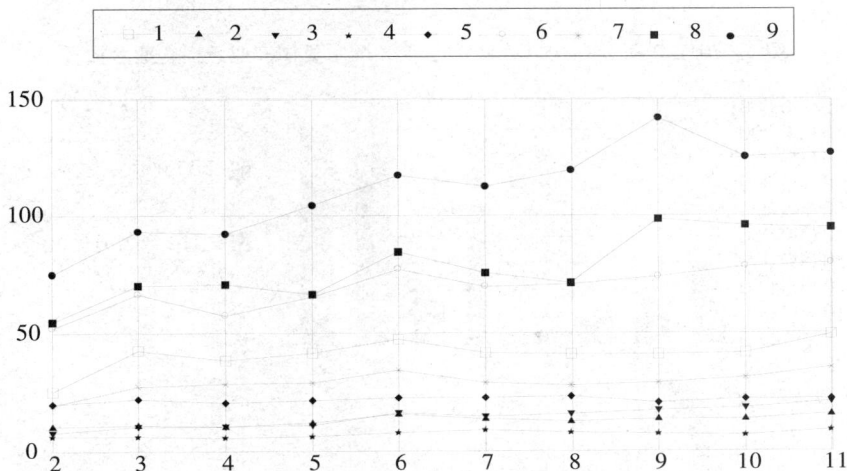

图1　2012 年 2～11 月云南 9 个矿产业工业销售产值（本月）（千亿元）

虽然云南矿产业整体要好于全国平均水平，但受全国乃至全世界大市场的影响，云南矿产业表现仍不理想。云南矿产业表现出成本上升、价格下滑、销售困难、库存增加，经营压力加大，整个矿产业企业经营状况不容乐观，主要体现在亏损总额增大。如图 2 所示，2012 年 8 个主要矿产业企业亏损总额全部超过 2011 年，特别是黑色金属冶炼和压延加工业企业亏损总额高于 2011

年 7 倍多。

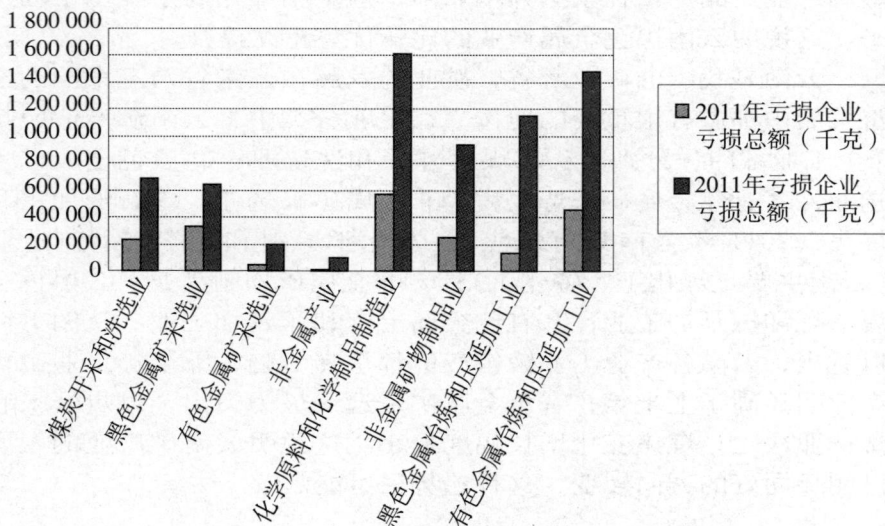

图2　2011 年和 2012 年 1~11 月云南 8 个主要矿产业亏损企业亏损额

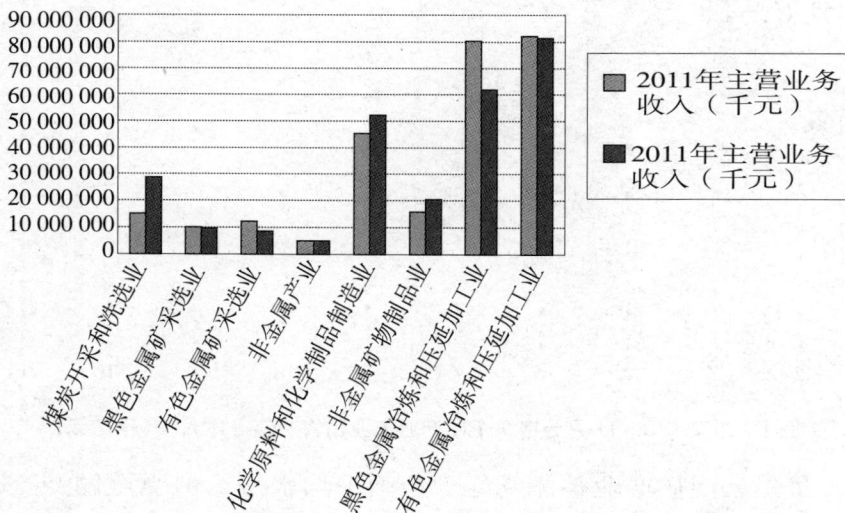

图3　2011 与 2012 年云南 8 个主要矿产业主营业务收入

　　由图 3 可以看出，2012 年 1~11 月 8 个主要矿产业中，煤炭开采和洗选业、化学原料和化学制品制造业以及非金属矿物制品业实现了主营业务收入的同比增加，其余几个产业主营业务收入同比下降或持平。其中，黑色金属冶炼和压延加工业下降最为明显。值得注意的是，作为其上游产业的黑色金属矿采选业的主营业务收入与上年同期基本持平，但黑色金属冶炼和压延加工业却表出现明显下滑。原料价格居高不下，钢铁产品供大于求是出现这种状况最主要的原因。

二、分行业发展状况

（一）煤炭开采和洗选业

相比其他产业，煤炭开采和洗选业发展态势良好。2012 年 1 ~ 11 月，云南原煤累计产量 9 530.58 万吨，累计增幅 5.8%。如表 1 所示，煤炭开采和洗选业的亏损面为 7.64%，高于全国平均水平，但相比全国亏损企业数同比增长 41.15% 的巨大涨幅，云南亏损企业数同比下降 1.2%。同时，工业销售产值同比增加 3 倍多，主营业务收入同比增长 92.9%，利润总额同比增加 21.03%，这些指标都远远高于全国平均水平。云南省的整个行业处于增长的态势，并且快于全国增长速度。从表 1 可以看到，云南企业的主营业务成本同比增长 108.56%，大大高于全国 48.72% 的平均水平。

表1　2012 年 1 ~ 8 月全国和云南煤炭开采和洗选业企业经营状况

	全国（%）	云南（%）
亏损面	5.25	7.64
亏损企业单位数同比增长	41.15	- 1.2
亏损企业亏损总额同比增长	146.8	202.02
工业销售产值同比增长	132.47	302.17
主营业务收入同比增长	40.37	92.9
主营业务成本同比增长	48.72	108.56
利润总额同比增长	3.14	21.03

进一步看，2012 年 1 ~ 8 月云南共有煤炭开采和洗选业企业 2 826 个，其中私营企业 2 105 个，占总数的 74.49%，分居第

二、三位的是其他企业和国有企业（见图4）。

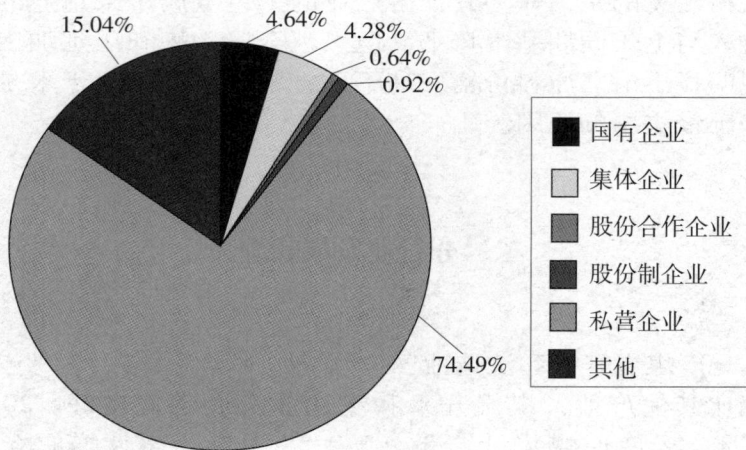

图4　2012年1～11月云南煤炭开采和洗选业各种所有制企业所占比重

近年来，国有企业因体制落后、机构臃肿，生产效能常常低于其他所有制企业。如表2显示，2012年1～8月，云南企业亏损面（即亏损企业占总企业的百分比）比较中，国有企业总体数量不是最多，但亏损面却是最大的，占15.27%。国有企业竞争力明显不足，加大了煤炭开采和洗选业企业亏损面。

表2　云南煤炭开采和洗选业企业单位数、亏损企业单位数和亏损面

	企业单位数（个）	亏损企业单位数（个）	亏损面（%）
国有企业	131	20	15.27
集体企业	121	13	10.74
股份合作企业	18	2	11.11
股份制企业	26	3	11.54
私营企业	2 105	148	7.03
其他	425	30	7.06

（二）黑色金属产业

面对国内外严峻经济形势，黑色金属矿采选业经营状况不很乐观（见表3），亏损面达13.29%，远远高于全国的5.23%。工业销售产值同比增长24.75%，相比之下全国工业销售产值同比增长110.05%。在主营业务成本同比增加的同时，主营业务收入

同比却下降了 2.38%，整体利润总额同比也下降了 153.16%。又因云南是黑色金属矿主要产区之一，铁矿石原矿产量为 2 325.54 万吨，占全国产量的 1.9%，1～11 月累计增幅 17.98%，增幅高于全国平均水平 2.5 个百分点。

黑色金属冶炼和压延加工业在提高技术、降低成本方面的变化非常突出，主营业务成本同比降低了 15.69%（见表 3），但受到黑色金属矿采选业发展疲软的影响，黑色金属冶炼和压延加工业表现不佳。工业销售产值同比下降 99.3%，亏损面达 16.13%，主营业务收入同比下降 23.38%，利润总额下降非常大，达 246.96%。

表3　2012 年 1～1 月云南黑色金属产业企业经营状况

	矿采选业（%）	冶炼和压延加工业（%）
亏损面	13.29	16.13
亏损企业单位数同比增长	93.65	136.49
亏损企业亏损总额同比增长	91.74	751.67
从业人员平均人数同比增长	3.7	6.8
工业销售产值同比增长	24.75	−99.3
主营业务收入同比增长	−2.38	−23.38
主营业务成本同比增长	11.83	−15.69
利润总额同比增长	−153.16	−246.96

从表 4 可以看出，云南省主要黑色金属冶炼及延压产品产量累计出现较明显的增幅，特别是铁合金上升趋势非常明显，累计增幅 50.01%。与全国比较，四种产品的产量累计增幅都大大高于全国平均水平的 2 倍以上。

表4　2012 年 1～11 月云南主要黑色金属产业产品产量及增幅

	云南产量（万吨）	累计增幅（%）	全国产量（万吨）	累计增幅（%）
生铁	1 446.6	15.61	60 872.57	3.51
铁合金	152.2	50.01	2 839.11	13.9
粗钢	1 382.85	12.86	66 012.44	2.93
成品钢材	1 448.22	17.17	87 040.77	7.17

黑色金属矿产业的企业所有制结构和煤炭产业类似。私营企业、其他企业和国有企业占前三位。与煤炭产业不同的是，亏损面构成不同。两种产业亏损面最大的分别是股份合作制企业和股份制企业。

表5　2012年1~11月云南黑色金属产业企业损亏面构成

	矿采选业（%）	冶炼及延压业（%）
国有企业	9.52	14.71
集体企业	14.29	23.53
股份合作企业	50.00	21.43
股份制企业	0	28.57
私营企业	13.88	14.29
外商和港澳台投资企业	8.33	18.18
其他	13.41	16.96

（三）有色金属产业

与黑色金属矿产业一样，有色金属矿采选业、有色金属冶炼和压延加工业2012年1~8月发展状况都不佳，全行业工业销售产值出现负增长，亏损面达9.92%，利润总额同比下降88.5%。有色金属冶炼和压延加工业受到影响，利润总额同比下降33.75%。

有色金属冶炼和压延受国际市场不景气影响非常明显。出口交货值同比下降82.6%，从而导致库存积压，存货同比增加34.18%，严重制约该产业发展。从企业亏损面也可以看出（见表7），有色金属冶炼和压延加工业亏损面最大的是与国际市场接触比较密切的，或者说直接来自于国际市场的外商和中国港澳台投资企业，达24.39%。

表6 2012 年 1~11 月云南有色金属矿产业企业经营状况

	矿采选业（%）	冶炼和压延加工业（%）
亏损面	9.92	6.72
亏损企业单位数同比增长	132.5	89.43
亏损企业亏损总额同比增长	384.97	314.68
存货同比增长	0	34.18
主营业务收入同比增长	-30.59	26.55
主营业务成本同比增长	-21.99	29.02
利润总额同比增长	-88.5	-33.75

表7 2012 年 1~8 月云南有色金属产业亏损面构成

	矿采选业（%）	冶炼和压延加工业（%）
国有企业	14.29	4.35
集体企业	9.52	0.00
股份合作企业	5.26	—
股份制企业	7.41	13.51
私营企业	9.96	16.23
外商和港澳台投资企业	13.33	24.39
其他	10.19	17.50

以产量看，除锡精矿含锡量下降外，采选业中的其他产品呈现增长态势。1~11 月，锡精矿含锡量产量累计下降 6.97%，相比之下，全国产量增加 4.1%。几种有色金属中，铅精矿含铅量产量涨幅非常大，达 76.45%。

表8 2012 年 1~11 月云南有色金属采选业精矿产量

	云南产量（万吨）	累计增幅（%）	全国产量（万吨）	累计增幅（%）
铜精矿含铜量	21.210 1	14.73	149.754 9	18.78
铅精矿含铅量	15.797 2	76.45	266.747 9	19.18
锌精矿含锌量	51.647 4	19.41	464.033 5	15.2
锡精矿含锡量	2.683 3	-6.97	7.873 6	4.1
锑精矿含锑量	0.656 7	10.63	11.034 7	8.49

(四) 非金属产业

2012 年 1~11 月,非金属矿产业发展情况也很不好,各项指标都不如全国平均水平。全国非金属矿采选业主营业务收入增加 45.66%,利润总额同比增长 45.68%,整体呈现上升趋势。但云南非金属矿采选业企业利润总额却同比下降 8.24%,亏损面也高于全国平均水平,达 6.48%。非金属矿物制品业全国发展都不景气,利润总额全国平均水平同比下降 23.57%,与之相比,云南企业利润总额下降巨大,达 276%。

表9 2012 年 1~11 月云南非金属产业企业经营状况

	矿采选业(%)		矿物制品业(%)	
	全 国	云 南	全 国	云 南
亏损面	2.38	6.48	4.82	14.56
亏损企业单位数同比增长	42.05	-17.86	55.42	25.69
亏损企业亏损总额同比增长	98.33	760.58	202.6	274.65
从业人员平均人数同比增长	9.19	-0.97	10	5.09
工业销售产值同比增长	179.57	133.31	117.7	116.73
存货同比增长	56.97	0	44.12	0
产成品同比增长	40.74	110.02	36.86	54.53
资产合计同比增长	39.24	39.56	36.8	18.67
负债合计同比增长	40.25	73.86	36.06	22.77
主营业务收入同比增长	45.66	2.86	31.91	27.93
主营业务成本同比增长	48.43	-6.87	37.28	43.86
利润总额同比增长	45.68	-8.24	-23.57	-276

三、2013 年云南矿业形势展望

从国内看,2013 年是贯彻"十八大"精神的开局之年,各级地方政府谋化布局,落实"双倍增"目标,势必会把保增长放在更加突出的位置,经济增长的政治环境无疑将优于 2012 年。为稳增长,2012 年 9 月份以来国家有关部门陆续审批、核准通过了一大批基建投资项目，2013 年将是这些项目的重要建设期，这必然会带动钢材、水泥、电力等能源原材料需求有所回升。另外，中央经济工作会议明确提出 2013 年要积极稳妥推进城镇化，虽然中央明确要求着力提高城镇化质量，要把生态文明理念和原则全面融入城镇化的全过程，走集约、智能、绿色、低碳的新型城镇化道路，但在许多地方政府看来，城镇化意味着基础设施建设，意味着房地产开发投资。在进出口和固定资产投资增速双双回升的基础上，电力、有色金属、钢材、水泥等能源原材料需求增加，各种煤炭需求有望整体回升。

展望 2013 年，云南将加快推进经济结构战略性调整，推进多项重要领域的改革。调整结构将成为 2013 年的经济重点，云南作为全国城市化水平很低的省份，城镇化将成为经济增长、加速桥头堡建设的重要助推力，电力、有色金属、钢材、水泥等矿产品需要将大幅攀升，为云南矿业发展提供了新机遇和较宽松的环境。

（一）煤炭产业将平稳上升

2012 年 12 月 25 日，国务院办公厅发布了《关于深化电煤市场化改革的指导意见》（以下简称《意见》）。《意见》明确了未来电煤市场化改革的主要任务，其中主要包括建立电煤产运需衔接新机制，2013 年起取消重点合同，取消电煤价格双轨制，发改委不再下达年度跨省区煤炭铁路运力配置意向框架。尽管云南电力结构中水电比重较高，但火电仍有约 30% 的比例。《意见》是一个利好政策，加上云南炼焦、煤气生产、煤化工等对需求有增无减，有利于煤炭产业平稳上升。

（二）有色金属企稳求进

2012 年，受国内外宏观经济的牵累，云南省有色金属行业需求持续低迷，价格也出现不同程度的下跌，有色金属行业业绩明显低于全国水平。

2012 年 12 月 28 日，工业与信息化部发布了《2012 年中国工业经济运行报告》，指出随着基础设施投资加快、"十二五"国家战略性新兴产业发展规划和节能产品惠民工程的出台落实，对有色金属尤其是有色金属精深加工产品的消费需求将进一步加大。预计 2013 年云南有色金属工业整体运行环境将好于 2012 年，生产将呈稳定增长的态势，效益状况有所改善。

（三） 钢铁产业继续向好

回顾 2012 年的钢材市场，在世界金融危机、大宗商品价格高位震荡的不利经济环境下，中国经济增速出现一年多的持续回落，直接导致 2012 年国内钢铁市场出现回落走势，总体疲软。而云南钢铁产业业绩远好于全国平均水平。

2012 年末的中央经济工作会议明确提出："城镇化是我国现代化建设的历史任务，也是扩大内需的最大潜力所在，要围绕提高城镇化质量，因势利导、趋利避害，积极引导城镇化健康发展。"云南省大力推行城镇化建设，对于云南钢铁行业将是极大的利好消息。面对 2013 年钢铁需求呈现中等增长趋势，发展预期明显高于 2012 年。

（四） 非金属产业

非金属产业尤其是水泥行业与城镇化密切相关。在满足云南深入推动城镇化进程中所释放出的对建材业的刚性需求，为云南非金属产业发展提供了较大的发展空间。

四、2013 年对策

面对资源约束趋紧、环境污染严重、生态系统退化的严峻形势，党的十八大首先提出"美丽中国"，明确"必须树立尊重自然、顺应自然、保护自然的生态文明理念，把生态文明建设放在突出地位，融入经济建设、政治建设、文化建设、社会建设各方面和全过程，努力建设美丽中国，实现中华民族永续发展"。这对云南矿产业发展提出了全新要求。

云南省地处我国西部，蕴藏着丰富的矿产资源，生态环境较好，但又很脆弱，特别是三江地区，既蕴藏着丰富的矿产资源，又是世界自然保护遗产。云南既是我国重要的生态屏障，也是生态环境脆弱区。而云南矿产业是污染排放密集型产业，是治理二氧化碳排放的重点地区。从 2011 年来看，云南 GDP 废水为

16. 58 吨/万元，排在全国第 5 位；GDP 能耗为 1. 162 吨标准煤/万元，排在全国第 9 位；GDP 二氧化硫能耗为 7. 77 公斤/万元，排在全国第 8 位。显然，云南产业仍是粗放增长，对环境污染大，这主要是来自矿产业的排放。因此，云南矿产业给生态建设带来严峻挑战，转变云南矿产业的增长方式，成为 2013 年乃至今后一个时期的工作重点。

（一）加大力度发展矿业循环经济、低碳经济

一是加大优化矿业产业结构的力度，要以市场需求和经济效益为中心，并注重矿产资源的循环利用，近期是要拓展产业链，以加快发展有色金属、煤化工、磷化工及贵金属的深加工产品以及精细产品。二是加强矿业循环经济高新技术的研究，把循环经济理念贯彻到矿业生产的全过程。在矿产资源开采环节上，采用先进开采设备和开采技术，提高资源综合开发和回收利用率。三是实现能量的梯级利用、资源的高效利用和循环利用，提高资源的产出效益，依靠技术支撑矿业循环经济，开发并完善云南省矿产资源的采、选、冶、深加工，再生资源利用、排放物工艺，提高资源综合利用率，尽可能降低能耗与污染排放。四是抓好冶金（含有色）、建材、化工、火电、造纸等关键行业清洁生产，培育一批废物综合利用、污染物排放强度低的环境友好企业以及创建一批废水、废气、废渣、零排放企业。大力推进清洁生产，发展生态工业，构建循环体系，实现区域内矿产资源高效利用，把经济活动对矿产资源的消耗和环境的影响降低到最低程度。五是加强矿山环境保护和生态恢复建设，建立或完善矿山规划审批制度、矿山环境恢复治理保证金制度，严格矿山准入条件。

（二）提升矿业产业的集中度，实现集聚发展

鼓励云南铜业、云南锡业、云南铝业、昆钢集团、云南磷化集团等大型矿业企业以资产和资源为纽带，实施跨地区、跨所有制兼并、联合、重组，提高省内矿业的集中度，集中生产、集中治理，集约排放，提高矿业的竞争力和资源的利用效率与集聚效应。在西部大开发的一系列政策措施下，云南矿产业快速发展，形成了从矿产勘查、开采、选矿、冶炼到精深加工的完整产业链，初步建成了滇中、滇东北、滇西等各具特色的矿业基地。

（三）加大矿产业向周边国家转移的力度

云南矿产业中有色金属资源与黑色金属资源枯竭严重，日益制约着发展。以"采储比"为例，世界上一般认为该指标比较合理的区间是3%～5%，而当时云南开发程度最高的锡采储比也只有1.3%。因此，云南矿业企业在实现大发展的同时，也积极"走出去"开展国际合作，充分利用"两种资源"，开发"两个市场"。云南省地处东南亚前沿，与周边国家（缅甸、老挝、越南、泰国、柬埔寨等）的矿产资源具有很强的互补性，在多个成矿带有着成生联系，矿床类型大多相同或具有极大的相似性。这些国家的矿产资源十分丰富，特别是我国急需和紧缺的富铁、富铜、钾盐、金、银、锡、铂、钯等矿产均有较好的成矿前景，而这些国家地质工作程度极低，有巨大的勘查、开发、合作潜力。一是加大力度使云铜、云锡、云南冶金、昆钢等10多家云南矿业企业"走出去"，在东南亚、南亚及东亚的10多个国家开展矿业项目合作，建立资源基地。二是制定云南省周边国家矿产资源勘查开发发展目标，实现建立长期稳定的、可靠的国外矿产原料供应基地，优化矿产资源配置与合理利用，增强云南省矿业在国内外矿产品市场和资本市场中的竞争力，提高云南省矿产资源可持续发展保障程度。

（四）加大对国际矿业交易中心的扶持力度

云南要积极探索，面向全国，辐射东南亚、南亚，以矿业权交易和矿产品交易为基础功能，同时具备引导和带动矿业其他要素市场发展等延伸功能。继续加大对云南连接东南亚、南亚大通道建设力度，加大对矿业交易中心的软环境建设，为昆明国际矿业交易中心交易给予税收、补贴等优惠政策，吸引更多的国外矿业企业前来交易，做大昆明交易市场的规模，进一步提高国际知名度。

五、2012年云南矿产业大事记

（1）云南省副省长刘平在全省地质找矿暨推进矿产资源开发

整合工作会议上提出，到 2015 年，云南省新增资源储量：铜1 000 万吨，铁矿石 25 亿吨，金 200 吨、铝土矿 2 亿吨、铅锌矿1 000 万吨，钨 30 万吨、银 5 000 吨、锡 25 万吨、煤 20 亿吨，磷 2 亿吨、铀 2 万吨，使储量总经济价值新增 3 万亿元。

（2）3 月，《中共云南省委云南人民政府关于推动工业跨越发展的决定》提出，实现"工业 3 年倍增目标"工业增加值由2010 年的 2 604 亿元增加到 2013 年的 5 210 亿元；规模以上工业销售收入由 2010 年的 6 356 亿元增加到 2013 年的 1.3 万亿元；规模以上工业利税由 2010 年的 1 444 亿元增加到 2013 年的 2 800亿元。倾力打造"3 个 10 千亿工程"：培育近 10 户销售收入超千亿元的企业集团；打造 10 个销售收入超千亿元的产业园区；形成 10 个销售收入超千亿元的产业。

（3）7 月 3 日，云南省政府在昆明召开全省桥头堡建设暨稳增长冲万亿促跨越工作会议，强调把稳增长放在更加突出的位置，不折不扣地把中央和省委、省政府各项政策措施落到实处，确保全年经济社会发展目标顺利实现，推动桥头堡建设取得新成效。

（4）云南省地矿局抓住国家"找矿突破战略行动"和省"三年找矿行动计划"重大历史机遇，组织实施 12 项国家、省整装勘查、地质调查评价、重点勘查项目，鹤庆北衙、保山西邑、香格里拉红牛、金平长安、元阳大平等矿区的地质找矿取得重大突破。到 2012 年底，累计完成新增资源量：铜 147 吨、金 198 万吨、铅锌 333 万吨、银 2187 吨、铁矿石 3.88 亿吨、钒矿 30万吨。

（5）12 月 5 日，富源黄泥河镇上厂煤矿发生煤与瓦斯突出事故，49 名矿工安全升井，17 人遇难。

（6）云南省政府出台《关于加快推进煤矿机械化的意见》，要求到 2015 年底，全省列入规划实施机械化改造的煤矿，实现采煤机械化和掘进机械化的煤矿数量要达到规划数量的 100%。

（7）昆钢在面临前所未见的极限挑战中，降本增效，在咬住710 亿元目标组织满负荷生产，扩大港口交易，加大贸易量，做大经济总量，多管齐下主攻降本增效和扭亏为盈。

（8）作为云南省重点培育的 10 户千亿元企业集团之一，云天化集团转方式、调结构，以优化资源配置、提高企业素质为重点，加快推进集团恢复性增长，建设项目捷报频传。5 月，集团天鸿高岭矿业临沧 6 万吨/年煅烧高岭土项目竣工投产；6 月，水富煤代气技改装置试生产成功，云天化股份 26 万吨/年甲醇装置产出合格产品；7 月，金新化工 50 万吨合成氨、80 万吨尿素打通流程，两个月后连续生产出合格的尿素产品；重庆纽米科技的高性能锂电池微孔隔膜试生产及试销售进展良好，初步显现了良好的前景及效益；天创科技 3 万吨/年电子级磷酸项目经过优化调整及试生产，已生产出高品质电子级磷酸产品。

参考文献：

［1］张辛欣、王敏：《我国钢铁行业亏损加剧》，载《人民日报》2012 年 11 月 15 日经济版。

［2］《云南日报》2012 年 7 月 4 日、12 月 27 日、11 月 19 日。

［3］宋焕斌、张兵：《云南矿业可持续发展》，科学出版社2006 年版。

（作者单位：李岚，云南省社会科学院经济所；赵果庆，云南财经大学区域发展研究所）

2012 年云南旅游业发展报告

马建宇   睢   毅

2012 年是云南旅游业转变发展方式并实现又好又快发展的关键一年，是实施"十二五"规划承上启下的关键一年，是全面深入贯彻党和国家总体要求，落实好省委"稳中求进、好中求快、变中求新"决策部署的重要一年。一年来，云南旅游业以科学发展观为指导，牢牢抓住国家深入实施西部大开发战略和建设中国面向西南开放重要桥头堡的重大机遇，以建设"国内一流、国际著名"的旅游目的地为目标，认真贯彻落实《国务院关于加快发展旅游产业的意见》，全面推进《云南省旅游产业发展和改革规划纲要实施意见》的实施，着力扩大旅游消费，转变旅游发展方式，提高发展质量，提升服务水平，不断推进云南旅游产业跨越式发展。

一、2012 年云南旅游业运行情况

（一）各主要旅游经济指标高速增长

2012 年 1 ~ 10 月，云南省累计接待海外入境游客 736.96 万人次，与上年同期相比增长 16.47%，旅游外汇收入合计 166 019.73 万美元，与上年同期相比增长 28.18%；接待海外旅游者（过夜）392.41 万人次，与上年同期相比增长 17.68%，旅游外汇收入 146 632.03 万美元，与上年同期相比增长 30.13%；

接待口岸入境一日游游客 344.55 万人次，与上年同期相比增长
15.12%，口岸入境一日游外汇收入 19 387.70 万美元，与上年同
期相比增长 15.12%；接待国内旅游者 17 028.11 万人次，与上
年同期相比增长 22.06%，国内旅游收入 1 280.28 亿元，与上年
同期相比增长 25.33%；接待国内过夜游客 9 184.90 万人次，与
上年同期相比增长 20.97%，国内过夜游客收入 1 005.27 亿元，
与上年同期相比增长 26.39%；接待国内一日游游客 7 843.21 万
人次，与上年同期相比增长 23.36%，国内一日游收入 275.00 亿
元，与上年同期相比增长 21.62%；全省实现旅游业总收入
1 388.19 亿元，与上年同期相比增长 25.55%。各项指标均圆满
完成计划目标。（见表1）

表1　2012 年云南省旅游接待人数及旅游收入统计表

项　目	单　位	1~10 月累计	同比增长（%）
海外旅游者（含港、澳、台同胞）	人次	3 924 132.00	17.68
海外旅游者（含港、澳、台同胞）天数	天/人	7 862 292.00	30.23
旅游外汇收入	万美元	146 632.03	30.13
旅游外汇收入合计	万美元	166 019.73	28.18
国内旅游者 　其中：过夜游客 　　　　一日游游客	万人次	17 028.11 9 184.90 7 843.21	22.06 20.97 23.36
国内旅游收入 　其中：过夜游客收入 　　　　一日游游客收入	万元	12 802 763.61 10 052 737.71 2 750 025.90	25.33 26.39 21.62
旅游业总收入	万元	13 881 891.84	25.55

数据来源：云南省旅游局。

（二）各州市旅游经济发展情况

从表2可以看出，云南省旅游业总收入排名前四的州市依次
为昆明市、丽江市、大理州、西双版纳州（与 2011 年排名一
致）。其中，昆明市 3 559 459.72 万元一枝独秀排名第一，旅游

业总收入甚至超过了位于第二名丽江市 1 860 797.52 万元和第三名大理州 1 683 316.72 万元的总和。而排名最后的怒江州旅游业总收入还不及倒数第二名临沧市的一半，且差距还有不断拉大的趋势。迪庆州则以 58.17% 的超高增长速度取代了在 2011 年排名第五位的红河州，显示出强劲的增长与发展势头。昭通市以 54.86% 的第二增长速度在不断向前追赶。曲靖市与红河州则分别以 5.34% 和 8.96% 的增长速度成为增长最为缓慢的两个州市。

表2　2012 年云南省各州市旅游业总收入统计表

排序	州、市	单位	1~10月累计	同比增长（%）
1	昆明市	万元	3 559 459.72	16.01
2	丽江市	万元	1 860 797.52	40.27
3	大理州	万元	1 683 316.72	37.25
4	西双版纳州	万元	1 107 807.65	29.39
5	迪庆州	万元	885 598.96	58.17
6	红河州	万元	840 712.70	8.96
7	德宏州	万元	644 506.79	29.04
8	玉溪市	万元	555 925.21	12.81
9	曲靖市	万元	531 641.87	5.34
10	文山州	万元	455 266.86	18.09
11	楚雄州	万元	407 531.51	23.56
12	保山市	万元	371 391.97	14.62
13	普洱市	万元	355 267.26	44.72
14	昭通市	万元	336 924.67	54.86
15	临沧市	万元	197 199.38	16.77
16	怒江州	万元	88 543.05	11.27

数据来源：云南省旅游局。

（三）2012 "春节" 黄金周成绩喜人

2012 年 "春节" 黄金周全省共接待游客 744.3 万人次，比 2011 年 "春节" 黄金周（以下简称同比）增长 18.9%。其中，接待过夜游游客 168.3 万人次，同比增长 29.4%；一日游游客

575.9万人次，同比增长16.1%。"春节"黄金周共实现旅游收入39.4亿元，同比增长37.2%。传统旅游热点地区稳定增长，其中昆明市接待游客221万人次，同比增长16.1%；丽江市接待游客25.3万人次，同比增长8.4%；迪庆州接待游客16万人次，同比增长1.8%；大理州接待游客62万人次，位居全省第三，同比增幅近5个百分点。沿边州市增势喜人，其中红河州接待游客80.6万人次，接待游客净增12.6万人次；西双版纳州接待游客60.5万人次，接待游客净增33.9万人次；普洱市接待游客30.6万人次，接待游客净增3.9万人次。新兴旅游地区均有较大增长，保山市接待游客55万人次，同比增长22.8%。与此同时，楚雄、曲靖、玉溪等州市游客接待量同比增长较大，分别接待游客43.5万人次、45.9万人次、51万人次，同比增幅在30%以上。

2012年"春节"黄金周，全省23个主要旅游景区（点）7天内共接待游客94万人，同比增长2.7%。其中，泸西阿泸古洞接待旅客最多，接待游客8.7万人；昆明石林接待游客8.1万人，位居第二；世界恐龙谷接待游客7.8万人，位居第三；同时，云南民族村、孟仑植物园、腾冲火山热海等景区（点）接待旅客均超过了5.1万人。黄金周期间，民航共投入航班5 219个架次，同比增长2.7%，其中新增航班37个架次；运送旅客60.3万人次，同比增长12.9%。铁路共投入运力694个车次，同比增加了4个车次，运送旅客93.5万人次。公路共投入客车32万辆次，同比增长2.6%；运输旅客826.8万人次，同比增长44.8%。

据不完全统计，2012年"春节"黄金周期间，全省各州市自驾车旅游达285.6万辆次，同比增长14.3%。其中，旅游集散中心昆明自驾车旅游达81.8万辆次，居全省第一位；黄金周期间出入玉溪、红河、大理等地的自驾车旅游分别达到43.1万辆次、37.3万辆次、31.1万辆次；此外，楚雄、保山、普洱等州市自驾车也超过了15.6万辆次。

（四）中秋、国庆假期旅游井喷

2012年"双节期间"，全省接待游客854.13万人次，同比增长35.5%。其中，接待过夜游游客244.77万人次，同比增长21.1%；接待一日游游客609.35万人次，同比增长41.9%。全省实现旅游收入 46.37 亿元，同比增长 37.2%。2012 年的中秋、国庆假期，是实施重大节假日免收 7 座以下（含 7 座）载客车辆高速公路通行费政策的第一个长假，自驾游格外火爆。据初步统计，长假期间全省自驾车旅游达 510 万辆次，同比增长 169.8%。其中，进出昆明的自驾车约占全省总量的 3/5；玉溪、保山、红河等地自驾车旅游车辆均超过 35 万辆次，大理、曲靖、楚雄的自驾车旅游车辆均在 19 万辆次以上。

各地政府、旅游部门和旅游企业精心组织了大量百姓喜闻乐见的旅游节庆活动，营造了欢乐祥和的节日氛围。西双版纳、德宏、曲靖、昭通等旅游目的地，游客接待量快速增长，接待游客分别达到 45.8 万人次、36.3 万人次、48.7 万人次、31 万人次，同比增幅均在 60% 以上。与此同时，其他地区也呈现良好的增长势头，其中，昆明接待游客 181 万人次，同比增长 32.9%，位居全省第一；红河州游客接待量达 122.31 万人次，同比增长 41.1%，位居全省第二。另外，一些景区（点）门票价格下调引来大量游客。据统计，全省 23 个主要旅游景区（点）共接待游客 123.43 万人次，同比增长 32.7%。其中，昆明石林、丽江玉龙雪山接待游客最多，分别达 13.8 万人次和 11.4 万人次；云南民族村、世界恐龙谷等景区接待游客均超过 9.3 万人次。据初步统计，黄金周期间民航共投入航班 6 238 个架次，同比增加 153 架次；运送旅客 72.6 万人次，同比增长 4.1%。铁路共投入运力 920 个车次，运送旅客 183.4 万人次，同比增长 6.5%，直通客流主要集中在南宁、成都、重庆等周边省市。道路旅客运输投入客车 29.9 万辆，完成客运量 1 112 万人次。水路旅客运输投入船舶 6 712 艘，完成客运量 55.8 万人次。

二、2012 年云南旅游业发展成效显著

（一）领导重视，上级支持

近年来，在云南省委、省政府的坚强领导下，云南旅游业又好又快发展，已经成为云南的支柱产业，为云南经济社会发展做出了重要贡献，也为全国旅游业发展创造了宝贵经验。2011 年 5

月 6 日，国务院出台了《关于支持云南省加快建设面向西南开放重要桥头堡的意见》，将"推动云南旅游业跨越式发展"列为重要内容，明确了旅游业在云南桥头堡建设中的目标任务、发展重点和扶持政策，为云南旅游业发展带来了新的重大机遇，云南旅游业的发展前景无限美好。国家旅游局表示，国家旅游局将一如既往地支持云南旅游业，加大对云南旅游业综合改革工作的支持。支持云南在旅游产业创新发展上先行先试；支持云南进一步扩大旅游开放，充分抓住昆明新机场即将使用的契机，大力开拓面向东南亚、南亚、东北亚、北美、澳新和中国港澳台等重点客源市场；支持云南加快建设精品旅游线路和景区，加大重点旅游项目扶持力度；支持云南加快培养各类急需旅游人才。

（二）立足高端和特色，倾力打造云南文化旅游精品

按照建设一个旅游景区、一个旅游度假区、一个旅游小镇、一个现代新城的"四个一"要求，高标准定位、高起点规划、高质量推进、高水平推广十大历史文化旅游项目，倾力打造云南文化旅游精品。十大历史文化旅游项目即昆明古滇国历史文化旅游项目、广南县地母历史文化旅游项目、西双版纳南传上座部佛教历史文化旅游项目、大理国历史文化旅游项目、巍山县南诏国历史文化旅游项目、普洱市边三县茶祖历史文化旅游项目、玉溪市澄江帽天山古生物文化旅游项目、禄丰县恐龙文化旅游项目、元谋县古人类历史文化旅游项目、曲靖市三国历史文化旅游项目。该十大项目策划计划总投资规模近 1 000 亿元，初估用地规模达 4.05 万亩。目前十大项目策划初稿完成，且开始启动了招商引资工作。项目建成后将提供近 7 万个直接或间接的就业岗位，预计年总产出 390 亿元。目前，十大项目中已有古滇国、南诏国、大理王宫三个项目达成投资意向。6 月 29 日，诺仕达集团已与晋宁县政府就古滇国项目进行了签约，这标志着十大项目进入实质性实施阶段。

云南旅游主管部门立足高端和特色，聘请顶级规划机构、策划大师，进一步提高项目规划和策划水平，确保建设项目经得起历史、实践和人民的检验；充分考虑当地群众利益，听取群众意见，尊重群众意愿，赢得群众的理解和支持。在实施过程中，创新思路和举措，走政府规划引导、企业市场运作、社会广泛参与

的开发建设路子；积极开展文化产业招商，引入一批有实力、有专业、有业绩的品牌企业。

此外，昆明"七彩云南·古滇王国文化旅游名城"项目被列为全省十大历史文化旅游项目之首，落户昆明市南片区晋宁，项目选址用地总面积为 18 289.07 亩，计划总投资 220 亿元，将打造成 5A 级旅游景区，打造集"文化旅游、民族风情、生态旅游、休闲度假、会展商务、康体娱乐、科考探险、文化演艺、影视拍摄"为一体的全国知名历史文化旅游综合体。

（三）不断完善的基础设施，有力推进旅游业

旅游基础设施一直是制约旅游业发展的瓶颈。云南在解决这个瓶颈问题上力度大、效果好。突出表现在重点旅游城市的旅游功能和承载能力不断提升，拥有四通八达的立体化旅游交通，机场建设方面目前云南已建成 16 个机场，机场数量在国内可与京、沪、粤相媲美，堪称"空中旅游走廊"。

长水机场建成通航以后，成为西南地区的"空中桥头堡"，辐射中国西南周边地区 14 个城市，可以面向东南亚、南亚 18 个国家和地区，成为中国西南地区空中开发的最前沿。预计到 2015 年，长水机场的旅客年吞吐量将达到 2 400 万人次，2020 年达到 3 800 万人次，2035 年达到 6 000 万人次。正在运营的昆明长水国际机场是继北京、上海和广州之后的第四大国家门户枢纽机场，这也让昆明长水国际机场成为中国西部地区唯一的国家门户枢纽机场。作为"空中桥头堡"，昆明长水国际机场的转场运行对云南的旅游业具有重大的意义。

新机场构建起直飞东南亚、南亚主要城市及直飞欧洲、澳洲，经迪拜连通中东、非洲，经第三地连通北美洲的空中经济走廊，将为昆明旅游业的腾飞，把昆明建设成为区域性的国际城市，产生巨大的推动作用。旅游业的发展，需要通畅的交通；没有通道建设，就不能实现"旅速游缓"这一目标。长水机场的转场运行，将有效节约游客在交通上所花费的时间。此外，大量的国际航线的开通，将会为中国带来更多的入境游客。此外，新机场还拉动了昆明交通的改造，从昆明东部客运站到长水机场航站楼段的地铁六号线已经正式运行。同时，新机场还将带动其周边的官渡、嵩明建成航空城。

三、思考和建议

（一）高度重视发展休闲度假旅游

休闲度假旅游是当今旅游发展的趋势，也是充分发挥云南省资源和区位优势，提升旅游业质量和水平的重要选择。目前，云南省休闲度假旅游已经具备大发展的基础，要下决心推进全省休闲度假旅游迈上一个新台阶。一是发展度假酒店。2012年6月，省政府在丽江召开了酒店业发展大会，对发展度假酒店工作进行了专题研究部署，在发展休闲度假酒店、引进国际品牌管理、建设便捷服务酒店等方面出台了奖励政策。全省各地要围绕建酒店、树品牌、创特色、抓服务几个关键环节，大力引进国际品牌酒店，提升云南省度假酒店水平。同时，也要努力扶持、培育云南本土旅游酒店的核心品牌。二是开发温泉旅游。温泉旅游以健康养生为特色，正在成为21世纪旅游度假的一大热点。云南是全国地热资源最丰富的地区之一，已查明的温泉共有1 200多处，约占全国总数的1/3，数量居全国之冠。目前已经开发运营的西部大峡谷、腾冲热海、柏联SPA、红河弥勒湖泉生态园、安宁温泉等在国内外有一定知名度的温泉旅游项目，为云南省温泉旅游开发积累了宝贵经验。要把温泉旅游产品开发与休闲度假酒店建设紧密结合起来，依托丰富的地热温泉资源和良好的生态环境，打造提升云南温泉游品牌，逐步将云南建设成为全球温泉养生度假王国、高原SPA度假胜地和地热资源及温泉产业开发基地。三是开发以高尔夫球为引领的高端旅游产品。要顺应国际旅游发展趋势，在科学规划、合理布局、依法报批的基础上，规范发展高尔夫球场、大型主题公园等旅游项目，不断丰富、完善和提升云南休闲度假旅游的内容，提高旅游消费需求及水平。四是建设一批生态旅游区。按照保护优先、适度开发的理念，建设管理好国家公园试点项目，推进一批生态旅游区建设。

（二）不断加强人才队伍建设

2012年3月21日，全国旅游人才工作座谈会在云南昆明举行。会议总结了 2011 年旅游人才工作，并部署了 2012 年工作，旅游人才队伍建设的任务将更加紧迫。云南省旅游人才基础还比较薄弱，与旅游产业的两大目标不适应，与当前旅游业发展的态势不适应。旅游人才培养必须符合产业素质的要求、战略的要求，必须提高旅游人才的产业素质、文化品位，面向市场化、国际化，提高管理、服务水平。要进一步提高对旅游人才工作的重视程度，加大经费保障力度，确保旅游人才优先发展。进一步增强工作的主动性和责任感，加强沟通，及时交流好的经验做法和工作中的难题。并进一步开阔思路，加大改革创新力度，因地制宜，做好重点项目、重点培训的设计，提高人才开发效能。要实施人才强旅战略，抓好"十二五"人才规划落实。《中国旅游业"十二五"人才发展规划》对中央"十二五"人才规划体现得最充分。在落实工作中必须明确任务，优选工程，重点突破。还必须充分发挥政府职能作用，加强人才队伍建设。发挥政府政策公关的主导作用，发挥政府检查监督的指导作用，各级旅游部门要努力调动政府的积极性。

云南旅游人才工作的思路可考虑从以下几方面入手：一是转变发展方式，更多地运用法律法规、市场机制、标准规范等宏观管理手段，以转变工作方式促进发展方式转变，以队伍建设推动旅游业发展。二是统筹安排，突出重点。三是注重体制机制创新。要抓住一些体制难题，用制度创新激发人才活力，用政策引导、带动体制转型。四是立足整体开发人才，要"人才观"和"开发观"，加强与相关各部门的统筹协调，搭建可持续发展平台，努力形成"大开发"的工作格局。

（三）积极推进云南省面向东南亚、南亚、西亚的国际旅游合作

随着中国东盟自由贸易区的建成，尤其是我国面向西南开放桥头堡建设的推进，为提升云南旅游产业发展的国际化水平提供了千载难逢的发展机遇。我们要更加重视"引进来、走出去"相结合，加大旅游业对外开放合作的力度。

近年来，云南省与南亚国家的友好交往更加密切，南亚诸国对云南的认识也在日益加深。最近，云南省代表团出访孟加拉、斯里兰卡和马尔代夫三国，这些国家都非常重视与云南开展旅游

合作。马尔代夫总统还特别提到，要通过合作，使欧洲游客来到马尔代夫看海，再到云南观山，使更多的中国游客通过昆明—科伦坡—马累这一便捷航线来到马尔代夫，实现奇特的旅游体验。有关部门要抓紧跟进，加强与南亚国家旅游部门的联系与合作，使云南成为我国游客赴南亚旅游的中转站，使云南与南亚诸国之间互为旅游目的地、互为客源市场。同时，还要通过与南亚国家的合作，吸引第三国游客赴云南旅游观光、休闲度假。

巩固拓展与东南亚国家的合作。这是云南省多年来参与和重点推进的国际区域性旅游合作，目前已经有了很好的基础。要在合作机制、项目建设、线路设计、服务规范等方面进一步深化合作，加快推进西双版纳、瑞丽、河口、麻栗坡和腾冲五大特色沿边旅游区的建设，着力打造一批跨国旅游精品线路和国际性节庆会展品牌。还要积极整合区域旅游资源，在完善传统旅游线路的基础上，新开辟一批跨国旅游精品线路。值得一提的是，要更加重视与西亚国家的旅游合作。西亚国家海洋旅游资源丰富、民族风情浓郁，与云南省的互补性很强。昆明—迪拜航线的开通，为发展旅游提供了重要条件。要充分利用好这条航线，组织客源，策划线路，发展与西亚、非洲以及地中海沿岸国家的旅游合作。

（四）立足高端和特色，倾力打造云南文化旅游精品

各级各部门要广泛借鉴成功案例，按照建设一个旅游景区、一个旅游度假区、一个旅游小镇、一个现代新城的"四个一"要求，高标准定位、高起点规划、高质量推进、高水平推广十大历史文化旅游项目，倾力打造云南文化旅游精品；要立足高端和特色，聘请顶级规划机构、策划大师，进一步提高项目规划和策划水平，确保建设项目经得起历史、实践和人民的检验；要充分考虑当地群众利益，听取群众意见，尊重群众意愿，赢得群众的理解和支持。在实施过程中，要创新思路和举措，走政府规划引导、企业市场运作、社会广泛参与的开发建设路子；要积极开展文化产业招商，引入一批有实力、有专业、有业绩的品牌企业。十大历史文化旅游项目协调推进小组要建立联席会议制度，承担指导、规划、服务、管理、协调、监督等职能；相关州市政府是项目建设责任主体，要加强组织协调、服务保障和监督指导；相关职能部门要积极配合、全力支持，为项目建设提供良好的

服务。

据云南省旅游局介绍，十大项目策划计划总投资规模近
1 000 亿元，初估用地规模达 4.05 万亩。目前十大项目策划初稿
完成，且开始启动了招商引资工作。项目建成后将提供近 7 万个
直接或间接的就业岗位，预计年总产出 390 亿元。目前，十大项
目中已有古滇国、南诏国、大理王宫三个项目达成投资意向。6
月 29 日，诺仕达集团已与晋宁县政府就古滇国项目进行了签约，
这标志着十大项目进入实质性实施阶段。

旅游产业是富民强滇的重要产业，大力发展旅游产业，是贯
彻落实科学发展观，推动云南科学发展、和谐发展、跨越发展的
客观要求。近年来，云南省各州市按照省委、省政府的决策部
署，全力推进旅游"二次创业"，加快旅游产业改革发展，实现
了旅游产业大跨越、大发展，有力地促进了全省社会经济发展。
要坚定不移地把发展旅游业作为转变经济发展方式、调整经济结
构的重要抓手，奋发努力、开拓创新，全面推动云南旅游业转型
升级、提质增效，推进旅游重大项目建设，提升云南旅游业现代
化和国际化水平，激发云南旅游发展的潜力，建立适应现代旅游
业发展规律的管理体制和运行机制，营造旅游发展的合力，努力
实现旅游产业的新跨越，努力把旅游业培育成为云南省战略性支
柱产业和人民群众更加满意的现代服务业，为建设开放富裕文明
幸福新云南再立新功。

（作者单位：马建宇，云南省社会科学院经济研究所；睢毅，
云南省旅游局）

2012年云南生物产业发展报告

韩　博

2012年是实施"十二五"规划、全面贯彻落实省第九次党代会精神承上启下的重要一年，是推进桥头堡建设的关键一年。加快生物产业发展，既是我们主动抢占21世纪产业竞争制高点的战略选择，也是推动当前产业结构优化升级的现实需要。在全世界、全国加快发展战略性新兴产业，努力实现经济发展转型的宏观经济背景下，在国家加快培育和发展战略性新兴产业强劲号角的感召下，面对我省人口多、贫困面大、贫困程度深、能源耗费大，而煤炭、石油、天然气等不可再生资源储量又极为有限的实际，省委、省政府积极贯彻国家发展战略，利用我省作为国家"西南开放的桥头堡"的区位优势和"植物王国、动物王国、天然花园、香料之乡、药物宝库"的得天独厚的资源优势与发展条件，结合"生物王国"深厚的产业基础和广阔的市场前景，审时度势，果断决策，大力发展生物产业，从实施"18生物资源开发工程项目"到重视做好全省生物资源开发创新再到大力发展生物产业，把生物产业作为国民经济支柱产业倾力打造。生物经济得以快速发展，对实现农民增收、农业增效、财政增长，繁荣农村经济起到了无可替代的作用。

一、云南生物产业发展的现状

在漫漫的人类发展长河中，生物资源的开发利用始终起着基础性、关键性、根本性的作用。云南开发利用生物资源的历史非常悠久，据史料记载，云南是世界水稻、茶叶等作物的原产地。

20 世纪 50 年代，云南省就大规模地开发了橡胶、茶叶等产品，以后又以烤烟、甘蔗为重点，逐步培育形成了烟、糖、茶、胶等传统支柱产业，初步奠定了生物产业在全省经济发展格局中的重要地位和作用。

改革开放以来，特别是最近几年，各地各有关部门按照省委、省政府"扎扎实实打基础，突出重点抓特色"的思路和"巩固提高烟、糖、茶、胶等传统产业，大力发展畜牧、果蔬、马铃薯、花卉、食用菌、咖啡、中药材、特色经济林等优势产业"的要求，在税收、人才、项目、资金等方面不断加大扶持力度，生物产业呈现出增长速度快、发展势头好的良好局面。

云南重点发展的生物产业主要包括生物医药、生物农业、生物能源、生物制造、生物环保五个领域。根据我省实际，结合《云南省加快推进优势生物产业发展计划》和国家产业政策以及即将重点组织实施的一些重大专项的投资方向，我省提出的突出培育的 12 类优势生物产业分别为生物药、烟草、畜产品、蔬菜、茶叶、薯类、蔗糖、花卉、木本油料、天然橡胶、水果。

2011 年，云南省生物产业发展速度、质量和效益都有较大提升。生物产业统计综合年报表显示：2011 年，云南全省生物产业总产值达到 4 100 亿元以上，超额完成了年初确定的目标任务。全省生物产业种植面积突破 1 亿亩，从事生物产业企业达 6 243 家，从业人员超过 140 万人，工业产值达 2 150 亿元，销售收入 2 800 多亿元。招商引资签约项目 951 个，协议引进省外、国外资金 891 亿多元，实际到位资金 200 多亿元。同时，促成了 30 多项科研成果的转化应用。

（一）烟草产业

云南发展烟草产业的自然条件得天独厚，烤烟种植面积和产量均居全国第一，已率先实现产业化经营，并正在向现代烟草业迈进。2011 年，全省烟叶总量达 2 050 万担，烟叶生产在行业的战略位置更加凸显，云南省局（公司）实现税利 216 亿元，同比增加 36 亿元，增长 20.1%。云南烟草工商各项效益均创历史最好水平，迈出了由大到强的坚实步伐。云南中烟（含省外全资、控股企业）生产卷烟925万箱，省内卷烟企业实现税利843亿元，同比净增153亿元，增长22.23%，圆满完成卷烟市场规模1 000万箱以上、利润100亿元以上、单箱税利1万元以上"3个1"的目标。2012年1月9日，云南省委、省政府在昆明召开2012年烟草工作座谈会，省委书记秦光荣指出："烟草是云南经济发展的擎天柱，是城乡统筹发展的助推器，是产业结构调整的拉动力，是技术创新的生力军。今年是全面贯彻落实省第九次党代会精神的第一年，做好烟草工作意义重大。推动云南烟草科学发展和谐发展跨越发展，关键在跨越、重点在加快，烟草产业的实力、地位及其拉动、辐射功能，决定着它必须在云南省的跨越发展大业中扮演更重要的角色。为此，全省烟草系统要迅速行动起来，认清形势、抢抓机遇，奋勇争先、再创佳绩，提升发展质量和内涵，带动云南经济实现跨越式发展。"针对2012年和今后一段时期的烟草工作任务，秦光荣强调了六点要求："一要自加发展压力，着力推动目标任务再上台阶；二要优化品种结构，着力推动烟叶生产再上台阶；三要提升品牌排位，着力推动卷烟生产再上台阶；四要境外实体运作，着力推动国际市场再上台阶；五要强化自主创新，着力推动科技进步再上台阶；六要做大非烟产业，着力推动辐射带动再上台阶。"

（二）畜牧产业

云南具有优良的生猪、肉牛、肉羊等畜禽品种资源和丰富的饲草、饲料资源，并已形成配套的饲养技术体系和产加销一体化的经营格局，培养了一大批科学养殖专业户、重点户及畜产品深加工企业。2011年全省畜牧业产值808亿元，占农业总产值的35%，其中生猪产值占畜牧业产值的比重达72%，全省生猪存栏3 870万头，居全国第5；出栏4 991万头，居全国第9，云南已从过去吃外省冷冻肉，到现在每年调出1 000多万头生猪供给全国各地。2012年，我省围绕"提高畜牧业综合生产能力"这一核心，发挥山地常绿草原优势，依托分布在山地的2.29亿亩草原，启动"九个一百"工程打造山地牧业，即创建100个年出栏万头以上的生猪规模养殖场、100个存栏千头以上的肉牛养殖示范场、100个存栏千只以上的肉羊养殖示范场、100个存栏500头以上的奶牛养殖示范场、100个出栏10万羽以上的肉鸡养殖示范场、100 个存栏 10 万羽以上的蛋鸡养殖示范场、100 个万亩以上高原生态牧场、100 片万亩荒坡牧草化工程，培育 100 个销售收入超亿元的畜产品加工企业等，让畜牧业产业化的发展步子越迈越大。

（三）蔬菜产业

云南具有典型的山区小气候多样化特点和丰富的蔬菜种质资源，近几年常季与反季节无公害蔬菜迅速发展，已成为全国重要的南菜北调基地、供港澳基地和南方夏秋补淡基地。云南蔬菜以绿色、生态、返季冬早蔬菜为特点，已成为我国重要蔬菜产销基地。2011 年以来，云南蔬菜产业抓住云南被列入"南菜北运"农产品现代流通综合试点省份机遇，投入配套资金，建立和完善蔬菜流通体系，蔬菜生产发展已逐步形成规模化。目前。云南省共认定无公害蔬菜产地面积 370 万亩，无公害产品 335 个。现有从事蔬菜生产营销的农业专业合作组织、公司 900 多家，蔬菜加工企业达 347 家，加工能力达 150 万吨。"品种繁多，应有尽有""淡季不淡，旺季更旺"和"生态无公害"成为云南蔬菜的品牌优势和最大亮点。

（四）食用菌产业

云南有食用菌 300 多种，占世界种类的 1/2，见于市场的野生食用菌达百种以上。许多种类较为名贵，如干巴菌香味独特，松茸则大量出口日本、韩国等国家。全省年产松茸 3 000 多吨，其中出口 1 200 吨，年产牛肝菌近 10 万吨。截至 2012 年 9 月云南食用菌产品的出口额达到 1.37 亿美元，其中云南的四大名菌（松茸、块菌、牛肝菌、鸡油菌）占到了全世界食用菌一半以上、中国食用菌的 2/3，并形成了每年近 1 亿美元的食用菌出口市场。

（五）茶叶产业

云南是茶树的原产地，茶园面积居全国第一。云南茶叶是典型的生态茶，不仅上市时间早，1 月份就有早春茶上市，而且产茶时间长，一般到 11 月份才停采。云南茶产品按照有机茶叶标准生产，质量上乘，品种齐全，所产滇红、滇绿、普洱茶和沱茶在国内外市场享有盛誉。2012 年，全省茶叶产业按照省第九次党代会提出的新目标、新要求，切实采取有效措施，促进全省茶叶产业跨越式发展，茶叶面积发展到 570 万亩，茶叶总产量达到 27 万吨，工农业总产值达到 160 亿元。

（六）薯类产业

云南是全国薯类的主产省份之一，早在 1848 年前就有马铃薯的栽培记载，是中国种植马铃薯较早的省份，至今已发展成为继水稻、玉米、小麦之后的第四大作物，产量居全国第三，全年均有鲜薯上市。木薯耐旱耐瘠，抗多种病虫害，近几年在适宜地区发展较快。魔芋资源非常丰富，在全国 27 个魔芋种类中云南有 17 个种，占 63%，全国 8 个魔芋重点基地县中云南有永善、富源 2 个基地县。到 2012 年 9 月，薯类种植面积已经达到 1 200 万亩，产量达到 2 000 万吨，其中，马铃薯面积 1 000 万亩，产量 1 200 万吨；木薯 160 万亩，700 万吨；魔芋 40 万亩，100 万吨。云南薯类加工产值达到 120 亿元，总产值达到 200 亿元。

（七）生物药产业

云南药材种质资源居全国之首，全国查清登记的 6 000 多种药用植物之中，云南就占了 5 000 多种，是全国中药材主产区之一。全省已经建成三七、天麻、薯蓣、砂仁、杜仲、银杏、金银花、板蓝根、黄柏、黄连、红花、肉桂等规模化特色药材基地，打造了云南白药、排毒养颜胶囊、昭通天麻等一批知名品牌产品，"文山三七"获准地理标志证明商标注册。截至 2012 年，云南药材种植面积达到 300 万亩，产量达到 16 万吨，加工产值达到 200 亿元，总产值达到 250 亿元。

（八）蔗糖产业

云南光热条件好，甘蔗具有品质优、糖分高和生产成本低的优势，是全国第二大蔗糖基地，总产量约占全国的 1/5。目前，国家已将云南列入全国优质糖料基地建设规划和南方"双高"甘蔗糖料优势区。到 2012 年，云南甘蔗种植面积稳定在 470 万亩，蔗糖产量达到 250 万吨，加工产值达到 100 亿元，总产值达到 150 亿元。

（九）　花卉产业

云南凭借优越的气候条件、丰富的种质资源和良好的产业化发展基础，成为全国鲜切花产量最大的花卉大省，现已形成以鲜切花为主导，观赏苗木、地方特色花卉、花卉育种业和花卉加工业共同发展的产业格局。到 2012 年，云南花卉种植面积达到 70 万亩，特色花卉发展实现新的跨越，行业总产值达到 300 亿元。

（十）　木本油料产业

云南拥有木本油料植物 200 种左右，占全国可利用木本油料植物种类的 60% 以上。目前云南已经形成了以核桃、油茶、膏桐、油桐、油橄榄和澳洲坚果为重点，分类开发食用油、工业用油、生物柴油等产业发展格局。到 2012 年，云南木本油料种植面积达到 5 000 万亩，加工产值达到 300 亿元，总产值达到 400 亿元。

（十一）　橡胶产业

云南是中国继海南之后崛起的第一大天然橡胶生产基地，创造了大面积平均亩产干胶超过 100 公斤的奇迹。到 2012 年，云南橡胶种植面积稳定在 600 万亩左右，产量增加到 35 万吨，加工产值增加到 70 亿元，总产值超过 80 亿元。

（十二）　水果产业

云南果树种类达 7 科 75 属 133 种，种类之多为全国之冠，其科属占世界总数的 90% 以上，以亚热带、温带水果著名。到 2012 年，云南水果种植面积 450 万亩，产量 350 万吨，加工产值 30 亿元，总产值突破 90 亿元。

（十三）　木竹加工及浆纸产业

云南是中国四大林区之一，林海茫茫，竹波涌动。云南林业用地面积 2 380.79 万公顷，占全省土地总面积的 60.43%、全国林业用地总面积的 9.6%，列全国第三位。其中，有林地面积 1 287.3 万公顷，占全国有林地面积的 8.1%，列全国第四位；活立木蓄积量 14.2 亿立方米，占全国总蓄积量的 14.2%，列全国第三位。到 2012 年，云南木竹加工及纸浆总产值 300 亿元，其中，林纸种植面积 1 500 万亩，产量 130 万吨，加工产值 50 亿元，总产值 180 亿元；木竹加工产值 120 亿元。

（十四）咖啡产业

早在 20 世纪 50 年代，云南小粒咖啡就在国际市场上备受欢迎，被评定为咖啡中的上品。2008 年，全省种植面积 35 万亩，产量 2.9 万吨，加工产值 2 亿元，总产值 5.5 亿元，出口额 4 708 万美元。截至 2012 年 8 月底，云南咖啡行业协会同有关单位和部门做了详细调研，调查表明云南全省咖啡种植面积超过 100 万亩，提前完成了《云南省咖啡产业发展规划》的目标。

（十五）蚕桑产业

云南是古南方丝绸之路的要道，东汉永平年间就有桑树栽培和丝绸生产，滇缎曾驰名中外。近几年，随着国家"东桑西移"工程的实施，云南蚕桑有了长足发展。到 2012 年，云南建成基本桑园 150 万亩，年产鲜茧 9 万吨，带动农产 50 余万户，年产生丝 1 万吨、胚绸 150 万米，实现农户现金收益 20 亿元，农业总产值 28.5 亿元，行业总产值 50 亿元，出口创汇 500 万美元。

二、云南生物产业发展的劣势

2012 年云南省生物产业的发展将围绕力争实现总产值 4 800 亿元目标，着力推进"四个一批"建设。即，重点扶持一批起点高、规模大、带动能力强及具有较强创新能力和市场竞争力的生物骨干龙头企业，促进企业集团化经营；重点筛扶一批符合国家生物产业政策、对促进全省产业结构调整和产业升级具有引领作用的重大项目；重点筛选并力促一批具有自主知识产权、转化前景好、能提升产业发展核心竞争力的重大生物产业科技成果向现实生产力的转化；重点培育一批产业集聚度高、核心竞争力强、专业化分工特色显著的生物产业示范基地（园区），促进产业结构升级，打造产业集群，加速生物产业工业化进程。我省生物产业发展取得了辉煌的成绩和成功的经验，但从总体上看仍然存在不少困难和问题。生物产业的发展仍属于起步阶段，主要表现在以下几个方面。

（一）现代生物产业所占比重小，现有生物产品仍以原料和初加工产品为主，深度开发不够，产业链短

如云南的咖啡、坚果、木本油料等优势作物，在云南多是以原料加工出口为主，产业链延伸不够，精、深加工企业少，尤其是大规模、高档次、深加工的龙头企业缺乏，企业布局分散，产业集聚程度低，点多面广，配套能力差，辐射带动能力不强。

（二）科技研发与产业化体系不健全，企业技术创新能力和新产品研发能力弱，科技对产业支撑不力

技术创新投入不足，缺乏支撑发展的关键核心技术。2011 年云南省全社会 R & D 经费内部支出 56.1 亿元，全社会 R & D 经费内部支出占全省地区生产总值的比重为 0.63%。从全社会 R & D 活动的执行部门看，研究与开发机构 R & D 经费内部支出 14.9 亿元，比上年增长 5.22%；高等学校 R & D 经费内部支出 5.4 亿元，下降 1.65%。

（三）人才队伍匮乏

云南创新创业人才队伍总量不足，高层次人才、高水平产业人才匮乏。过去 10 年，云南人才增幅 3.1%，同期，四川人才增幅 6.8%、山东 11%、湖南 6%，与其他省份相比云南人才增幅较慢。

（四）市场融资渠道单一，社会资本进入不多，多渠道资金聚集对生物产业投入的格局尚未形成

随着市场经济的不断深化以及生物产业跨越式发展，未来几年生物产业的市场空间和市场潜力巨大。但云南当前缺少对生物产业市场开拓等问题的分析，还没有制定切实可行的政策措施保障，对市场的驾驭和把握能力不足。

三、云南生物产业发展的重点

当下，发展绿色经济是顺应时代可持续发展的主流，发展高原特色农业是结合我省实际对发展绿色经济的解读。在发展高原特色农业的发展范畴中，生物产业的地位居显要位置。发展生物产业，吻合了发展绿色经济的主旋律，符合了发展高原特色农业的基调，发展生物产业能最大限度地实现经济增长的质量、速度与效益的统一，经济发展与生态保护、社会进步的统一。要充分利用云南的区位和资源优势结合目前生命科学、现代生物技术、信息技术等高新技术研究成果，着力在生物医药、生物育种、生物制造和生物技术服务等领域，实现生物技术与云南优势生物资源的有机结合，取得关键技术和重要产品产业化的突破，把云南建成在国家具有重要影响的生物产业基地。

近年来，在我国强调转变经济发展方式、走可持续发展道路的政策背景下，发展人与自然和谐共处的绿色经济是中国转变经济发展方式的重要举措之一。绿色象征着生机与生命，它被"加工"成众多的新名词，如绿色产业、绿色革命、绿色贸易、绿色文化等，都在凸显人类与自然环境协同发展、和谐共进。

在 2012 年全国"两会"期间，全国人大代表、云南省委书记、省人大常委会主任秦光荣提出，通过发展高原特色农业，探索现代农业新路，补齐农业产业短板，增强农业竞争能力，促进农民持续增收。可以说，发展高原特色农业即是对发展绿色经济的一种解读，对云南探索现代农业新路、补齐农业产业短板、增强农业竞争能力、促进农民持续增收、推动云南跨越发展意义重大。

（一）云南生物产业发展的大背景

我国"十一五"规划纲要将生物产业列为实现重点跨越的重要领域。2009 年 6 月，国务院常务会议审议通过了《促进生物产业加快发展的若干政策》，在当前及今后的一个时期大力发展生物产业，使之成为我国经济发展新的增长力量、高技术领域的支柱产业。2011 年 3 月，十一届全国人大四次会议表决通过《中华人民共和国国民经济和社会发展第十二个五年规划纲要》，提出要推动重点领域跨越发展，大力发展节能环保、新一代信息技术、生物、高端装备制造、新能源、新材料、新能源汽车等战略性新兴产业，其中，生物产业重点发展生物医药、生物医学工程产品、生物农业、生物制造。生物产业作为云南重点发展的产业，云南生物医药产业到"十二五"末将实现"5111"发展目标，即重点培育 50 户大企业，100 个大品种，10 个大品牌，1 000 亿元的经济总量，力争把云南建设成为我国重要的现代生物医药产业研发、生产和出口基地。

（二）发展重点

生物农业领域。重点发展烟草、酿酒和畜禽、水产、蔬菜、水果、薯类、茶叶、蔗糖、花卉、咖啡、蚕桑、油菜等优势农产品精深加工，提升农业产业化经营水平；着力培育农业育种、生物农药、生物肥料、生物饲料和生物兽药产业，积极推广微生物全降解农用薄膜等绿色农用生物产品，促进现代农业加快发展。

生物林业领域。重点发展食用木本油料、橡胶、干果、木竹、食用菌、天然香料等特色林产品精深加工，推进特色林业及林下资源的合理开发和综合利用。加快林业新品种选育、野生动植物驯养、林产化工等产业化发展。

生物医药领域。重点发展中药、民族药、天然药物及保健品，加快发展化学原料药及制剂，积极培育生物技术药物、新型疫苗及诊断试剂，鼓励发展生物医学材料、生物医疗器械和基于药物研发的服务外包产业。

生物能源领域。重点发展以木薯、甘薯、芭蕉芋等为原料的非粮燃料乙醇和生物质致密成型固体燃料生产，稳步推进以膏桐、油桐籽、橡胶籽、蓖麻籽和地沟油等为原料的生物柴油发展，积极开展秸秆、林木剩余物、污水沼气、生活垃圾等生物质发电试点示范。

生物制造领域。重点发展木塑复合材料、热塑性淀粉塑料、淀粉基高分子材料等生物基材料，大力培育高附加值氨基酸、新型酶制剂等微生物制造产业，加快推进生物基化学品、糖工程产品的开发和规模化生产。

生物环保领域。重点发展高性能水处理絮凝剂、混凝剂、杀菌剂及生物填料等生物技术产品，鼓励污水处理、垃圾处理、废气处理生物技术产品的研发、示范和推广，支持保水剂、保土剂和抗重金属污染、以本地土著物种为主的生态修复功能型植物材料等产品的生产和推广使用。

四、云南生物产业发展的对策措施

（一）加大财政支持力度

各级财政要根据财力增长情况和产业发展需要加大对优势生物产业的扶持力度。省级财政要确保每年都新增安排财政预算内资金，重点用于扶持 12 类优势生物产业重点龙头企业的贷款贴息、科技创新、基地建设、品牌培育和市场开拓。按照"渠道不乱、用途不变，规划先行、突出重点，责任明确、协调配合，循序渐进、重点突破"的原则，省政府发展生物产业办公室要指导各部门按照职能分工提出实施优势生物产业推进计划的年度计划，整合各类资金，统筹组织项目申报实施，使各项资金相对集中、形成合力，提高生物产业发展资金使用效益。各州（市）、县（市、区）要以规划为基础，以项目为纽带，整合各部门、各渠道的相关资金，集中财力支持本地优势生物产业做大做强。

（二）加大金融支持力度

各级金融机构要根据优势生物产业推进计划的需要，创新信贷品种，改进金融服务，对符合条件的发展项目，采取小额贷款、直贷、银团贷款等多种贷款方式，加大有效信贷投入。加大对生物龙头企业上市培育力度，鼓励、支持和培育符合条件的生物企业通过发行股票和集合债券进行直接融资，拓宽企业融资渠道。积极研究组建我省生物产业投资基金，大力支持优势生物产业发展。建立和完善贷款信用担保体系，支持生物企业以专利技术为担保向银行贷款。积极探索产业贷款担保、贷款抵押的有效途径，鼓励担保机构开展产业贷款担保业务。涉农银行要大力发展小额信贷，积极发展适合农村特点和需要的各种微型金融服务，降低贷款门槛，简化贷款手续。商业银行和担保公司要积极建立支农贷款专项资金，积极做好对农民专业合作社的信用等级评定工作，加大对守信农民专业合作社的信贷支持力度。加快建立政策性生物产业与财政补助相结合的保险保障和风险防范机制，充分发挥财政资金的引导作用，稳步推进政策性生物产业保险试点工作。

（三）认真落实税收优惠政策

一般纳税人生产及销售用微生物、微生物代谢产物、动物毒素、人和动物的血液或组织制成的生物制品，可按简易办法，按照 6% 的征收率缴纳增值税，并准许开具增值税专用发票。企业从事花卉、茶叶、蚕丝、饮料作物、香料作物种植项目和内陆养殖项目的所得，减半征收企业所得税；符合条件的从事农、林、牧、渔业项目的所得，免征企业所得税。企业为开发新技术、新产品、新工艺发生的研究开发费用，符合条件的可在税前据实扣除的基础上，再按 50% 加计扣除。企业技术转让所得不超过 500 万元的部分，免征企业所得税；超过 500 万元的部分，减半征收企业所得税。对单位和个人从事生物技术转让、技术开发业务和与之相关的技术咨询、技术服务业务取得的收入，免征营业税。

（四）加强用地保障

加强土地承包经营权流转管理和服务，建立健全土地承包经营权流转市场，按照依法自愿有偿原则，允许农民以转包、出租、互换、转让、股份合作等形式流转土地承包经营权，发展多种形式的适度规模经营。鼓励有条件的地方积极发展生物产品生产专业大户、家庭农场、农民专业合作社等规模经营主体。积极落实国家促进现代畜牧业发展的有关用地政策，发展生物产业所需非农建设用地纳入当地土地利用总体规划并优先安排年度建设用地指标。

（五）加强组织领导

各部门要按照各自职能，密切协作，形成上下联动、统筹协调的工作机制，确保优势生物产业推进计划提出的各项目标任务落到实处。省政府发展生物产业办公室负责优势生物产业推进计划的综合协调、规划落实、督促检查和信息统计等工作，省工业信息化委牵头负责优势生物产品加工企业的扶持措施，省发展改革委负责落实扶持优势生物产业基础设施建设和高新技术示范项目，省科技厅负责组织科技研发和重大生物科技公关，省财政厅负责落实财政资金扶持的措施，省农业厅负责落实优势生物产品的规模化种植，省商务厅、供销社要加强优势生物产品的市场流通网络建设，省扶贫办要把发展优势生物产业作为产业扶贫的重要内容，银监会云南监管局要牵头落实信贷支持各项措施。

（六）认真抓好工作落实

各州（市）、县（市、区）人民政府应根据本计划提出的指导思想、发展目标和重点任务，按照因地制宜、扬长避短、突出重点、体现特色的原则，制定各地推进优势生物产业发展的方案和措施，促进当地优势生物产业又好又快发展。

参考文献：

［1］《云南省人民政府办公厅关于贯彻落实国务院促进生物产业加快发展若干政策的实施意见》，2012年5月10日。

［2］《云南省人民政府关于加快推进生物产业发展的意见》，云政发〔2008〕27号。

［3］《云南省加快推进优势生物产业发展计划》，2009年1月25日。

［4］秦光荣同志代表中国共产党云南省第八届委员会向大会作报告：《科学发展和谐发展跨越发展　为加快建设面向西南开放重要桥头堡而奋斗》，2011年11月25日。

［5］秦光荣：《培育壮大生物产业推动云南科学发展》，载《云南日报》2009年6月5日。

［6］《云南省生物产业发展规划纲要》（2006—2020年）。

［7］《云南省生物产业发展规划》（2009—2015年）。

［8］《国务院办公厅关于印发促进生物产业加快发展若干政策的通知》，中国政府网，2009年6月2日。

［9］张丽琴、钟利等：《云南省蔬菜外销现状及发展对策》，载《中国蔬菜》2012年7月。

［10］程猛：《促进云南经济结构实现战略调整的思考》，载《云南农业科技》2009年第5期。

［11］云南生物产业信息网（http：//www. ynswcy. cn/ index. asp）。

［12］《打造茶品牌　提升影响力　彰显茶优势——云茶产业驶入健康发展快车道》，载《云南经济日报》2012 年 4 月 18 日。

［13］《云菜：抱团发展突困境》，载《云南日报》2012 年 10 月 30 日。

［14］《育良种扩产能规模养殖　云南畜牧产业蓄势待发》，载《云南日报》2012 年 9 月 25 日。

（作者单位：云南省社会科学院经济所）

2012 年云南电力产业发展报告

罗荣淮

2012 年，由于持续旱灾的影响，水电出力严重不足、电煤供应继续紧缺、电力生产和供应持续紧张等不利因素，使云南省电力运行经历了严峻的考验。在省委、省政府的指导下，电力系统相继采取多种有效措施，攻克了各种难关。全省可再生能源发电装机比例不断增大，水电能力增强，西电东送电量同比较快增长，经济及电力生产运行情况总体良好，有效地保障了全省和"西电东送"需求，电网企业和主要水力发电企业经营状况良好，为确保全省经济社会的稳定发展做出了贡献，以优异的成绩向党的"十八大"献礼。

一、2012 年云南电力产业发展情况

（一）2011 年电力发展回顾

2011 年，云南省电力行业齐心协力，多措并举，克服了省内、省外和国外三个电力市场需求旺盛及能源紧张的压力，有效保障了全年电力供应。

1. 装机容量

2011 年，全省发电装机容量达 4 182.87 万千瓦。其中，火电 1 164 万千瓦，水电 2 953.82 万千瓦，新能源 65.05 万千瓦。全年新增发电装机容量 438.87 万千瓦，其中，火电新增 60 万千

瓦，水电新增 369.82 万千瓦，新能源新增 9.05 万千瓦。

2. 电力生产

2011 年，全省完成发电量 1 555.13 亿千瓦时，同比增长 13.9%。其中，水电完成 1 007.41 亿千瓦时，同比增长 23.79%；火电完成 536.06 亿千瓦时，同比增长 -1.89%。工业用电达到 930 亿千瓦时，占全社会用电量的 78%，同比增长 23%。云南统调完成发电量 1 250.99 亿千瓦时，同比增长 10%。其中，水电完成 760.08 亿千瓦时，同比增长 18%；火电完成发电量 481.62 亿千瓦时，同比减少 1.7%。

3. 电力供应

2011 年，受来水偏枯和电煤供应短缺影响，全省电力供应总体偏紧，全年限电约 32 亿千瓦时。

2011 年，云南完成售电量 1 313.59 亿千瓦时，同比增长 11.23%。其中，省内售电量 950.81 亿千瓦时，同比增长 17.46%。西电东送电量 323.03 亿千瓦时，对越南送电 39.76 亿千瓦时，对老挝送电 1.04 亿千瓦时。

2011 年，全社会用电量为 1 187.76 亿千瓦时，同比增长 18.37%。其中，第一产业用电量为 11.64 亿千瓦时，同比增长 11.71%；第二产业用电量为 954.4 亿千瓦时，同比增长 20.87%；第三产业用电量为 92.3 亿千瓦时，同比增长 42.61%；城乡居民生活用电 129.42 亿千瓦时，同比增长 -6.64%。工业用电达到 930 亿千瓦时，占全社会用电量的 78%，同比增长 23%。

4. 固定资产投资

2012 年，云南产力产业完成固定资产投资 130.67 亿元，其中，电网建设投资 109.91 亿元，小型基建投资 4.49 亿元，技改投资 14.37 亿元。实现营业收入 545.11 亿元，同比增长 10.06%，实现利税 49.36 亿元，完成经济增加值（EVA）6.03 亿元。截至 2011 年底，云南电网公司资产总额达到 769.4 亿元，资产负债率 77.15%。云南电网公司在南方电网公司 2011 年责任制考核中排名第一。①

_____

① 廖泽龙：《云南电网公司 2012 年工作会议报告》，云南电力网，2012 年 1 月 19 日。

（二）2012 年电力运行情况

2012 年，云南省电力工业运行主要呈现以下特点：电力生产安全稳定，受电煤供应及干旱的影响，前 5 个月水火电发电量同比减少，进入汛期，主要流域来水增加，水电发电能力增加。"西电东送"曲线不断优化，电力供应平稳有序。自 1 月 1 日起，云南省实行了有序用电方案，有效保障电网安全和可靠供电，同时云南省多次与广东省和南方电网协调，优化外送曲线，日均外送电量由上年同期 4 288 万千瓦时下降到 2 217 万千瓦时，1~3月省内最大错峰电力 98.8 万千瓦，最大日影响电量 1 784 万千瓦时，累计影响电量 8.02 亿千瓦时。进入 4 月份，随着澜沧江、金沙江上游融雪带来的来水增加，云南主力水电厂发电能力逐步上升，同时，火电厂电煤持续增加且供应稳定，全省发电能力较一季度稳步增加，已能满足市场用电需求。从 4 月 10 日起，云南省全面放开省内各行业用电。

1. 电源装机容量

截至 2012 年 9 月，云南省发电装机容量 4 619.8 万千瓦（完成年度计划的 96.2%①，新增电力装机 433.8 万千瓦），其中，水电 3 202.05 万千瓦、风电 115.85 万千瓦、太阳能 2 万千瓦，可再生能源装机占总装机容量的 71.86%。火电装机容量为 1 299.9 万千瓦，其中，统调火电 1 180 万千瓦，全部为脱硫机组，脱硝机组容量为 240 万千瓦。

2. 电力生产与供应

2012 年 1~9 月，全省完成发电量 1 237.34 亿千瓦小时（完成年度计划的 71.94%），累计发电量比去年同期增长了 7.5%。其中，可再生能源发电量 867.97 亿千瓦时（水电 851.32 亿千瓦时，风电 16.44 亿千瓦时，太阳能发电 0.21 亿千瓦时），同比增长 17.8%。火电完成 352.85 亿千瓦小时，比上年同期下降了 13.2%。其他发电量 16.52 亿千瓦小时。

2012 年 1~9 月，云南电网公司全资产口径售电量完成 1 030

---

① 2012 年 2 月 28 日，云南省能源工作会议提出：2012 年云南省能源产业力争完成投资 1 000 亿元，其中：电力行业 780 亿元；新增电力装机 600 万千瓦，累计装机规模达 4 802 万千瓦；全年完成发电量 1 720 亿千瓦时，省内自用电 1 320 亿千瓦时，"西电东送"和"云电外送"400 亿千瓦时，原煤产量突破亿吨。

亿千瓦时，同比增长 4.43%，完成年度计划的 71.74%。全社会用电 937.60 亿千瓦时，同比增长 6.9%。

3．固定资产投资

2012 年 1~9 月，全省电力工业完成固定资产投资 620.64 亿元，同比增长 28.8%，占全省工业固定资产投资总数（1817.65 亿元）的 34.20%，占全省能源工业投资总数（857.9 亿元）的 72.34%。

4．"云电外送"

云南对外电力合作实现了从小电量到大规模、从 10 千伏到 500 千伏的大跨越。"云电外送"大通道作为继公路、铁路、航运之外连接大湄公河次区域的第 4 条经济大通道，正发挥着越来越重要的作用。

2012 年 8 月，云南送出最大电力 955 万千瓦，创历史新高。截至 9 月底，云南电力累计向广东送电 290.8 亿千瓦时，同比增长 9.9%。累计送越南电量 218.4 亿千瓦时，累计电力贸易额近 10 亿美元。

1~9 月，云南省跨省跨区交易电量为 290.82 亿千瓦时，同比增长 9.94%。全网综合线损率为 5.37%，同比下降 2.89%。电力出口总额 1.35 亿元，同比下降 44.8%。

二、主要成绩与问题

（一）电力建设成绩显著

1．新能源建设加快速度

（1）风电产业快速发展。截至 2012 年 7 月，全省投产风电装机 97 万千瓦、在建风电装机 135 万千瓦、开展前期工作装机 370 万千瓦，完成投资 30 亿元。[①] 云南风电建设开创了全国高海拔山地风电场建设的先河，建成了世界海拔最高的风电场。"风水互补"日益显现，有效促进了云南电力汛枯矛盾的缓解。风电产业以"高起点、高水平、高质量"的要求快速发展，投产运营

---

　　① 云南财政厅：《2012 年 3~8 月云南省能源局重点工作通报》，云南省财政厅网，2012 年 9 月 20 日。

的风电场利用小时数远高于全国平均水平，发电效益显著。风电开发有效拉动了项目所在地固定资产投资，极大地促进了县域经济发展。例如，截至 2012 年 7 月，大理州随着风电项目开发建设力度进一步加大，以及功果桥、鲁地拉、龙开口电站建设的稳步推进，电力投资完成 52.3 亿元，增长 85.28%。[①]

（2）水电建设紧锣密鼓。第一，进入云南能源建设的 6 个水电建设前期重点项目。乌弄龙水电站、里底水电站、黄登水电站、大华桥水电站、苗尾水电站、金沙江中游梨园水电站已经开工建设。第二，全省计划开（动）工的能源项目已经动工的电力建设项目。包括金沙江龙开口水电站、鲁地拉水电站、500 千伏宁州输变电工程、500 千伏建塘输变电工程、500 千伏黄坪输变电工程、500 千伏太安变电站工程、威信云投粤电扎西能源有限公司 240 万吨/年观音山煤矿工程、观音岩水电站、500 千伏电网工程梨园阿海水电站送出工程。第三，澜沧江糯扎渡水电站工程顺利通过第二阶段（5 号导流洞下闸）蓄水验收。糯扎渡水电站是云南省内规模最大的水电工程，电站装机 585 万千瓦，多年平均发电量 239 亿千瓦时，水库总库容 237 亿立方米。它是云南省内综合利用最好、调节保证质量最高的水电站，具有多年调节能力，有效调节库容 113 亿立方米，防洪库容 20 亿立方米。景洪市因水电工程的建设，防洪标准从 20 年一遇提高到 50 年一遇以上，对澜沧江—湄公河的供水、灌溉、航运、旅游等综合效益的发挥具有重大意义。

2. 获得国家批准建设的项目多

（1）风电建设项目。2012 年 3 月，国家能源局下达云南省"十二五"第二批风电核准计划项目 28 个，装机 136 万千瓦。7 月底，国家能源局在全国范围为云南省增补风电核准计划项目 17 个，装机 84 万千瓦。至此，2012 年，国家能源局共下达云南风电核准计划 220 万千瓦，居全国第一位，可新增投资 209 亿元。

（2）水电建设项目。《国家发展改革委关于金沙江龙开口水电站项目核准的批复》（发改能源〔2012〕386 号）同意建设金沙江龙开口水电站，电站总装机 180 万千瓦，年均发电量 73.96 亿千瓦时；《国家发展改革委关于金沙江鲁地拉水电站项目核准

---

① 朱颖：《云南大理州固定资产投资完成 170 亿元》，云南网，2012 年 8 月 20 日。

的批复》（发改能源〔2012〕384 号）同意建设金沙江鲁地拉水电站，电站总装机 216 万千瓦，年均发电量 93.23 亿千瓦时；经国家发展改革委组织审查，《国家发展改革委、办公厅关于金沙江上游水电局规划报告的批复》（发改办能源〔2012〕2008 号）同意金沙江上游"一库十三级"梯级布局及资源规划方案，规划总装机容量 1 392 万千瓦，年均发电量 642 亿千瓦时；《国家发展改革委关于云南金沙江阿海水电站 500 千伏送出输变电工程项目核准的批复》核准阿海水电站送出工程，工程静态投资近 6 亿元。

（3）变电站建设项目。国家能源局《关于同意南方电网公司 2012 年第一批 500 千伏输变电工程开展前期工作的函》（国能电力〔2012〕210 号）同意 27 项 500 千伏输变电工程开展前期工作，其中，云南有 4 个项目，分别是七甸变电站、宁州变电站、砚山变电站、思茅开关站。

（4）争取中央资金支持项目。第一，农村电网改造升级中央资金。《国家发展改革委关于下达农村电网改造升级工程 2012 年中央预算内投资计划的通知》（发改投资〔2012〕395 号）下达云南省农村电网改造升级中央预算内资金 10 亿元，其中，云南电网公司 90 269 万元，保山电力公司 9 731 万元。农网改造升级工程的实施将进一步提高农网供电能力和供电可靠性。第二，无电地区电力建设工程中央资金。2012 年 3 月，《国家发展改革委关于下达无电地区电力建设工程 2012 年中央预算内投资计划的通知》（发改投资〔2012〕532 号）下达云南无电地区电力建设工程中央预算内资金 20 000 万元，其中，云南电网公司 17 788 万元，保山电力公司 2 212 万元。工程实施后可解决无电地区 10 191 户 37 633 人的用电问题，民生问题得到进一步改善。

3. 在建项目开展顺利

（1）投入运行项目。

第一，云南华电镇雄电厂一期新建工程投入运行。2012 年 1 月 1 日，云南华电镇雄发电有限公司一期工程#1、#2 号机组，分别于 2012 年 1 月 1 日和 2012 年 3 月 20 日通过 168 小时满负荷，顺利通过试运行，正式移交生产并投入运行。2012 年，镇雄发电有限公司一期工程 2 台 60 万千瓦机组均投产发电后，年发电量将达 60 亿度。

云南华电镇雄电厂一期新建工程是国家"节能减排、上大压小"项目，也是云南省"三个一百"重点建设项目。工程于2009年7月开工建设。机组锅炉是省内首台60万千瓦超临界发电机组，工程同步建设脱硫、脱硝及电场高效除尘器等设施，排放标准达到国家2015年新环保排放标准。投产了惠历输变电等63项110千伏及以上工程，新增变电容量683万千伏安，输电线路1 918千米。

第二，昆明空港经济区垃圾焚烧发电厂投产。2012年6月27日，昆明空港经济区垃圾焚烧发电厂投产通电。作为长水国际机场的重要配套项目之一，垃圾焚烧发电厂总投资3亿余元，占地100多亩，设计日处理量1 000吨，每小时可发电18 000千瓦时。

（2）开工的建设项目。

第一，边境电网建设项目。为支持边境地区经济社会发展，"十二五"期间，云南电网公司计划投资33.2亿元建设9个边境县（市）电网。截至2012年8月，累计完成边境地区电网建设投资7.1亿元。云南电网公司主要在9个边境县（市）开展110千伏及以上骨干电网建设，在河口、勐腊、瑞丽等边境县（市）分别实现与越南、老挝、缅甸等国电力联网的前提下，积极深化与周边国家电力合作；实施外送电力通道建设，改善边境地区多以水电为主且出力受季节性影响较大的现状。

第二，水电建设项目防汛安全工作的启动。为了确保2012年全省水电建设项目安全度汛，2月23日，云南省发展和改革委员会下发了《关于做好2012年全省水电建设项目防汛安全工作的通知》（云发改能源〔2012〕243号），并于3月21日在红河州蒙自市召开了云南省2012年度中小水电建设管理及水电建设项目防汛安全工作会议，全省水电建设项目2012年防汛安全工作全面启动。

（二）社会效应成效较好

1. 节能减排见成效

2012年1~9月，全省火电累计排放二氧化硫3.23万吨，同比减少1.35万吨。累计排放氮氧化物6.05万吨，同比减少0.53万吨。统调火电脱硫装置投运率为99.91%，二氧化硫排放达标率为 99.95%，二氧化硫排放平均绩效为 1.43 克/千瓦时，同比下降 7.45%。全省火电平均发电标准煤耗 309.60 克/千瓦时，同比下降 2.17 克/千瓦时。供电标准煤耗 334.33 克/千瓦时，同比下降 3.17 克/千瓦时。①

2. 户户通电显真情

2012 年 10 月 30 日，全省实现了"户户通电"。南方电网公司把解决云南剩余无电人口用电问题作为攻坚任务，共投入建设资金 19.3 亿元，克服地形险恶、交通不便等困难，解决了最后的 8.18 万户、36 万无电人口的用电问题，提前实现了南方电网公司"十二五"期间"户户通电"的目标。

3. 电价改革得实惠

云南居民阶梯电价政策于 2012 年 7 月起试行，每年有 7 个月执行统一的优惠电价。仅在每年 12 月至次年 4 月 5 个月的枯水期里实施阶梯电价，其他属丰水期的 7 个月实施统一的优惠电价。据预测，云南实施阶梯电价后，有近 78 万户居民每年户均少掏 83 元电费。

云南省阶梯电价的方案主要和本省水电资源的供给情况结合在一起，充分体现了云南水能资源丰富、水电比重大的特点，因此惠及百姓。丰水期电力供应充裕，应让百姓受益，所以，丰水期只设一档，且在价格上有所下调。而在枯水期，云南省主要电力来源是火电，电能较为紧张，且成本较高，所以，实行三档的阶梯电价，以鼓励合理节约用电。

同时，为充分发挥云南省丰富的水电资源在节能环保方面的积极作用，从价格政策上体现对"以电代柴""以电代煤"的支持，让资源地群众更多享受水电开发带来的效益，减少煤炭、柴火等一次能源消耗，促进清洁能源的利用。

（三）存在的主要问题与困难

1. 电煤供应不足

电煤供应不足是制约云南省近几年电力供应的主要因素，2012 年更为突出。

一是全省煤炭生产趋缓，煤矿开工率低，煤炭产量严重

① 云南省电监办：《关于云南省 2012 年前三季度电力行业节能减排情况的通报》，云南省人民政府门户网，2012 年 11 月 6 日。

不足。

二是周边省份采取限制煤炭出省措施，云南省部分依赖外省燃煤的电厂受到较大影响。

三是"小煤保大电"的情况依然存在，受矿难整顿、外省封关，以及煤化工、冶金、建材等行业用煤分流影响，电煤供应面临着较为严峻的形势。

四是煤质差问题没有得到彻底解决。煤质差问题导致火电实际发电量只有火电开机电量的78%，同时火电机组经过长时间连续运行后，故障停机的可能性较大。

2. 火电企业亏损问题突出

2012年1~8月，统调火电企业生产状况急速恶化，发电量仅完成291亿千瓦时，发电机组平均利用小时数只有2 634小时，与上年同期相比下降683小时。10家火电企业有9家处于亏损状态，亏损总额达17.47亿元，上年同期亏损4.43亿元，增亏13.04亿元。[①] 云南电力网数据显示，截至9月底，全省火电企业利润亏损21.43亿元，较上年同期增亏14.04亿元，呈现亏损状态。

亏损的原因主要有上网电价与电煤价格仍不匹配、设备利用率较低、电煤补贴等政策性资金迟迟未发放到位、环保标准提高带来费用支出加大等因素，加剧了火力发电企业的亏损程度。此外，缺乏流动资金也是影响火电运行的主要原因之一，目前，所有火电企业的流动资金均依靠借贷，现金流量净值远低于短期借贷数额，现金流极度短缺。

3. 连续干旱的影响

随着云南电力产业的不断发展，全省水电装机容量已接近3 000万千瓦，占全省发电装机70%以上。云南省遭遇三年连续干旱，各水电站蓄水不足，水电站枯期出力受限，持续拉水发电，水位有所下降。例如，受干旱影响，2012年2月全省平均降水量5.9毫米，较常年同期（24.0毫米）偏少近8成，澜沧江流域来水减少了约27%。

进入汛期后，省内各流域来水情况较好，但是，受水电调节能力有限等因素影响，汛期产生了部分弃水电量。1~9月，统调

---

① 云南省电监办：《火电企业经营状况急速恶化》，北极星电力网新闻中心，2012年10月8日。

电网累计发生弃水电量 13 亿千瓦时，弃风电量 0. 19 亿千瓦时。

4. 自然资源利用有待进一步开发

相关统计数据显示，云南太阳能年均总辐射量大于 5 500 兆焦，总资源量相当于 731 亿吨标准煤。云南风电能源总储量有 1.2 亿千瓦，经济开发量 3 000 万千瓦左右。云南省可开发风电装机达 3 300 万千瓦以上，而目前已开发的风电装机 100 万千瓦左右，仅占 3%，还有 97% 没有开发。

三、发展预测与展望

根据 2012 年前三季度运行情况分析，结合云南省发展计划要求，为确保实现省委、省政府制定的 2012 年全省经济增速达 12% 的目标，2012 年全省电力市场将继续保持旺盛需求，通过努力，可保障平稳供电。为此，对 2012 年全年最终实现程度进行预测和展望。

（一）电力需求预测

据有关权威机构预计，2012 年，全省电量需求为 1 780 亿千瓦时（发电侧），同比增长 14.4%。全年新增工业负荷约 300 万千瓦，新增电量需求约 60 亿千瓦时，新增工业项目主要集中于钢铁、铁合金、黄磷、电石、工业硅、水泥等项目，电气化铁路、地铁施工、电站施工等基础设施建设用电负荷增加也较多。新增负荷主要分布在昆明、曲靖、红河、玉溪、文山等地区。

（二）电力生产能力预测[①]

1. 发电装机

2012 年，云南省预计新增发电装机 600 万千瓦，其中，水电约 400 万千瓦，有近 80 万千瓦左右的风电。到 2012 年底，云南省装机 4 650 万千瓦，其中，火电 1 370 万千瓦（含企业自备电厂），水电 3 130 万千瓦，风电 150 万千瓦左右。

---

① 电监办：《云南省 2012 年电力供需形势分析报告》，云南电力网，2012 年 2 月 8 日。

2. 电力电量基本平衡

2012年，预计全年电力供需形势总体基本平衡，电量略有盈余，但仍存在阶段性缺口，呈现电力枯期有缺口、汛期有富余的情况。全省可上网电量为1 755亿千瓦时，低于总需求的1 780亿千瓦时。全省总体电量缺口为25亿千瓦时，汛期电量富余50亿千瓦时。

3. 社会用电

预计云南省2012年，全社会用电需求在1 350亿千瓦时左右，比上年增长10%~12%，省内新增工业负荷预计将有260多万千瓦投产用电。"西电东送"、越南送电和老挝送电将保持平稳态势。从全省装机规模看，2012年电力生产能够满足省内、省外和国外三个市场的需求。同时，由于水煤一次能源能否保障供给的影响，还存在着一些不确定因素。

4. 电网建设

2012年，全省电网项目列入投产计划的有68个。其中，500千伏工程17个，220千伏工程15个，110千伏工程36个。有34个工程计划在主汛期（6~10月）期间投产，对汛期水电送出将有一定影响。

（三）新能源建设步伐将进一步加快

1. 政策扶持力度大

《云南省战略性新兴产业发展"十二五"规划》明确提出，大力推进太阳能光伏、风能开发利用，做强太阳能光热利用产业，加快培育生物质能产业，大力加强重大应用示范和配套产业的发展，用10年左右的时间初步建立比较完善的新能源产业体系，将云南建设成为国家新能源发展示范基地。为此，云南省决定进一步加大政策支持，从2012~2015年省级财政每年新增安排3亿元，助推战略性新兴产业发展。

2. 多种新能源建设齐头并进

目前，全省已投产风电场16个，在建风电场25个，投产风电装机年内将突破100万千瓦，到2020年将建成38个风电场。除此之外，林业废弃物等生物质能源资源总量每年有2 000万吨。云南生物质能源发电项目已投产0.06万千瓦，开展前期工作装机11.7万千瓦。预计5年后，云南生物质能源发电装机将突破

20 万千瓦。

3. 储能技术有望获突破

为应对风电等新能源大幅增长对电网安全及消纳能力带来的挑战，保障新能源的健康持续发展，云南电网公司加强了风电新能源并网管理。云南电网从 2011 年开始着手研究超导磁储能技术，随着南方电网综合性超导试验室在云南电网的启动建设，云南电网正以国内一流的智能微网示范基地为依托，研究超导磁储能技术，今后的目标是突破超导磁储能系统研究应用的相关技术，实现国内领先，力争世界领先。

四、几点建议

（一）把握机遇，奋力开发新能源

1. 全面贯彻党的十八大报告精神，有序开发新能源

十八大报告指出，"推动能源生产和消费革命，控制能源消费总量，加强节能降耗，支持节能低碳产业和新能源、可再生能源发展，确保国家能源安全"，为云南发展新能源建设指出了方向。云南能源建设应抓住这个战略机遇，围绕清洁能源基地建设，促进能源建设的可持续发展。一是云南应坚持以加快水电开发为主，大力开发和利用新能源，形成水电、生物质能、风能、太阳能有序开发格局，培育新兴能源产业，发展低碳经济，建成现代清洁能源基地。二是进一步理顺管理体制，协调不同职能部门，合力推动新能源产业健康有序发展。云南应充分发挥电力在现代能源产业体系中的支撑作用，建立电力产业的新产品、新业态、新技术、新体制、新模式。

2. 以政策和资源为导向，促进能源与生态环境的协调发展

严格执行国家能源建设政策和生态保护政策，充分发挥云南资源优势，推进新能源变革，造就更具竞争力的能源体系。认真研究能源产业全新的变革特点和自身的发展条件，加快能源革命的创新步伐。一是在建设中重视能源发展和生态环境协调发展，特别注重煤矿产区的生态恢复、水电开采利用过程中的生态环境保护以及太阳能、风能、生物质能等新能源和可再生能源的开发

利用。二是继续加强排放标准的制定和监管，保障能源环境政策的可持续性。加强能源政策与环境政策的协调，避免能源和环境政策的不一致性。

3. 优化新能源与电网规划，拓展电力消纳渠道

一是坚持以科学发展观为指导，以积极服务经济社会发展为己任，不断提升电力服务保障能力。二是进一步优化新能源与电网规划，拓展电力消纳渠道，建设外送通道，不断提高大电网接纳、送出大规模新能源能力。三是促进电力产业与其他能源产业的协调发展，实现大电力、大能源基地的建设，进一步衍生新兴业务、延伸综合能源产业链，发挥电力产业在能源经济、社会经济、节能减排等方面的关键作用。

（二）多措并举，保障供电

1. 加大政策支持力度

结合云南桥头堡建设战略，为实现打造国家西南电力调配枢纽的战略目标，国家应加大云南电网建设改造资金的扶持力度，打造国家西南电力调配枢纽建设需要国家在投资项目、税收政策和财政转移支持等方面加大支持力度。不断改进和完善政策体系，逐步建立长期稳定的开发资金渠道，积极落实西部大开发中的各项政策，发挥政策的导向作用，创造良好的投资环境，充分调动开发者的积极性。同时，加快用电项目建设审批进度，扩大省内用电需求。

2. 拓宽融资渠道

打造多层次、多渠道、保障有力的金融支撑体系。一是广开渠道吸引多方面资金投入到电力建设之中。二是建立市场引导投资、企业自主决策、银行独立审贷等多种融资方法。三是建立健全宏观调控的融资体系，按照国家"新36条"规定，拓宽融资渠道。四是做好民间资本电力行业合理投资回报分析，积极引导和鼓励民间资本投入电力建设之中。五是积极协调财政、金融机构，为燃煤电厂在枯期提供短期贷款贴息，解决火电流动资金短缺问题，确保枯期不因缺煤停机影响全省电力供应。

3. 加大安全供电保障力度

加强电网运行安全监督管理，特别是加大枯期电煤保障力度，确保电力供应稳定。为居民客户及重点行业、重要客户和重

大项目建设提供可靠电力保障。加强对电煤合同执行情况的监管力度，确保合同电煤保质保量供应到位，加大对电煤掺假使假现象的监管力度。坚持"两条腿走路"原则，一是要加快转变发展方式，调整优化经济结构，全面推进节能减排。二是要不断优化电力结构，提升电力保障供应的能力，解决电力供需的结构性矛盾。

（三）适度增加汛期外送电量，调减枯期外送电量

1. 正确处理好防汛与蓄水的关系

高度重视水电站安全度汛工作，严格执行防洪度汛要求，处理好防汛与蓄水的关系，做好安全隐患排查工作。加大丰枯峰谷电价浮动幅度，在汛期适度降低水电上网电价和工业企业用电电价，力争不弃水和不窝电，确保可再生能源服务经济最大化。

2. 优化调度运行方式

适度调减枯期外送电量，增加汛期外送电量。开拓外送市场，充分利用南网平台余缺调剂功能，在省级或国家层面争取支持，力争与以火电为主的贵州实现水火互济，在"西电东送"份额上，枯期贵州多送电，汛期云南多送电，探索云贵电力互济及汛期向广西送电路子，加快以水电为主的绿色能源基地和跨区域电力交换枢纽建设。同时，尽可能实现可再生能源电量全额收购，全力支持新能源建设。

（四）加大研发力度，强化科技创新

1. 依靠科技创新提升电力产业发展水平

结合当前形势，云南应从国家战略高度，建立一套清晰的能源产业发展技术路线图，对全省进行技术指导，实现同步创新。用科学发展观引领改革和发展，助推云南电力产业突破国内市场剧变、实体经济受到冲击的困境重围。依靠科技创新提升电力产业发展水平，大力推广和采用新技术、新设备，全面提升云南水电、火电、电网和新能源开发的技术水平。引进先进水电技术，探索研究火电新技术，打造安全高效电网，跟踪新能源发展趋势，加强能源产业标准体系的研究。

2. 加强新能源消纳能力研究

按照云南省新能源发展规划，加强新能源前期、消纳能力及

大规模接入后电网运行模式的研究。探索并实施新能源高电压等级并网送出模式，有效解决新能源由于低电压分散接入方式"并网难"问题。开展风功率预测，研究分析新能源发电特性，提高新能源并网发电技术水平，促进新能源良性、可持续发展。

3. 探索建立保障电煤供应的长效机制

积极探索建立保障电煤供应的长效机制，在开展煤炭生产成本核算基础上，综合考虑煤炭生产成本、合理回报以及全省经济社会电价承受能力等因素，平衡好煤炭、电力及工业用电企业三者间的利益，合理确定分地区、分煤种的电煤价格，对电煤价格实行政府指导价管理，切实稳定电煤价格。

（五）探索电价市场化机制，加强蓄水存煤工作

1. 完善煤电联动政策

进一步完善煤电联动政策，清晰、明确煤电联动的触发启动点，加快形成客观反映实际到厂煤炭价格指数，调整燃煤电厂自行消化煤价上涨因素政策，在电煤价格涨幅超过一定幅度的情况下同步实行上网电价和销售电价联动。探索电价市场化，逐步解决"市场煤"与"计划电"的长期矛盾。有关部门应尽快落实电煤存煤补贴等政策性资金，使之早日到位，帮助火电企业渡过难关。

2. 加强蓄水存煤工作

一是认真组织好煤炭生产供应，履行好合同。二是加大各火电厂存煤的督查力度，提前开展电煤生产供应保障工作。三是尽力提前做好蓄水工作，在保障安全生产的前提下，统筹协调好水库发电、防洪和排灌的关系。

参考文献：

[1] 廖泽龙：《云南电网公司 2012 年工作会议报告》，云南电力网，2012 年 1 月 19 日。

[2] 云南省电监办：《云南省电监办关于云南省 2012 年上半年电力供需情况和下半年电力供需形势分析的报告》（云电监发〔2012〕145 号），中国电力信息公开网，2012 年 7 月 9 日。

[3] 南电力网：《云南前三季售电量突破一千亿度》，2012 年 10 月 22 日。

［4］ 云南省电监办：《关于云南省 2012 年前三季度电力行业节能减排情况的通报》，云南省人民政府门户网，2012 年 11 月 6 日。

［5］ 财政厅：《2012 年云南省能源局重点工作通报》，云南省财政厅网，2012 年 9 月 20 日。

［6］ 云南省电监办：《火电企业经营状况急速恶化》，北极星电力网新闻中心，2012 年 10 月 8 日。

［7］ 云南省电监办：《云南省 2012 年电力供需形势分析报告》，云南电力网，2012 年 2 月 8 日。

［8］《云南新能源风光无限》，中国风力发电信息网，2012 年 10 月 30 日。

（作者单位：云南省社会科学院经济所）

2012 年云南能源产业发展报告

宋 立

能源产业作为云南省仅次于烟草制品业的第二大支柱性产业，近年来不断发展壮大，能源建设加快推进，发展环境进一步优化，能源建设亮点突出，能源行业固定资产投资持续增长，能源行业效益持续向好，能源消费快速回升，清洁能源所占比例大为提高。

一、2012 年云南能源生产概况

（一）云南能源投资及能源生产概况

1. 能源投资力度不断加大

截至 2012 年 1~8 月，全省能源工业完成投资 730.6 亿元，同比增长 63.4%，占全省工业总投资的 46.8%，其中电力行业完成投资 526.6 亿元，同比增长 34.6%；煤炭行业完成投资 125.2 亿元，同比增长 90.3%；油气行业完成投资 78.8 亿元。这为我省"稳增长、冲万亿、促跨越"目标的实现发挥了重要的支撑作用。随着雨季结束，一批能源项目陆续上马，尤其是水电建设项目开工，预计全年能源投资将超过 1 000 亿元。

2. 电力建设有序推进

2012 年 1~10 月，全省统调电网累计新增装机为 476 万千瓦。截至 2012 年 10 月底，全省总装机 4 678 万千瓦，其中水电装机 3 234 万千瓦，火电及综合利用装机 1 330 万千瓦，新能源 114 万千瓦。预计全年水电新投产装机 520 千瓦，其中三江干流水电 460 万千瓦（含阿海电站 2×40 万千瓦，向家坝电站 1×80 万千瓦，糯扎渡电站 2 台机组 130 万千瓦），中小水电站 80 万千瓦。清洁能源、火电装机比为 71.6∶28.4。这是我省加快清洁能源基地建设工作中取得的又一个重要成果，也是拉开"十二五"期间三江干流水电站投产的序幕，同时还是把云南建成"西电东送"能源基地和"面向西南开放桥头堡"的生动体现。

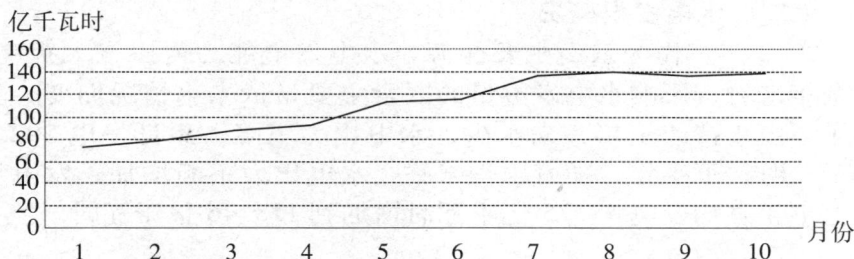

图 1　2012 年 1～10 月统调发电量

3. 煤炭生产稳定增长

2012 年，云南煤炭生产稳定增长。除 2 月份受节后复产进度影响，产量仅为 86.54 万吨外，其他月份基本保持在 900 万吨左右。电煤库存平稳，每月库存量基本保持在 200 万吨以上。1～10 月，全省累计生产原煤 8 526.7 万吨，同比增长 6.6%；生产洗精煤 995.6 万吨，同比增长 16.6%。在全省完成的原煤产量中，无烟煤 2 709.53 万吨，烟煤 4 224.61 万吨，褐煤 1 592.58 万吨。

4. 新能源建设取得成果

全省新能源主要以风电发电和太阳能发电为主。风电装机逐月增加，1～10 月，风电累计发电量 19.2 亿千瓦时，同比增长 160%。太阳能发电新增装机 2 万千瓦。2012 年前 10 个月，全省统调电网累计新能源总装机 114 万千瓦。

亿千瓦时

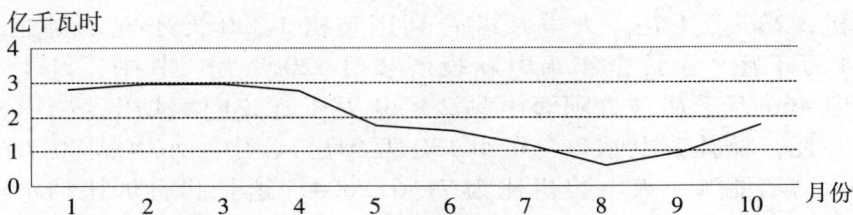

图2 2012年1~10月统调风电发电量

（二）水电发电概况

2012年，作为云南主要能源，水电发电能力得以较大提高。就全年来看，影响水电发电量的因素主要是依来水情况而变。上半年，由于持续干旱，来水少，水电出力下降，累计发电292.5亿千瓦时；下半年，随着雨季来临，水电出力不断增加，发电量从上半年月均发电48.75亿千瓦时增加到118.46亿千瓦时。

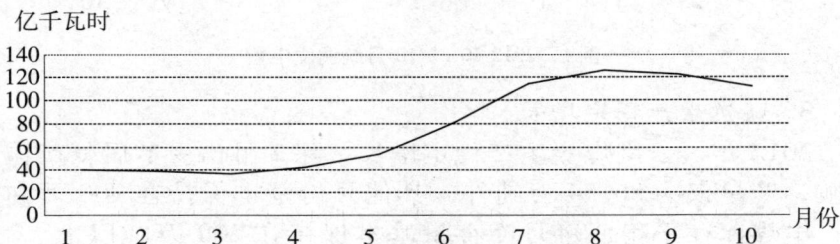

亿千瓦时

图3 2012年1~10月统调水电发电量

1月份，水电机组主要按来水情况发电，水电日均发电量仅为1.3亿千瓦时左右；2月份，持续干旱，来水形势偏枯，水电日均发电量1.33亿千瓦时；3月份，持续干旱，来水形势依然偏枯，水电日均发电量仅1.17亿千瓦时。整个第一季度，水电发电情况均不理想，水电利用小时数仅为533小时，同比减少147小时。

4月份，由于部分州市出现降雨及主要河流上游融雪性来水增加影响，来水形势较3月有所好转，三江干流水电发挥了重要作用。澜沧江功果桥、小湾、漫湾、大朝山、景洪，金沙江金安桥电站4月合计发电量为29.1亿千瓦时，占全省统调水电发电量的68.8%。5月份，由于全省出现大范围降雨，来水形势基本好转，大江干流水电中澜沧江功果桥、小湾、漫湾、大朝山、景洪，金沙江金安桥电站合计发电量为 36.1 亿千瓦时，占全省统调水电发电量的 67%。上半年，尽管全省连续 3 年大旱，但干流水电和火电投产占比大，枯期电力保障能力增强，加之 5 月后澜沧江、金沙江来水持续增加，累计水电发电量 380.5 亿千瓦时，同比下降 5.2%。

下半年，随着汛期来临，来水形势全面转好。小湾水库水位维持高位，至 10 月 31 日水位达到 1 240 米，总库容达 150 亿立方米，历经 3 年多时间达到工程设计的正常蓄水位，标志着这座世界第一高双曲拱坝达到正常运行工况，电站将由蓄水阶段转入正常运行阶段，将进一步发挥调蓄作用，为云南省及南方区域枯期发供电提供重大保障。至 10 月，大江干流水电中澜沧江功果桥、小湾、漫湾、大朝山、糯扎渡、景洪，金沙江金安桥电站合计发电量为 66.6 亿千瓦时，占全省统调水电发电量的 59.3%。1~10 月，全省累计大江干流电站发电量 457.7 亿千瓦时，占全省累计统调水电发电量的 60.2%。

（三）火电发电概况

上半年，由于水电来水少，出力受限，火电发电量明显增加，火电维持大方式运行，主要火电厂均开机运行。尽管全省连续 3 年大旱，火电投产占比大，发电能力提高，枯期电力保障能力增强，电力供应仍有盈余。上半年，全省全社会累计火电发电量 290.7 亿千瓦时，同比下降 3.6%。下半年，进入汛期，随着来水增加，一批大江干流水电陆续投产和水电发电能力增强，火电发电量逐渐减少。

从全年火电生产情况看，1 月份，由于负荷减少，以及为保证电煤库存，火电停机容量较多，日均发电量仅为 1 亿千瓦时左右，尤其是进入春节期间，火电最大停机容量达到 720 万千瓦，主要依靠水电出力满足电力需求，当月发电量仅为 31.1 亿千瓦时。2 月份，水电出力受限，火电机组发电压力较大，而且电煤质量较差，导致火电机组故障较多，巡检司电厂、镇雄电厂、阳宗海电厂等多台机组出现故障跳机。另外，受节后复产进度影响，电煤供应紧张，缺煤停机容量最高时达 360 万千瓦，最低时也达到 240 万千瓦，多台火电机组处于缺煤停机状态，为保证电力供应，火电发电仍不断加大发电能力，当月发电量提高到 37.5

亿千瓦时。3月份,受节后复产进度影响,电煤供应形势依然严峻,火电缺煤停机容量最高时仍达360万千瓦。但进入3月下旬后,由于水电来水持续较低,火电开机容量逐步增加,最高时达940万千瓦,当月火电发电量继续加大到49.2亿千瓦时。

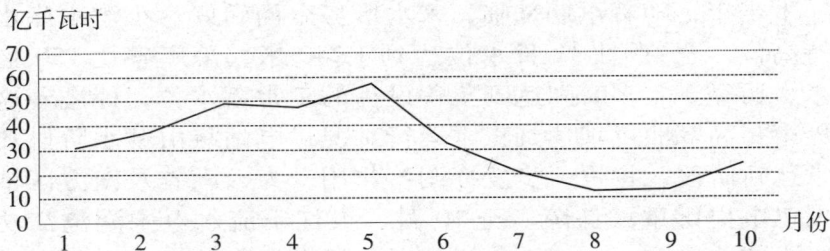

图4　2012年1~10月统调火电发电量

4月份,火电生产情况有所好转,火电日均发电1.59亿千瓦时,较3月日均1.56亿千瓦时有所增加。5月份,火电维持大方式运行,主要火电厂均开机运行,最高开机容量达到1060万千瓦。6月份,火电发电量达到全年最高值,为68亿千瓦时。

下半年,因汛期来水增加,水电生产能力大为提高,火电压力减轻,同时为了节能调度和机组检修,火电厂停机容量进一步增加,部分主力火电开始执行汛期检修计划,发电量和利用小时下降明显,火电发电量从5月份的高位57.2亿千瓦时持续下降到8月份的13.06亿千瓦时。进入10月后,由于汛枯期转换,火电发电机组增加,日均发电负荷由上旬的200万千瓦逐步回升到下旬的530万千瓦,日均发电量也由4600万千瓦时回升至1.21亿千瓦时。

(四) 煤炭生产情况

2012年,全省煤炭生产除2月出现产量大幅回落外,上半年总体呈现稳步增长态势,7月开始产量略有下降。1~10月,累计生产原煤8526.7万吨,同比增长6.6%;生产洗精煤995.6万吨,同比增长16.6%。在全省完成的原煤产量中,无烟煤2709.53万吨,烟煤4224.61万吨,褐煤1592.58万吨。

万吨

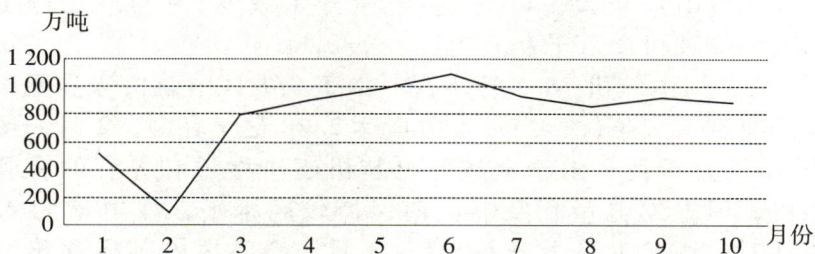

图5　2012 年 1～10 月煤炭产量

　　1 月，煤矿累计生产原煤 514.8 万吨，比上年同期增加 2%，全省商品煤库存量 185.6 万吨，比年初的 216 万吨减少 27.6 万吨，下降比例为 12.6%。2 月，由于煤矿复产程序复杂，节后煤矿复产进度较为缓慢，当月煤矿累计生产原煤 86.54 万吨，比上年同期大幅下降，较前月减少 83.2%，全省商品煤库存量 189.2 万吨。同时，受煤矿复产缓慢和贵州出省原煤封关影响，2 月总体进煤量持续低于耗煤量，电煤仍为"进少耗多"消耗库存状态。3 月份，随着相关措施的落实，煤矿复产复工取得较大进展，复产复工率达到 70% 以上。到当月底，全省复产煤矿 658 处，原煤生产 795.8 万吨，同比上年增长 35.9%，环比 2 月增长 10.3%；电煤库存企稳回升，月底全省电煤库存 216.8 万吨，比年初的 356.5 万吨减少 139.7 万吨，较 2 月末的 213.6 万吨增加 3.2 万吨，电煤库存基本保持稳定。

　　4 月，随着煤矿复产工作有序推进，全省复产煤矿 853 处，复产复工率达到 75.4%，生产原煤 906 万吨；电煤库存 221.8 万吨，电煤供需基本平衡。5 月，全省复产煤矿达 901 处，复产复工率达到 80%，生产原煤 982.1 万吨；电煤库存保持稳定，电煤库存 218.06 万吨。上半年累计生产原煤 4 941.15 万吨，同比增长 11.3%。

　　下半年，煤矿复产工作继续有序推进，煤炭生产和消费逐步回升，电煤库存持续增加，煤炭生产正常。截至 11 月中旬，全省电煤库存 502.34 万吨，可维持满发天数为 33.5 天。

（五）风电及太阳能发电装机容量不断加大

　　2012 年，全省风电装机逐月增加，截至 10 月份，风电累计发电量为 19.21 亿千瓦时。风电发电量随季节天气影响而变化，春、秋季发电量较大，4月后发电量开始减少，9月开始逐步增加。太阳能装机2万千瓦。

1月，风电装机78.5万千瓦。由于全省风电装机逐步增长和冬春的有利天气条件，当月发电量达2.78亿千瓦时。2月，风电装机81.5万千瓦。由于全省风电装机逐步增长和冬春的有利天气条件，风电发电量和发电负荷保持较高水平，发电量为2.94亿千瓦时，环比1月上升5.8%。3月，全省风电装机逐步增长和冬春的有利天气条件，风电发电负荷和发电量屡创新高，最高发电负荷达73万千瓦，发电量达到全年最高的2.75亿千瓦时。一季度，全省风电利用小时达974小时，较2011年和2010年分别增加69小时和46小时（见图2）。

4月，全省统调电力风电累计发电量11.4亿千瓦时，同比增长165.1%。由于风电装机持续投产和气象条件有利，全省风电发电量仍然较高，最高发电负荷达73.8万千瓦，最高日发电量达到1 379.5万千瓦时，占当日全省日发电量的4.4%。5月底，统调风电装机87.08万千瓦，统调风电发电量1.75亿千瓦时，同比增加150%。但进入5月后，风力逐步减小，风电发电量有所减少，风电日均发电量仅为566万千瓦时，是4月平均水平的61.7%。

下半年，风电发电量进一步减少，风电月发电量由最高的3月份的2.96亿千瓦时降到8月份的0.58亿千瓦时。进入10月，由于开始进入秋冬季节风力加大，加之投产装机不断增长，风电发电量也逐步上升，最高日发电负荷继4月后再次达到73.2万千瓦的水平。截至10月，风电平均利用小时为1 826小时。

（六）成品油供应充足

2012年，成品油供应可以满足市场需求。上半年全省成品油销售量逐月增长，下半年有所回落。市场需求主要因季节及传统假日影响较大，3月、4月是成品油传统的销售旺季，春耕、工程基建等工农业生产用油明显增加，汽油、柴油需求保持旺盛，企业增加成品油资源购进量。5月以后需求转淡。6月，随着国家出台一系列稳增长政策，成品油供应有所增长。9月开始逐步进入销售旺季，成品油库存开始下降。按照1～8月日均销售量计算，月底库存可维持销售天数分别为：柴油12天左右，汽油4

天左右。截至 9 月 11 日，全省两大集团成品油库存持续下降至 29.08 万吨，其中，汽油 8.67 万吨，可供应 9.9 天；柴油 20.4 万吨，可供应 10.3 天。

二、2012 年云南能源消费情况

（一）电力能源消费

2012 年 1～10 月，全省电力能源消费前 5 个月基本处于低位，统调电网月平均售电 82.48 亿千瓦时，6 月份起开始明显增长，月均售电 137.54 亿千瓦时。

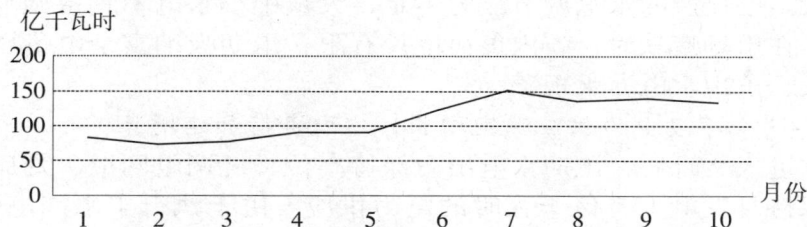

图 6　2012 年 1～10 月电网售电

1. 前 2 个月全省电力需求不旺，电力供应出现缺口

1 月份，市场需求下降，电网售电减少，统调电网完成售电 83.5 亿千瓦时，同比负增长 13.9%。其原因主要有：一是由于春节放假因素，黄磷、有色金属、水泥等部分行业放假停产；二是昭通地区受线路结冰影响，电石生产厂部分停产；三是水泥和钢铁行业受房地产调控因素影响，用电需求不足，全省用电负荷较往年大幅减少。进入 2 月后，虽然开工率相较于上年降低了 8.12 个百分点，但用电负荷逐步回升，电力需求有所增加。同时，由于全省旱情严重，水电因来水少、出力不足，煤矿复产缓慢，电力供应出现缺口，全省开始出现错峰限电。昆明、曲靖、红河等 9 个地区陆续有不同程度的错峰，主要行业用电负荷比上年同期正常水平减少 25 万千瓦，其中，黄磷企业除拥有自备电厂的企业还有生产外，均停产让电；电石、铁合金企业均有一定程度的错峰，钢铁、水泥企业也进行了一定程度的错峰。但受市

场拉动，用电量仍较上月有所上升。

2.3~5月电力供应形势好转，电力需求仍然低迷

到3月份，全省主要行业用电负荷443.6万千瓦，开工率57.6%，同比下降12.5个百分点。从4月份开始，由于电力供应形势有所好转，全省放开供电，电力需求开始回升，主要行业用电负荷逐步增加，开工率恢复到62.4%，增长最为显著的是黄磷行业，用电负荷44.2万千瓦，开工率为33.3%。进入5月后，电力需求仍然不旺盛。

3.6~8月电力市场疲软，水电弃水增加

到6月末，云南电力装机中清洁能源、火电装机比为71.7∶28.2，清洁能源占比远高于全国平均水平。虽然水电占比大对节能减排具有积极意义，但全省电力生产受气候因素的影响较大。已投产的水电调节能力不足，大量中小水电不具备调节能力。在市场疲软时，省内负荷增长有限，汛期吸纳富余电量压力增大，出现水电弃水现象。

4. 三季度电力供应稳定增长，省内负荷加速增长

进入9月后，汛期水电出力保持高位，统调电网继7月后继续保持月发电135亿千瓦时的电力供应。由于执行丰水期电价，加之稳增长政策措施，省内电力需求快速回升。进入11月后，省内电力需求持续强劲增长。截至11月12日，日最高供电负荷共创13次新高，达1350.6万千瓦，日均供电量达2.85亿千瓦时。

（二）电力能源消费市场结构

云南电力能源消费市场主要有三块：一是省内消费，二是"西电东送"，三是送越南。1~10月，云南电网公司统调累计售电量1095.8亿千瓦时，同比上升5%，其中，省内售电量731.9亿千瓦时，同比增长2.3%；送广东电量345.9亿千瓦时，同比增长16%；送越南电量17.4亿千瓦时，同比下降50.4%。省内消费、送广东及送越南分别占比为68%、31%和1%。

省内售电
68%

送广东
31%

送越南
1%

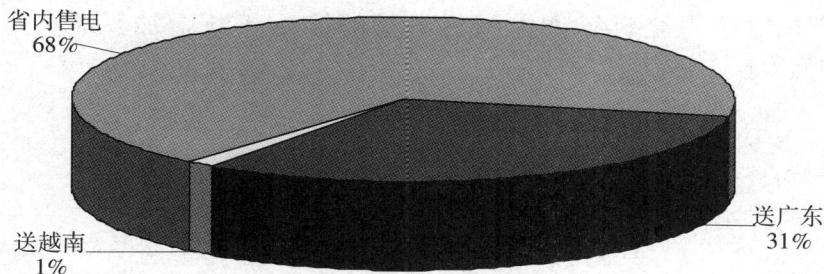

图 7 全省电力能源消费占比结构图

1. 省内电力消费市场不振，消费量波动较大

从用电需求看，1 ~ 10 月省内用电量呈正弦曲线波动，影响因素主要有：一是前 3 个月，受节假日放假开工率不高及电力供应不足影响，省内用电量呈下降走势；二是进入汛期后，虽然水电出力大大增加，省内供电充足，但受市场总体下行影响，主要用电行业开工率仍然偏低，工业硅、钢铁、水泥、有色金属等企业用电意愿不强，计划的大工业用能项目不能按期投产，市场负荷培育较为困难，省内电力需求增长较为有限，每月电力消费基本上在 60 亿 ~77 亿千瓦时之间徘徊。

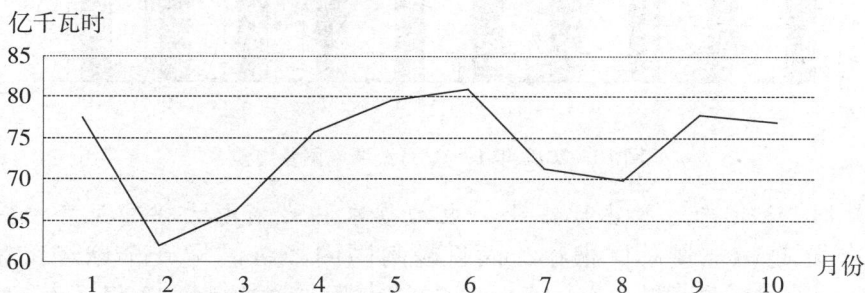

亿千瓦时

图 8 2012 年 1 ~ 10 月省内电力消费

2. "西电东送"前低后高，电力需求不断增加

送广东电力，前 3 个月基本与省内用电情况类似。进入 4 月份，在省内需求不足的情况下，"西电东送"的市场拓展为省内富余电力的消纳和电力行业效益回升发挥了重要作用，送广东电力不断增加，送电量从 1 月份的 4.43 亿千瓦时提高到 8 月的 65.4 亿千瓦时。其中 8 月 4 日，"西电东送"负荷再创新高，最高时达 955.1 万千瓦，"西电东送"线路全天实现满负荷运行。

送广东电量占全省统调电网售电量的比重不断增加，最高时达到 47.7%。

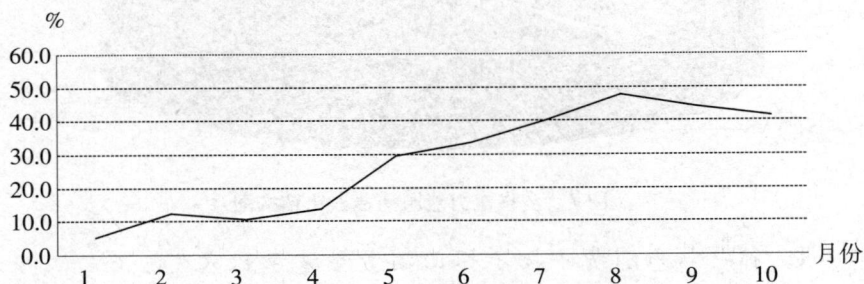

图 9　送广东占比

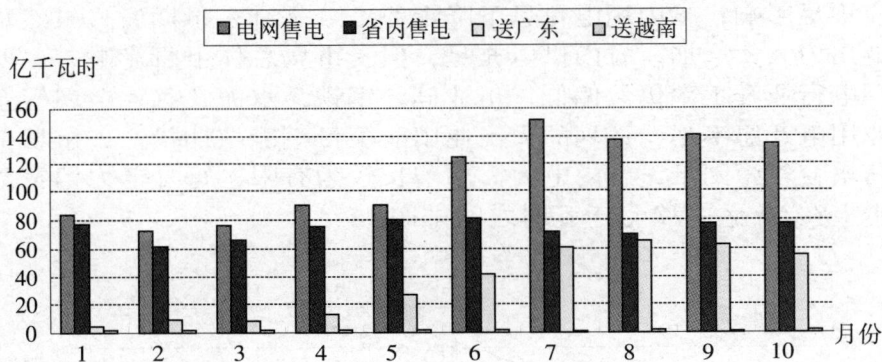

图 10　2012 年 1~10 月统调电网售电量

3. 送越南电量占比很小，电力需求与我省电力供应呈负相关

送越南电量总体很小，而且越南国内经济同样受全球经济影响，用电需求不振。1~10 月，向越南累计送电 16.22 亿千瓦时。此外，越南主要电力是水电，丰枯水期电力需求与我省电力供应呈负相关。

亿千瓦时

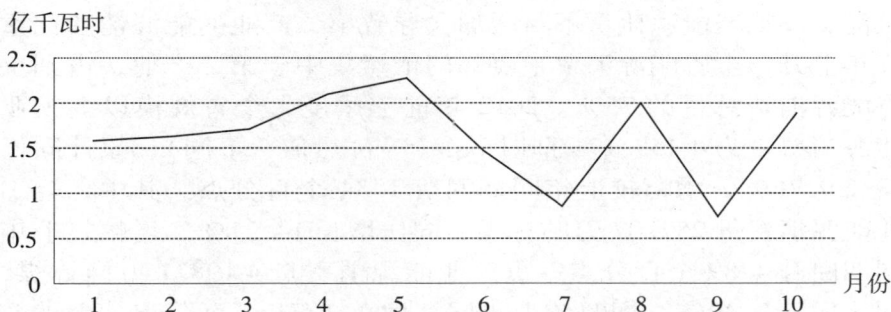

图 11   2012 年 1 ~ 10 月送越南电量

三、云南能源消费特点

（一） 能源消费主要用于工业生产，重工业能源消费量占比最大

在能源消费结构中，云南省主要以产业用能消费为主。分产业看，前三季度，第一产业用电量为 8.32 亿千瓦时，同比增长 0.31%。第二产业用电 741.36 亿千瓦时，同比增长 4.79%，其中，工业用电 725.55 亿千瓦时，同比增长 5.03%；建筑业用电 15.81 亿千瓦时，同比增长 - 5.23%。第三产业用电 79.23 亿千瓦时，同比增长 16.9%，其中交通运输、仓储和邮政行业用电 14.89 亿千瓦时，同比增长 4.84%；居民用电 108.69 亿千瓦时，同比增长 15.95%，其中，城镇居民用电 64.82 亿千瓦时，同比增长 26.41%，乡村居民用电 43.87 亿千瓦时，同比增长 3.32%。

图 12   2012 年前三季度三次产业用电量占比

第二产业仍然是主要的用能产业。随着工业化进程加快，高

载能工业消费能源比重不断增加，导致第二产业的能源消费比重逐年上升，全省能源消费主要部门依然集中于第二产业，占到全省能源消费总量的75%。2012年前三季度，全省规模以上工业能源消费量为4 455.17万吨标煤（等价热值，下同），累计同比增长9.76%，增幅较上年同期回落1.34个百分点。其中，轻工业能源消费量257.07万吨标煤，同比增长14.31%，增幅较上年同期回升4.89个百分点；重工业能源消费量4 198.1万吨标煤，同比增长9.49%，增幅较上年同期回落1.73个百分点。重工业能源消费仍然比重最大，占全省规模以上工业能源消费的94.23%，较上年同期回落0.45个百分点。

（二）电力热力、金属冶炼等高耗能行业是能源消费大户

前三季度，全省规模以上工业企业中，电力、热力的生产和供应业、黑色金属冶炼及压延加工业、化学原料及化学制品制造业等六大高耗能行业能源消费量为3 832.27万吨标煤，同比增长8.13%，增幅较上年同期回落3.29个百分点。六大耗能行业占全省规模以上工业能源消费总量为86.02%，增幅较上年同期回落0.97个百分点。六大耗能行业中，除电力、热力生产和供应业同比下降2.98%外，化学原料和化学制品制造业增长7.72%，非金属矿物制品业增长12.49%，黑色金属冶炼和压延加工业增长8.93%，有色金属冶炼压延加工业增长9.55%，石油加工、炼焦和核燃料加工业增长3.08%。

（三）工业能源利用效益有所提高

近年来，云南省不断加快淘汰落后产能，全省节能降耗成效显著，规模以上工业增加值能源消费总体下降。2012年前三季度，全省单位工业增加值能耗为1.83吨标煤/万元，同比下降3.63%，增幅较上年同期回落2.2个百分点。其中，轻工业单位增加值能耗0.23吨标煤/万元，同比增长1.33%；重工业单位增加值能耗3.16吨标煤/万元，同比下降4.62%。全省14个重点耗能行业中，除煤炭开采和洗选业、黑色金属矿采选业、石油加工炼焦及核燃料加工业、黑色金属冶炼及压延及加工业单位增加值能耗增加外，其他行业均有不同程度下降。其中，单位增加值能耗下降最多的是非金属矿采选业，下降幅度为25.27%；增加

最多的是煤炭开采和洗选业，增幅为 8.98%。

规模以上工业重点耗能行业能耗情况表

行　业	单位增加值能耗 （标煤/万元）	单位增加值能耗 增幅（%）
煤炭开采和洗选业	0.958 3	8.98
黑色金属矿采选业	1.866 3	5.16
有色金属矿采选业	0.721 3	−2.07
非金属矿采选业	0.945 8	−25.27
农副食品加工业	1.024 7	−15.11
烟草制品业	0.029 2	−9.99
造纸及纸制品业	3.194 4	−2.56
石油加工炼焦及核燃料加工业	5.106 4	7.26
化学原料和化学制品制造业	5.823 9	−1.54
医药制造业	0.204 7	−10.47
非金属矿物制品业	8.888 3	−4.83
黑色金属冶炼和压延加工业	8.727 8	3.74
有色金属冶炼压延加工业	2.760 4	−11.87
电力、热力生产和供应业	0.984 3	−10.66

四、2013 年云南省能源产业发展预测

（一）电力装机将超 6 000 万千瓦

根据规划，2013 年，云南省电力能源供应有较大的增长。其中，三江干流水电中糯扎渡电站第 4、5、6、7 号机组，阿海电站 3 台机组，龙开口电站 5 台机组，鲁地拉电站 3 台机组，溪洛渡电站 6 台机组将相继投产。预计 2013 年全省电力装机将超 6 000 万千瓦，其中水电超过 4 500 万千瓦，火电及综合利用电厂 1 400 万千瓦，风电 250 万千瓦，光伏 4 万千瓦。

（二）电力消费量将超过 2012 年

2013 年，随着经济触底回升，云南产业产能逐步提高，电力

能源消费量将会超过 2012 年。预计 2013 年全省用电量增速将达到 11%，全省全社会用电量约为 1 465 亿千瓦时（预计 2012 年全省全社会用电量约 1 320 亿千瓦时）。其中，送广东电量为 531 亿千瓦时。

（三）节能降耗压力增大

根据 2012 年前三季度数据显示，下半年开始全省单位工业增加值能耗出现上升势头。部分高载能行业增长过快，尤其是以黑色、有色金属冶炼和压延加工及非金属矿物制品为主的高载能行业的快速增长，给全省节能降耗目标实现带来巨大压力。其中，红河州、西双版纳州的工业单位增加值能耗分别增长了 2.33% 和 24.49%，煤炭开采和洗选业、黑色金属矿采业、石油加工炼焦及核燃料加工业及黑色金属冶炼及压延加工单位增加值能耗均有不同程度的上升。按目前经济发展形势看，2013 年，我省的主要高载能行业将受市场需求拉动，产能进一步释放，能源消耗会不断增加。这些企业能源消费量的快速增长，必然会拉动全省工业能耗的回升，节能降耗压力将加大。

五、2013 年云南能源产业发展的对策建议

（一）持续加强用电侧管理，提高龙头水库蓄水量

针对明春枯水季节可能面临的电力缺口实际，云南须严格执行枯期电价，控制高耗能行业用电，确保民生用电，持续加强用电侧管理，尤其是对六大高耗能行业的用能管理，科学调度，调减负荷，引导高载能产业错峰用电；积极协调调整"西电东送"、"云电外送"曲线，优先保证省内用电；电力供应要保持紧平衡，适度减轻有调节能力的水电出力，保证龙头水库实现蓄水目标，提高今冬明春的水电保障能力。

（二）加快中缅油气管通入滇利用工程

预计 2013 年 6 月 30 日中缅天然气管道竣工，2013 年 9 月 30 日中缅石油管道竣工。根据协议，管道工程竣工后，将每年向国

内输送 2 300 万吨原油。为了充分利用中缅油气，我省应加快油气利用工程建设，除了安宁炼化原油 1 000 万吨的炼油厂等国家重点工程建设外，管道沿途州市应该积极规划建设天然气利用设施，包括天然气加气母站、加气子站、城市民用天然气项目及工业用气项目，增加我省居民用气率，提高城镇化建设水平。

（三）强力督促电煤存储

近期电煤库存量虽有所增加，但仍然有必要做好电煤储备工作，尤其是 2013 年春节来临之际，煤矿停产休假，煤炭供应面临紧张。为了保证全省电煤供应，一是要确保煤炭安全生产，在安全的前提下稳步提高煤矿产量；二是要协调加快煤矿复产，特别是电煤主产区，想方设法提高原煤产量，保障电煤供应；三是限制云煤外运，尽力保障本地用煤；四是监督煤炭生产企业兑现电煤供销合同，确保电煤供应。

（四）高度关注稳增长中的能源效率管理

目前，由于经济下行压力大，省委、省政府高度重视我省经济发展情况，但从能源消费情况来看，稳增长相关政策出台后，部分高能耗、低附加值的工业企业生产有所增加。从 2012 年全省 37 个大行业看，单位工业增加值能耗 "25 降 12 升"，部分行业能源利用率仍然较低，能源利用率仍有进一步提高的空间。因此，需要高度关注经济刺激政策中能源效率管理问题，优化用能结构，确保能源的高效合理利用。

（五）强化成品油供应和储备

进入 11 月后，我省成品油进入需求旺季，尤其是进入制糖榨季后，需要进一步强化成品油供应和储备。一是协调成品油资源，两大石油公司要及时向总部汇报云南省成品油供销存情况，增加入滇成品油资源，特别是柴油资源计划，加大油源组织调运工作，增加商品库存。二是要继续向国家申请，增加我省柴油的国家应急储备量。三是要尽快实行顺价销售政策，对企业给予一定补贴，提高企业的采购积极性，增加成品油购入量。四是要合理制定保供序列，妥善安排好供应序列，确保近期消费，对远期消费合理控制供应。五是要引导各类媒体报道，不夸大、不扭曲，正确报道全省成品油供应市场的真实情况。

（六）加强用电侧管理

针对面临电力供应宽松的实际，须积极落实省政府稳增长的相关政策要求，落实丰枯水期电价政策，持续加强用电侧管理，鼓励企业多用电、用好电，确保民生用电；积极协调调整"西电东送""云电外送"曲线，逐步扩大省外电力市场。积极贯彻省人民政府 2012 年 92 号文件精神，大力推进电价改革和矿电结合等稳增长措施，高度重视电力市场培育，充分利用汛期电价拓展省内工业用电，保证工业经济复苏和平稳发展。

（七）全力拓展电力市场

2013 年，我省电力发电能力将达到 2 000 亿千瓦时，但消纳能力为 1 400 亿千瓦时，即使考虑"西电东送"，尚有起码近百亿千瓦时不能消纳。电力供应的进一步宽松，一方面为我省能源利用行业提供了保障，但也存在电力能源消纳能力不足的危机。若电力市场持续不振，我省水电站极有可能出现弃水。我省有丰富的矿产资源和清洁的水电资源，发展矿电结合具有广阔的发展潜力，建议省委、省政府加强与国家有关部门汇报，细化落实桥头堡政策提出的给予云南差别化产业政策及清洁载能产业的要求，以水电等清洁能源支撑工业产业大力发展。建议在主汛期全力拓展电力市场，发挥稳增长政策效应，主动培育省内负荷，按资源变化和市场需求在汛期增加"西电东送"电量，扩大汛期盈余电力的消纳市场。

参考文献：

［1］ 云南省统计局、云南省工信委：《云南省能耗统计监测信息》。

［2］ 云南省发改委：《云南运行分析》。

［3］ 云南省统计局：《统计报告》。

（作者单位：云南省社会科学院经济所）

2012 年云南房地产发展报告

周大研

2012 年，国家对房地产的宏观调控政策毫不放松，中国房地产经历了"冰火两重天"。年初楼市跌入低谷，并且随着四季度中国经济增长出现了温和回升，年末楼市出现了"翘尾"行情。国家统计局公布的 2012 年 12 月房价指数表明，54 个城市房价环比上涨，一线城市首现同环比全面上涨，再创 2011 年 4 月后新高。

2012 年，云南房地产的走势与全国基本一致，2012 年 1～11 月，全省商品房销售面积 2 590.68 万平方米，同比增长 12.3%，继 1～10 月止跌回升增长 4.9% 以来，增幅继续提高 7.4%，商品房销售额 1 084.2 亿元，同比增长 27%。增速分别比 1～10 月、前三季度加快 7.3 个和 16.4 个百分点。从数据中不难看出，2011 年下半年，特别是第四季度，云南房地产销售面积的大幅增长拉动了全年销售数据的提高。

一、2012 年，云南房地产业仍处于高速发展中

第一，2012 年，云南省实现 GDP 10 309.8 亿元，固定资产投资 7 553.51 亿元，全省房地产投资 1 782 亿元，占 GDP 的比重为 17.29%，占固定资产投资的比重为 23.66%，房地产业仍然是云南经济发展的支柱产业。

第二，云南房地产增长速度远高于全国平均水平（见表 1）。

2012年，云南固定资产投资7 553.51亿元，增长27.3%，而云南房地产投资1 782亿元，增长39.2%，其增幅高于固定资产投资增幅。云南省统计局分析，房地产投资高速增长，源于昆明大规模城中村改造以及保障房的实施。

表1　云南省房地产部分指标与全国指标对比

	投资额（亿元）	增长率（%）	销售额（亿元）	增长率（%）	销售面积（万平方米）	增长率（%）	施工面积（万平方米）	增长率（%）
全国	71 804	16.2	64 456	10.0	111 304	1.8	573 418	13.2
云南	1 782	39.2	1 362.8	16.3	3 228	4.2	14 362	30.4

第三，云南省房价涨幅与2011年一样，超过历史平均水平1倍以上，继续保持较高速度上涨。昆明市商品房销售面积及价格虽有上升，但销售额增速及房价涨幅都低于2011年。显然，限购限贷政策推动了除昆明市以外各地州市房价的上升，对昆明房价产生了明显的下行压力（见表2）。

表2　云南省及昆明市商品房销售统计

年　份	地　区	销售金额（亿元）	增长率（%）	销售面积（万平方米）	增长率（%）	销售价格（元/平方米）	增长率（%）
2011年	云南省	1 134	21.3	3 107	5.0	3 650	15.58
2011年	昆明市	453	16.45	640	5.6	7 086	10.44
2012年	云南省	1 363	20.2	3 238	4.2	4 209	15.38
2012年	昆明市	517	14.13	694	8.4	7 350	5.14

　　注：从2011年8月开始，昆明市房地产交易中心不对外公示备案价格，因此销售额及销售均价是跟踪及推算出来的。

　　第四，商品房竣工面积大幅上升。2011年，全省商品房竣工面积1 450.76万平方米，下降5.5%；2012年，全省商品房竣工面积1 851.57万平方米，增长27.56%。

二、云南房地产存在的突出问题

（一）商品房销售增速不断下降，房地产开发企业库存压力明显加大

2010 年，全省商品房销售面积 2 959.43 万平方米，增长 32.7%；2011 年，全省商品房销售面积 3 107.12 万平方米，增长 5.0%；2012 年，全省商品房销售面积 32 387.75 万平方米，增长 5.8%。

2010 年，全省商品房屋销售额 934.6 亿元，增长 43.0%；2011 年，全省商品房屋销售额 1 133.61 亿元，增长 21.3%；2012 年，全省商品房屋销售额 1 362.83 亿元，增长 20.2%。

2012 年前 11 个月，全省商品房待售面积 292.21 万平方米，增长 2.1 倍，超过 1/4 的待售面积集中在 1 年以内。如果按全省销售额与销售面积之比计算，全省的待售面积所占用的资金在 194.19 亿元左右，占当期销售额的 18% 以上。

昆明市商品房库存情况更为突出，2010 年、2011 年及 2012 年库存量分别为 335.62 万平方米、51.84 万平方米及 510.57 万平方米，合计 3 年库存为 898.03 万平方米。由此可见，房地产开发企业面临较大的库存压力。

（二）一级市场大幅降温

2012 年，全国房地产开发企业土地购置面积 35 667 万平方米，比上年下降 19.5%，降幅比 1～11 月份扩大 4.7 个百分点；土地成交价款 7 410 亿元，下降 16.7%，降幅扩大 6.4 个百分点。

2012 年，昆明市计划供地 30 000 亩，实际成交 16 175 亩，只完成计划的 54%，昆明的推出和成交量降幅均高于全国，为 64%，出让金下降 55%。昆明楼面均价同比涨幅高于全国，达到 25%，溢价率仍处较低水平，为 4.15%。

（三）国内实力开发商悉数到齐，旅游地产、商业地产、养老地产等快速发展，中小开发商被重新洗牌

目前国内一流房地产开发企业纷纷投资云南，万科、万达、保利、恒隆、中海、龙湖、华侨城、红星美凯龙、金科、协信、联想、东航等悉数到齐，这些实力开发企业不是攻城略地就是大肆兼并收购。它们的特点是产品线丰富且高度成熟，可以快速多盘齐发，追求规模化而非单盘利润，利用入门级产品提高市场占有率，保证充裕的现金流，再利用中高端产品树品牌及获取较大利润。因此，云南许多中小开发企业正在被重新洗牌。

（四）开发企业资金有所缓解，自筹资金仍是其主要渠道，房地产企业融资依然困难

房地产开发业作为一个资金密集性行业，货币政策逐步收紧大大加剧了其资金运营压力。2012年前11个月，全省房地产开发企业本年资金来源1 977.87亿元，同比增长31.6%，超过全国18.9个百分点。其中，自筹资金906.73亿元，增长25.5%，超过全国13.8个百分点，所占比重也由上年同期的36.9%上升至45.8%，比2011年提高28.2%个百分点，超过全国5.4个百分点。可见，自筹资金仍是开发商资金来源的主要渠道，房地产企业通过其他渠道融资依然困难。

（五）云南部分城市供求严重失衡的状况难以避免

云南一些城市，目前年销售面积只有几十万平方米，但却大兴土木建设着一些单体项目就达数百万平方米的楼盘，显然违背了起码的规律，这些城市，特别是非旅游城市，房地产泡沫将难以避免。

贵阳就是最好的反面教材，据不完全统计，贵阳目前400万平方米以上的楼盘有14个，800万平方米以上的楼盘有9个，1 000万平方米以上的楼盘有6个，2 000万平方米的楼盘有1个。其中，有一个规划用地5 000亩，总建筑面积1 830万平方米的房地产项目，总居住人口可达到35万人。而贵阳总人口才450万，怎么能消化得了这些大体量的楼盘。因此，2012年，贵阳市房价同比下降11.2%，后市还面临更大的下行压力。

（六）从一级市场来看，一定时期内供过于求的状况难以避免，楼市竞争压力剧增

昆明市近几年土地成交规模巨大，2009 年、2010 年、2011 年、2012 年昆明市成交土地分别为 5 756 亩、10 759 亩、30 745 亩及 16 175 亩，4 年合计土地成交面积高达 63 435 亩。预计未来 2~5 年将有大量土地集中开发，一定时期内供过于求的状况难以避免，楼市竞争压力剧增。

（七）从二级市场来看，写字楼、商铺在一定期间内也面临供求严重失衡的情况，开发企业面临巨大考验

未来 1~3 年，昆明市每年新增办公物业面积将高达 130~150 万平方米，写字楼集中上市，同质化现象普遍，面临剧烈市场竞争；每年新增商业面积 80~100 万平方米，昆明人均商业面积将从目前 1 平方米左右上升到 2.8 平方米，超过发达国家人均商业面积 2 倍以上，开发企业资金实力、销售能力、商业运营管理能力面临巨大考验。

三、对房地产未来发展的看法

（一）抑制投资和投机为长期方向，保障房建设力度将加大，限购和差别化信贷等政策不会退出

中国房地产是典型的政策市，因此，首先要判断政策走向。

十六大以前都是以加快发展经济为主要目标，而十八大明确要通过调结构来加快转变经济发展方式，要重质量与效益。

决策层认为，保障房建设有利于社会稳定，有利于释放消费潜力，扩大内需，而限购等政策有利于抑制投资投机，降低房地产对消费的挤出效应，对扩大消费和内需有积极作用；同时，中国房地产存在泡沫风险，所以必须采取主动、试点、渐进的方式刺破泡沫，避免金融危机及经济危机。

（二）城镇化是未来房地产发展的第一大动力

过去 10 年（2000、2010 两次人口普查期间），中国城市化

水平提升速度最快，平均每年提升 1.37 个百分点，新增城镇人口超过 2 000 万人，推动了宏观经济和房地产业的快速发展。

预计到 2020 年，中国总人口将达到 13.9 亿人，城市化率为 61%，累计新增城镇人口 1.8 亿人，按人均 30 平方米计算，这部分人群的住房需求超过 50 亿平方米。目前城市有 7 000 万人低于 30 平方米，按人均 35 平方米小康标准计算，城市还需 70 亿平方米，所以未来 10 年全国需求量 120 亿平方米，是 2012 年销售面积的 10 倍还多。

云南省 2008～2012 年，城镇化率由 29.5%～39%，累计转移农村劳动力 920 万。云南省十二届人大会议提出，到 2017 年经城镇化率达到 48%，未来 10 年新增城镇人口约 700 万人，带动住房需求约 2 亿平方米。可见，云南省仅城镇化所需住宅面积就相当于 2011 年云南住宅销售面积为（2 716 万平方米）的 7 倍之多，从这个意义上讲房地产总体还有发展空间。

（三）收入倍增计划是今后房地产发展的第二大动力

中国共产党第十八次代表大会提出，到 2020 年，国内生产总值和城乡居民收入要比 2010 年翻番。

2012 年，云南省 GDP 首次破万亿，实现 10 309.8 亿元，比上年增长 16.2%；全省城镇居民人均可支配收入 21 075 元，增长 13.5%，增速排全国第六位；农民人均纯收入 5 417 元，增长 14.7%，增速排全国第八位。

云南省十二届人大会议提出，2010～2020 年"翻两番，增三倍，促跨越，奔小康"，到 2017 年经济总量比 2012 年翻一番，跨上 2 万亿台阶，城乡居民收入实现倍增，贫困人口减少 500 万。

全体公民收入的大幅度增加，必然对住房有刚性需求及改善性需求，自然也会产生对房地产的投资需求。

（四）房产税试点的扩大是未来房地产市场的利空因素

房产税的征收将降低持有房地产者的收益，改变人们的预期，毫无疑问地将影响人们投资房地产的热情。房产税是一个庞大的系统工程，目前连开征房产税的根本目标是什么都尚未明确，上海、重庆的试点也不够理想，因此，大规模房产税试点的征收条件还不具备。就云南来讲，估计未来 3 年左右，开征房产税的可能性不大。

（五）农村土地改革是未来房地产发展的不确定因素

2004 年 10 月 31 日，全国城镇建设用地 0.51 亿亩，只相当于全国土地面积的 0.3%，村庄建设用地却高达 2.48 亿亩，是城镇建设用地的 5 倍。将 8 亿农民通过城镇化转移出来，全国只要用 1% 的土地就能解决全部人口的居住问题。农村土地和房屋如果市场化，土地就不再稀缺，对城市房价将是致命的打击。但在相当长的时间内，中国二元社会的格局难以改变，农村土地和房屋与城市同地同价还为时过早。

四、促进云南房地产市场健康稳定发展的建议

（一）进一步完善房地产信息披露制度，让政府、开发企业及消费者充分掌握相关信息，降低投资的非理性

信息不对称往往导致的是逆向选择，并产生道德风险。目前部分新闻媒介对房地产市场的言论在一定程度上对市场销售低迷的行情起到了一定的推波助澜的作用。针对当前部分虚假信息满天飞的情况，相关部门要完善统计信息发布制度，积极构建面向政府、企业和社会公众的信息发布平台，及时公布市场供求和房价情况。全面、及时、准确地发布市场供求信息，增强信息的透明度，使政府、开发企业对市场能作出科学的判断，培养广大群众树立科学的住房消费观，引导社会公众合理消费。

（二）适当调整昆明市限购区域范围适度放宽限购政策

政府层面应研究"首套房"的合理认定条件，对人均住房建筑面积未达到当地人均水平的家庭，其所购买的普通商品住房，建议比照首套购房的有关政策执行。并适当调整昆明市限购区域范围，适度放宽限购政策，通过实行差别化信贷政策、降低按揭贷款门槛等办法，扩大商品房销售。

（三）建议拓展房地产企业融资渠道，构建多元化融资体系

支持开发企业通过多渠道筹集开发资金的合理融资需求，大力发展住房产业投资基金、住房债券、房地产信托等融资工具，吸引社会资金进入住房开发和保障领域，积极探索商业性与政策性相结合的住房融资模式和运作机制等等。

（四）建议政府及开发企业高度理性对待房地产投资开发

最近几年，云南房地进入了全面高速发展阶段。在 2012 年云南房地产市场中，市场开发投资同比现增幅，商品房销售数据逐节上升，但云南省商品房供求结构矛盾依然突出，土地开发情况不理想，房地产开发企业库存压力大，房地产企业资金紧张状况未根本缓解，部分地区过度投资，一些城市及产品结构性问题突出。因此，无论是政府还是开发企业，应正确把握房地产市场形势，考虑适当降低房地产开发投资的力度，把房地产投资的重点引导到结构调整上来，保障全省房地产投资的理性增长。

（作者单位：云南省财经大学）

专题篇

云南工业化初期背景下的三次产业协同发展研究

李晓明　宣　宜

一、引　言

　　"十一五"期间，全省认真贯彻落实省委、省政府在 2003 年作出走新型工业化道路、实施"工业强省"战略的重大决策和 2008 年省委、省政府关于进一步加快推进新型工业化的战略部署，积极采取有效应对措施，克服了国际金融危机和雨雪冰冻、地震、特大干旱等不利因素的严重影响，使全省工业经济总体保持了平稳较快发展的态势，工业经济总体规模不断扩大，企业效益总体保持增长，产业结构不断得到优化，技术创新水平进一步得到提高，市场活力日益增强，工业在国民经济中的主导地位明显提升，为全省工业化在"十二五"期间由初期向中期迈进奠定了坚实基础。

　　在国家"十二五"规划中，国家把经济结构的战略性调整作为加快经济发展方式的主攻方向。其中就要求第一、第二、第三产业协调发展，这也是带动经济结构调整的重要内容。我国各个地区区域发展程度差异性比较大，大部分地区还基本处于工业化初级阶段。云南正处于工业化初级阶段中，虽然"十一五"期间经济取得了较大的发展，但是整个发展中发展结构还是存在一定问题。云南产业结构不合理，工业发展区域差别大等，特别是与沿海和发达地区的差距巨大，在此基础上分析云南处于工业化初期的一些主要特点，以及偏离中期的一些原因，判别云南三次产业之间是否存在着紧密存在的联系，进而为工业发展提供一定的政策和建议。

二、云南工业化进程的基本判别

（一）判别的基础理论

工业化基础理论认为，划分工业化标准的主要依据是人均收入的增长和经济结构的转换，在研究工业化阶段时，主要采取的理论是库兹涅茨定理、钱纳里模型、佩蒂－克拉克定理等。

表1　人均 GDP 标准

单位：美元

年　份	工业化初期	工业化中期	工业化后期
1982	728 ~ 1 456	1 456 ~ 2 912	2 912 ~ 5 460
2005	1 317 ~ 2 635	2 635 ~ 5 271	5 271 ~ 9 884
2006	1 361 ~ 2 772	2 772 ~ 5 445	5 445 ~ 10 210
2007	1 407 ~ 2 815	2 815 ~ 5 630	5 630 ~ 10 557
2008	1 438 ~ 2 877	2 877 ~ 5 754	5 754 ~ 10 784
2009	1 451 ~ 2 903	2 903 ~ 5 806	5 806 ~ 10 887
2010	1 489 ~ 2 978	2 978 ~ 5 956	5 956 ~ 11 169

表2　其他标准

标　准	工业化初期	工业化中期	工业化后期
三产结构（%）	$A > 20\%$，$I > A$，S 低	$A < 20\%$，$I > S$，S 低	$A < 10\%$，$I > A$，S 低
城市化率（%）	32 ~ 36.4	36.4 ~ 49.9	49.9 ~ 65.2
一产就业比重（%）	45 ~ 60	30 ~ 45	10 ~ 30

注：A、I、S 分别为第一、第二、第三产业比重。

其中，库兹涅茨定理主要是指随着时间的推移，农业收入在国民收入中的比重和农业劳动力在全部劳动力中的比例都会下降；工业部门的收入在国民收入比重中也会上升，但是劳动力则基本保持不变或者略增；服务部门对应数据均是全部上升的趋势。在表 2 中，三产结构如工业化初期的标准就是第一产业的收入比重占的比率大于 20%，而第二产业所占比例大于第一产业，同时第三产业所占份额较低。以此类推即可依据标准判定其他阶段。

钱纳里模型大概表示为在各个不同时期，依据每年国家或一个地区的国民收入来划分成不同阶段的工业化水平。例如，在表 1 中，2010 年工业化初期水平表示该国家的国民收入水平在 1 489 ~ 2 978 美元之间，而中期阶段的国民收入标准则是 2 978 ~ 5 956 美元。

佩蒂克拉克定理可简化为利用农业劳动人员的就业比重来判断各个国家的工业化水平。如工业化初期农业就业比重在 45% ~ 60% 之间，中期在 30% ~ 45% 之间，以此类推。

此外，本文依据数据可得性和众多研究人员的成果，以人均 GDP、三次产业产值结构、城市化率、就业结构和工业结构五项基本数据均达到相关工业化标准来划分（见表 1、表 2）。

（二）云南"十一五"时期工业化进程的实证分析

1. 从 GDP 发展水平来判断

依照钱纳里标准，如表 1 所示，同时对比表 3，2008 年云南人均 GDP 已经达到 1 513.86 美元。根据表 2 中的钱纳里标准计算的数据，这已经达到工业化初期的下限，进入工业化初期阶段。而且从偏离度上来看，云南离中期的距离还有很远，云南工业化的水平还处在一个很低的阶段，这可能是由于云南起步点比较低、起步较晚，与其他地方的差距就显得非常大。从数据来看，从 2008 年以后每年的人均 GDP 都达到了指标的下线，所以说从人均 GDP 发展水平来看云南省已经进入了工业发展水平的初级阶段。但是，这只是刚刚进入了工业化的初期阶段，离中期的偏离度很大，还有很长的路要走，还有很多的工作要做。

表3 云南省工业化阶段指标

年 份	2006	2007	2008	2009	2010
GDP（美元）	1 074.87	1 277.44	1 513.86	1 630.7	1 896.85

注：数据来源于《2011 云南省统计年鉴》；美元汇率以 1990 年为基准。

2. 从产业结构来判断

根据库兹涅茨法则，由三次产业的结构比例来判定工业化时期的标准，并且说明工业化越高的阶段第一产业的比重会不断下降，第二、第三产业必然会逐渐上升，并且超过第一产业。按照表4 中计算得来的三次产业结构比例来看，数据从 2006 年开始就已经小于 20%，各项比例也均符合三次产业机构中工业发展的中级水平，其中的第二产业比重相对来说比较高，平均在 40% 以上，说明其也是云南省发展的主导产业。这也表明了云南处在工业发展的中期，第三产业比重小于第二产业，尚处于发展的中期，所以从三次产业结构比例来说，工业水平处于中级阶段。

表4 三次产业结构比例

年 份	2006	2007	2008	2009	2010
三次产业结构比例	18.16： 42.77： 39.06	17.55： 42.72： 38.13	17.93： 43.09： 38.98	17.3： 41.86： 40.84	15.34： 44.62： 40.04

注：数据来源于《2011 云南省统计年鉴》。

3. 从城市化水平来判断

一般认为，在工业化的准备期，城市化率在 30% 以下；在工业化的实现和经济增长期，城镇化率在 30% ~60% 之间；在工业化后的稳定增长期，城市化率在 80% 以上。有研究认为，根据城市化率指标，即为城镇常住人口占总人口的比重判断。根据表2 中城镇化比率要求，从下图中的城镇化水平来看，云南 2007 年城镇化水平为 32%，已经达到工业化初期城镇化水平的下限，以后每年的城市化率都还处于不断增长趋势。但是，云南省的城镇化比率还是处于比较低的水平，即工业化初期阶段。

%

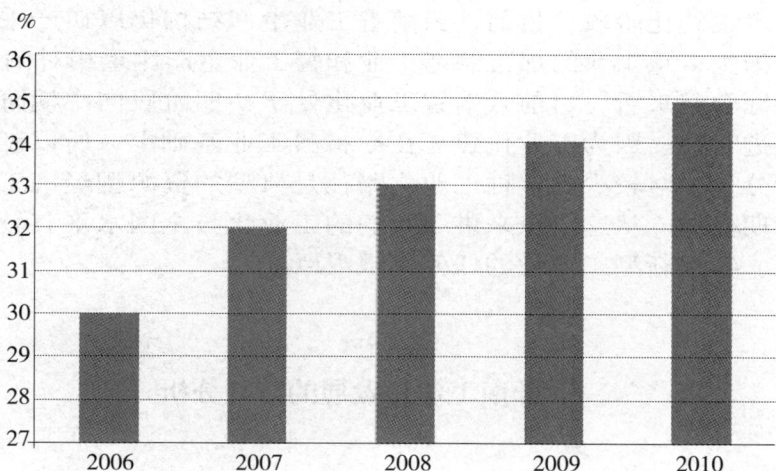

云南省城镇化水平

注：数据来源于《2011 云南省统计年鉴》。

4. 从就业结构来判断

首先，判断标准是佩蒂－克拉克定理，工业化阶段越高，劳动力就会从第一产业不断地向第二、第三产业输送，第一产业的劳动力水平会不断地下降。根据表 2 中已得的判断标准，是以第一产业的就业比重来看整个云南的工业化发展水平。表 2 中，工业化初期要求的最高第一产业就业比重是 60%，而云南省的第一产业就业比重虽然每年都呈下降趋势，但是直到 2010 年才刚刚达到 60%，可以判定云南刚刚进入工业化初期，而且是处在前工业化时期和工业化初期的临界阶段。在基本实现现代化的国家，第一产业的就业比重是在 20% 左右。由此可见，要达到这一目标，还有一段很长的路要走。

表 5　云南省第一产业就业比重

年　份	2006	2007	2008	2009	2010
第一产业就业比重（%）	67	65	64	62	60

注：数据来源于《2011 云南省统计年鉴》。

5. 从工业结构构成来判断

在工业化进程中，工业内部结构的演化经历了三个阶段，第一阶段是重工业化阶段，第二阶段是高度加工化阶段，第三阶段是技术集约化阶段。目前，云南省工业生产结构仍以矿产采掘业生产为主，重工业的加工制造工业和轻工业生产比重相对偏低。

综合起来看，目前云南省工业化处于初期阶段向中期阶段加速推进时期。因为工业化建立在原材料工业基础上，所以制造业基础分量相对较少。这种工业化路径是典型的资源型经济工业化的初期模式。从这一点来讲，我们的工业化与全国水平有较大的差距，实现新型工业化的任务仍很艰巨。

三、云南工业化发展的特征分析

（一）总产出与产出结构的变化

在"十一五"期间，云南省总产出变化如表6所示，全省工业处于比较快速的发展情况下，各级政府和党委也在不断采取各种措施，千方百计地推动工业经济的发展。在此期间，云南省规模以上工业发展的速度均在10%以上，创造了整个发展过程中的新高，在2006年更是达到17.8%的增速，成为2002年以来云南规模以上工业发展的新高。

表6 云南省规模以上工业发展情况

年　份	增加值（亿元）	增速（%）
2006	1 240.36	17.8
2007	1 494.38	17.5
2008	1 803.62	12.6
2009	1 904.38	11.2
2010	2 246.91	15.0

产出结构在发展过程中趋于均衡的发展，在2006～2007年之间，轻、重工业发展虽然迅速，但是不协调、不稳定。2008年，轻工业受经济危机的影响出现了倒退的情况，重工业在2009年也出现了基本不增长的局面。由此可以看出，云南省工业主要是外向型工业，受金融风暴影响较深，过后的2010年，轻、重工业的发展相对协调起来，发展也比较均衡，实现了共同发展。

全省规模以上轻、重工业增加值比重由 2005 年的 52.5∶47.5 调整到 2010 年的 46.2∶53.8，重工业比重超过了轻工业。非烟工业增加值比重逐步提高，规模以上非烟工业增加值占全省规模以上工业增加值比重由 2005 年的 56.8% 提高到 2010 年的 64.5%。其中需要指出的是，云南轻工业中，烟草所占的份额要远远大于其他轻工业的份额，2010 年末云南省烟草税利达到 685 亿元，居全国第一。这说明云南的轻工业发展还是以原材料为基础，还不能算是制造业。

此外，重工业与轻工业的比重偏离较大，重工业占比重很高，不是处在现有初级阶段应该展现出来的比重。同时，说明了云南省的工业发展主要依靠能源，还是从生产的角度去考虑经济的发展，而不是从消费的角度，受苏联发展模式的影响较深。由于经济发展还没有达到工业发展后期阶段，但是工业比重却达到了工业化后期，说明工业发展很不健康，头重脚轻，会给云南的发展带来一系列的问题。这也说明，工业要从自身发展找问题，先发展好才是最重要的。

（二）经济增长的部门结构变化

传统强势工业部门持续增长，且增幅较大，取得了一定的成绩。在"十一五"初期开展了工业发展"倍增计划"和大企业销售收入"倍增行动"的基础上，2008 年又提出在工业方面将推行实施"双万亿工程"。继"十五"末昆钢、云铜、云天化 3 户企业年销售收入跨越百亿元大关后，云南冶金、云锡、云南煤化工等省属企业相继进入百亿元企业行列，全省 16 户重点工业企业增加值占到全省规模以上工业增加值的 80% 左右，大企业支撑作用明显。"十一五"以来，全省工业以建设重点工业园区为平台，加快了特色优势产业的聚集发展，工业园区已逐步成为全省特色产业聚集发展的主要平台和促进工业发展的新增长点。

期间也出现了一定的新型的经济增长点，光电子、新材料、装备制造、生物医药、绿色食品等新兴产业正在成为新的经济增长点。特别是一些高新技术产业，"十一五"末全省省级企业技术中心达到 164 家，比"十五"末增加 124 家；国家级企业技术中心达到 12 家，比"十五"末增加 6 家。数控机床、锗铟硅新材料、OLED 显示器、湿法冶金、新型生物疫苗、新型中药制剂开发等一批共性关键技术推广应用取得了重大进展。全省大中型工业企业科技经费投入占销售收入的比例达1.5%，高新技术企业达到300多户。

从经济增长的结构来看，云南省的工业新增的经济增长点出现了很多，但是发展还是主要靠传统的优势项目。云南省的经济结构还是主要靠资源性的发展。

四、工业化初级阶段背景下三次产业协同发展实证研究

三次产业的协同发展必然要求三次产业间具有较为密切的关联。基于此，以下通过灰色关联分析法来判定三次产业的关联状况。

灰色关联分析的步骤：

第一步，确定分析数列。

设参考数列（又称母序列）为 $x_0^l = \{x_0^l(k) \mid k = 1, 2, \cdots, n\}$ ，比较数列（又称子序列）$x_i^l = \{x_i^l(k) \mid k = 1, 2, \cdots, n\}, i = 1, 2, \cdots, m$ 。

第二步，变量的标准化。

由于系统中各因素列中的数据可能因量纲不同，不便于比较或在比较时难以得到正确的结论。因此，在进行灰色关联度分析时，一般都要进行数据的无量纲化处理。

$$x_i(k) = \frac{x_i^l(k)}{x_i^l(1)}, k = 1, 2, \cdots, n; i = 0, 1, 2, \cdots, m$$

第三步，计算关联系数。

$x_0(k)$ 与 $x_i(k)$ 的关联系数：

$$\xi_i(k) = \frac{\min\limits_i \min\limits_k |x_0(k) - x_i(k)| + \rho \max\limits_i \max\limits_k |x_0(k) - x_i(k)|}{|x_0(k) - x_i(k)| + \rho \max\limits_i \max\limits_k |x_0(k) - x_i(k)|}$$

记 $\Delta_i(k) = |x_0(k) - x_i(k)|$ ，则

$$\xi_i(k) = \frac{\min\limits_i \min\limits_k \Delta_i(k) + \rho \max\limits_i \max\limits_k \Delta_i(k)}{\Delta_i(k) + \rho \max\limits_i \max\limits_k \Delta_i(k)}$$

$\rho \in (0, \infty)$ ，称为分辨系数。ρ 越小，分辨率越大，ρ 一般取值区间为（0，1），具体取值可视情况而定，通常取 $\rho = 0.5$ 。

第四步，计算关联度。

参考数列与比较数列的关联度为：

$$r_i = \frac{1}{n} \sum_{k=1}^{n} \xi_i(k)$$

第五步，关联度排序。

表7　云南省三次产业灰色关联度

关联度	2006～2010 年度
第一产业，第二产业	0.72
第一产业，第三产业	0.66
第二产业，第三产业	0.70

表8　上海市三次产业关联度

关联度	2006～2010 年度
第一产业、第二产业	0.95
第一产业、第三产业	0.89
第二产业、第三产业	0.91

　　经过以上计算可以得到关联度（如表7中所示），云南三次产业之间的关联度属于中等水平，说明云南省各个产业之间存在一定的关联，这样在发展中就应该在此基础上寻找各个产业相关联的地方，着重力度使各个产业之间协同发展，加快工业化发展的进程，以此来进一步调整各个产业之间的结构。但是，与发达地区相比较低了很多，比如上海这几年的相关数据的三次产业关联度依次为0.95、0.89、0.91。根据以上分析，针对云南工业发展中存在的问题，从云南省的实际出发，云南省工业发展地区只有滇中地区的几个城市，其他地区是限制工业发展或者禁止工业发展的，若要实现云南经济的腾飞或者工业化达到沿海或者中部工业城市的水平，还是比较难的。应该着眼于云南省本地的优势项目来看待经济发展的问题，不一定只是发展工业一个重头。在云南省三次产业之间存在一定关联度的基础上，着眼于三次产业同时发展，可以使非滇中工业区其他地方的一、三产业也得到长足发展。不能单纯把重点只放在工业一个方面，三次产业之间互相协调发展才能使云南的经济得到长足的提高。

五、推进云南三次产业协同发展的政策建议

（一）既要重视外延的扩张，也要重视内涵的提升

云南省工业化历史使命还没有完成，既要从数量扩张推进工业化，也要从提升内涵发展工业化。就中国而言，工业化已经到了从外延扩张转向内涵提升的发展阶段。知识经济和国家工业化水平的提高为云南在内涵和外延两个方面同时提升带来了机遇和条件。一方面我们需要通过引进央企和私企入滇拓展云南工业发展领域和在量上大幅度扩张，另一方面我们判别工业化标准不能单纯看数量指标，还要看质量，要从自主品牌率、自有技术率、核心技术率、知名企业率等质的方面来衡量。

所以，云南下一步继续推进工业化，必须从量的扩张和质的提升为主两方面着手，努力缩小与发达地区在数量、结构、质量、技术、品牌、服务、消耗等方面的差距。这是最重要的转变。并且，要从过于依赖外需的工业化转向更多依靠内需的工业化方向发展。

（二）优化产业结构

要强化工业对经济增长的支撑作用，突出比较优势，加大对制造业的投资，提高能够引导和促进产业壮大的项目在重点项目中的比重，着力增强经济技术开发区对企业的带动作用，着力建设现代信息技术等先进制造业基地，构建竞争力强的现代产业，形成更多的增长点。

加快发展现代物流，依托现有煤炭市场、肉类市场等发展一批大型化、专业化物流企业，建设物流枢纽和配送中心。大力发展金融保险、电子商务、广告和法律服务等现代服务业，扩大服务业对外开放，鼓励服务业引进先进技术和管理经验。

把自主创新作为调整优化产业结构、转变增长方式的中心环节，不断提高原始创新、集成创新和引进消化吸收再创新能力。整合科技优势资源，着力开发拥有自主知识产权的关键技术和配套技术，加快科技成果转化，建立以企业为主体、市场为导向、

产学研相结合的技术创新体系，形成一批竞争力较强的企业、品牌和产品。

（三）注重三次产业互相协同发展

在三次产业互相有一定关联的基础上，注重各个产业之间的结合点，根据云南地区自己的特点，不盲目模仿沿海和其他工业比较发达地区的发展模式。在探索中找到自己的发展模式，使第一、第二和第三产业协调发展，不忽略其中任何一个的发展。也不能只强调工业发展一个重头，应培育更多的经济增长点。特别是第一产业和第三产业中的经济增长点，增长产业链，不能只是停留在原材料发展模式的阶段。在工业发展中，除了发展三个主导产业之外，还要着力发展新能源、光电子、新材料和现代生物四个战略性新兴产业。

（四）注重工业本身的发展

从以上分析可以看出来，云南本身工业发展很不健康，而且与其他产业有一定的关联度，但是数据关联度处于中下等水平。工业本身由于比重和发展模式很不健康，让工业发展去反哺农业，对于目前云南省经济发展来说不是很现实，或者说时机还不成熟。工业在近期的发展中应首先做好自己分内的发展事情，在有关联的基础上可以与一、三产业有一定的联系并且协同发展，但是反哺其他产业的发展还是不要太早。政府要加强一、三产业政策的疏导，保证一、三产业也能自身迅速发展的同时，与第二产业协同有联系的发展，但是不要指望工业会反哺一、三产业的发展。并且从长远来看，云南省的发展全部都压在工业这一项上也是不太科学的，所以在加强工业自身发展的同时，一、三产业能取得更大的发展才是正确的道路。

参考文献：

[1] 刘晓鹰、杨军：《中国西部工业化进程与继续工业化途径——基于四川的实证分析》，载《经济体制改革》2010年第4期。

[2] 郭克莎：《中国工业化的进程、问题与出路》，载《中国社会科学》2000年第3期。

[3] 陈佳贵、黄群慧、钟宏武：《中国地区工业化进程的综合评价和特征分析》，载《经济研究》2006 年第 6 期。

[4] 云南省统计局：《2011 云南省统计年鉴》，中国统计出版社 2011 年版。

（作者单位：李晓明，西南林学院；宣宜，云南省社会科学院经济所）

基于主成分分析的云南产业结构转换
能力比较与分析

孙雷鸣　宣　宜

产业结构转换能力的高低不仅关系到能否实现区域产业结构
升级，而且还关系到能否实现区域间持续、稳定和协调的发展，
这是当今区域经济研究的主要内容之一，受到区域经济学界的普
遍重视。产业结构转换能力是指一个国家或地区产业结构不断趋
向合理化和高度化，推动国民经济运行质量和经济效益不断提升
的能力，它是产业竞争力的重要组成部分。一个地区产业结构是
否具有较高的转换能力，反映了该地区产业结构的综合素质和能
力的高低。地区产业结构的状况和转换能力，不仅决定了该地区
在区际经贸联系和区际分工中的相对地位，而且对该地区经济增
长、收入水平和产业竞争力的提高具有重大作用。地区产业结构
的状况和转换能力，不仅决定了某一地区在全区经贸联系和区际
分工中的相对地位，决定了地区经济增长的速度和效果，还在很
大程度上制约着自身随经济增长而逐步高度化的能力。云南作为
西南边陲的民族文化强省、旅游大省、烟草大省，目前的经济发
展水平并不高，在全国区际分工中处于相对不利的地位。自20
世纪90年代以来，中国其他地区产业结构升级和转化能力不断
增强，云南在区际经济联系中的地位却逐年下降。"十一五"时
期是云南产业结构转换的关键时期，各地区能否因地适时地对产
业结构进行调整与转换，不仅关系到云南产业结构的升级，地区
间的协调发展，也将直接决定着云南在未来全国经贸联系中的相

对地位。对充分发挥云南作为中国内地通向东南亚、南亚的桥头堡的重要作用具有重大影响。为此，对云南各地区产业结构转换能力进行分析，对提升云南产业竞争力具有重大的现实意义。

区域产业结构转换所依赖的理论基础主要包括：佩蒂－克拉克定理、库兹涅茨法则、霍夫曼定理、高加工度化规律和技术集约化规律。

一、测度评价指标的选取

产业结构转换是指一个国家或地区的国民经济各部门及整个产业结构随主导产业更替而发生的质的变化。这一变化对优化资源配置、促进经济发展具有重要作用。一个国家或地区要想获得较快的经济增长和较好的经济发展，关键要具有适宜的产业结构转换能力。

影响产业结构转换能力的因素很多，一切影响生产要素和部门生产条件的因素，最终都会不同程度地影响产业结构及其转换。一般说来，一个国家或地区的产业结构转换能力，一方面取决于资源禀赋和现有的经济发展水平。一个地区既有的经济发展水平越高，社会发育程度越好，其内部支撑产业结构变动的能力越强，相应地，顺利实现产业结构转换的可能性也越大。另一方面，取决于区域经济政策和产业政策，不同的产业政策会引导产业结构朝着不同的方向转换。具体而言，产业结构转换的影响因素可以概括为以下几方面。

（一）创新能力

技术创新是推动产业结构转换的最主要杠杆。技术创新通过三种效应对产业结构产生影响：①根本性创新带来的推动效应；②产业内外创新扩散与模仿扩散产生的乘数效应；③新技术基础上的产业竞争导致的选择效应。在这三种效应的作用下，产业结构会发生两个层次的变化：第一个层次是以新产业生成和现有产业的技术升级为特征的产业结构的高级化；第二个层次是形成新的主导产业群，并围绕新的主导产业群在新的技术基础上形成新的产业关联结构，最终实现产业结构的优化。创新能力的强弱又主要取决于创新资源投入能力、创新管理能力、创新倾向、研究开发能力、制造能力和营销能力等的高低。一般来说，发展程度较高的地区，经济实力雄厚，可以支付较高的科研开发费用；基础设施完善，物质文化生活水平和工作条件优越，因而集中了较高的科技人才和企业家；同时由于聚集程度高、人员流动性强、信息量大，发生创新的概率也高。可见，发达程度不同的地区，由于其创新能力的不同，导致产业结构转换能力也存在较大差别。

（二）积累能力

积累能力是支撑地区产业结构变动的经济基础。积累能力较强的地区可为产业结构转换提供良好的物质基础，增强产业结构转换的可能性。地区积累能力的大小主要取决于生产规模、生产效率及积累率。如果生产过程中经济规模合理，则可大大降低生产过程中的平均费用；如果生产过程中采用专业化的生产组织形式，进行合理的分工，则可以提高生产的管理效率和经济效率，最终提高整个区域的整体积累能力。一般说来，经济发展程度较高的地区，规模经济性较强，生产效率较高，因而具有实现较高积累的能力。反之，经济发展程度较低的地区，积累能力较弱，推动产业结构转换的能力也较低。

（三）需求因素

需求可分为外部需求和内部需求。外部需求是指某个区域空间范围以外的市场对该区域所生产的某种产品或服务的需求。内部需求是指某个区域自身市场对本区的产品和服务的需求。无论是外部需求还是内部需求，都会对结构调整产生一种拉力。在经济全球化、贸易自由化的环境下，外部需求对地区的发展起着非常重要的作用。因此，许多经济学家普遍认为，外部需求是区域经济增长的主导力量和决定性因素。内部需求对产业结构转换的影响主要表现为，伴随着国民收入水平的提高和人均可支配收入的增加，居民的消费结构也在不断变化：消费层次日趋复杂，消费理念日益成熟，消费行为日趋规范。消费结构的这种变化对现有产业结构会产生强大的压力，并促使其随着消费需求的变化不断进行结构调整。

（四）结构因素

产业结构本身也是影响产业结构转换的重要因素。处于不同发展阶段的地区，三次产业构成及主要制造业构成不尽相同，因而其结构转换的速度和形式也各不相同。一般说来，发达地区产业结构层次较高，技术要素密集，基础设施完善，生产协作配套能力条件好。当市场需求发生变化时，生产企业可以根据市场需求的变化适时地调整产品的数量结构、品种结构，增强产业的供给弹性；反之，产业层次较低的地区，产业结构变化的能力也较弱。

（五）产业政策

产业政策是影响一个国家或地区产业结构转换的外部因素。不同地区，由于产业政策不同，产业结构转换的方向和速度各不相同；即使同一地区，在不同发展阶段，由于制定了不同的产业政策，产业结构转换的效果也不一样。日本在二战后能迅速成为经济大国，原因之一就是在一系列产业政策引导下，充分利用了后起国优势，廉价而迅速地引进了西方先进技术，有效地推动了产业结构向高度化方向发展。此外，对于某一地区来说，由于产业结构整体性和独立性较低，地区产业结构的变化还受到外部因素如政府投资、政策体制等因素的影响。

二、云南产业结构转换能力综合评价

（一）评价产业结构转换能力的指标体系

由于区域产业结构转换能力是一个综合性的概念范畴，是诸多因素共同作用的结果，不可能用一个或几个指标就能全面反映，因此，要全面衡量和评价区域产业结构转换能力，就应该综合考虑多方面的因素，建立一个多指标的、科学的综合评价指标体系。本文遵循科学性原则、实用性和可操作性原则、可比性原则、可量化原则和尽可能少的原则，从区域产业结构转换的概念内涵和影响因素出发，从技术创新能力、需求能力、供给能力、

对外贸易发展、经济政策五方面提出产业结构转换能力评价指标
体系。

表1 区域产业结构转换能力的评价指标体系

评价因素	具体评价指标	单 位
技术创新能力	劳动生产率	元/人
	用非国有工业产值占地区工业总产值的比重	%
	万名职工拥有的科研人员	人
需求能力	人均GDP	元/人
	居民消费水平	元/人
	农牧民人均纯收入	元/人
供给能力	人均固定资产投资	元
	城乡居民人均储蓄存款余额	元/人
	万人拥有教师数	人
对外贸易发展	外贸依存度（进出口总额/GDP）	%
	人均外商直接投资	美元
经济政策	固定资产投资占区域GDP比重	%
	财政收入占GDP比重	%

①供给推动力因素。选取劳动生产率和万名职工拥有的科研
人员标识技术水平和技术创新能力，用非国有工业产值占地区工
业总产值的比重来反映该地区的制度创新能力；以人均GDP、固
定资产投资、GDP增长速度、工业企业资金利税率、人均利用外
资等指标反映地区积累能力。②需求压力因素。考虑到我国的实
际情况，用居民消费水平代表地区消费需求的规模状况；用居民
非食品支出占消费支出的比重反映地区满足基本生存必需后的需
求层次；用农民人均收入水平反映广大农村地区居民的消费水
平；用非农业人口比重反映城市化水平。③结构因素。用第二产
业增加值占GDP的比重代表地区产业结构层次，反映一个地区
适应市场需求变化而调整产业结构的能力。④产业政策，产业政
策是影响一个国家或地区产业结构转换的外部因素。不同地区，
由于产业政策不同，产业结构转换的方向和速度各不相同；即使

同一地区，在不同发展阶段，由于制定了不同的产业政策，产业结构转换的效果也不一样。

从目前的统计信息的支持程度来看，上述指标在很大程度上反映了我国地区产业结构转换能力的许多特征。因此，各地区可以从实际情况出发，选择适当指标对产业结构转换能力进行评价。

（二）云南各地区产业结构转换能力综合评价

主成分分析是多元统计分析中应用广泛的一种方法。它是研究如何从多个指标中寻找出几个相互无关的能充分反映总体信息的指标，从而在不丢掉主要信息的前提下，避开变量间共线性的问题，便于进一步分析计算。运用上述指标体系，结合云南实际，选取如下指标对云南各地区产业结构转换能力进行分析：X_1：劳动生产率（地区总产值与就业人数之比）（万元/人）；X_2：人均 GDP（元/人）；X_3：实际利用外资（美元/人）；X_4：GDP 增长速度（%）；X_5：居民人均消费水平（元/人）；X_6：农民家庭人均收入（元/人）；X_7：第二产业增加值占 GDP 的比重（%）；X_8：城市化水平（地区非农业人口与总人数之比）（%）；占 GDP 的 X_9：外贸依存度（进出口总额/GDP）（%）；X_{10}人均国有经济固定资产投资（国有经济固定资产投资总额与总人数之比）（元/人）（见表2）。

表2　2010 年云南 16 个地区产业结构转换能力主要指标

	X_1	X_2	X_3	X_4	X_5	X_6	X_7	X_8	X_9	X_{10}
	劳动生产率（万元/人）	人均GDP（元/人）	实际利用外资（美元/人）	GDP增长速度（%）	居民人均消费水平（元/人）	农民家庭人均收入（元/人）	第二产业增加值占GDP比重（%）	城市化水平（%）	外贸依存度（%）	人均国有经济固定资产投资（元/人）
昆明市	5.36	33 549.00	205.48	15.39	16 465.17	5 810.00	45.32	41.00	30.99	9 881.93
曲靖市	2.79	17 228.00	6.01	15.46	3 972.06	4 130.00	52.37	11.38	1.13	4 211.03
玉溪市	4.88	32 089.00	21.34	14.28	6 137.37	5 747.00	62.18	17.00	2.52	5 031.66
保山市	1.71	10 469.00	22.10	17.70	3 362.21	3 627.00	30.87	9.96	4.84	3 614.18
昭通市	1.29	7 193.00	0.34	18.47	2 024.63	2 769.00	46.05	6.78	0.22	3 174.41
丽江市	1.95	11 680.00	3.84	18.99	3 651.56	3 410.00	38.34	13.88	1.71	8 114.45

续 表

	X_1	X_2	X_3	X_4	X_5	X_6	X_7	X_8	X_9	X_{10}
	劳动生产率（万元/人）	人均GDP（元/人）	实际利用外资（美元/人）	GDP增长速度（%）	居民人均消费水平（元/人）	农民家庭人均收入（元/人）	第二产业增加值占GDP比重（%）	城市化水平（%）	外贸依存度（%）	人均国有经济固定资产投资（元/人）
普洱市	1.64	9 584.00	0.84	17.19	2 853.97	3 456.00	33.77	13.08	4.47	3 992.47
临沧市	1.63	8 988.00	15.83	19.65	2 984.32	3 279.00	35.11	9.91	2.81	4 251.18
楚雄州	2.45	14 960.00	8.05	17.67	4 910.10	3 896.00	42.45	14.51	1.61	3 943.84
红河州	2.47	14 546.00	5.76	15.96	3 405.87	3 922.00	53.07	17.24	5.18	5 034.46
文山州	1.56	9 456.00	1.42	15.78	4 078.45	2 806.00	37.03	8.55	1.61	4 040.95
西双版纳州	2.86	14 503.00	6.24	15.64	4 458.18	4 354.00	29.73	29.96	10.26	3 623.98
大理州	2.19	13 498.00	10.10	17.21	4 107.03	3 902.00	39.71	12.11	2.53	3 132.29
德宏州	1.93	11 681.00	32.68	21.54	4 481.56	3 368.00	33.86	19.04	52.63	4 087.02
怒江州	1.81	10 266.00	25.05	13.96	2 778.67	2 005.00	36.02	14.02	0.80	3 999.91
迪庆州	3.18	20 051.00	29.04	21.12	5 233.72	3 347.00	38.52	12.22	0.39	19 339.85

资料来源：云南省统计局编《2011云南省统计年鉴》，中国统计出版社。

为了消除数据量对统计结果的影响，需要对数据采用标准化方法进行变换，并利用 SPSS18 统计软件得到 X_1、X_2、X_3、X_4、X_5、X_6、X_7、X_8、X_9、X_{10} 相关系数矩阵（见表3）。

表3 各要素相关系数矩阵 Correlation Matrix

	X_1	X_2	X_3	X_4	X_5	X_6	X_7	X_8	X_9	X_{10}
	劳动生产率 X_1	人均GDP X_2	实际利用外资 X_3	GDP增产速度 X_4	居民人均消费水平 X_5	农民家庭人均收入 X_6	第二产业增加值占GDP比重 X_7	城市化水平 X_8	外贸依存度 X_9	人均国有经济固定资产投资 X_{10}
劳动生产率 X_1	1.000	.993	.692	-.367	.373	.883	.555	.718	.232	.409
人均GDP X_2	.993	1.000	.678	-.345	.383	.873	.597	.651	.218	.421

续 表

	X_1	X_2	X_3	X_4	X_5	X_6	X_7	X_8	X_9	X_{10}
	劳动生产率 X_1	人均 GDP X_2	实际利用外资 X_3	GDP增产速度 X_4	居民人均消费水平 X_5	农民家庭人均收入 X_6	第二产业增加值比重 X_7	城市化水平 X_8	外贸依存度 X_9	人均国有经济固定资产投资 X_{10}
实际利用外资 X_3	.692	.678	1.000	−.148	.27	.548	.103	.782	.520	.350
GDP 增产速度 X_4	−.367	−.345	−.148	1.000	.377	−.318	−.406	−.280	.302	.369
居民人均消费水平 X_5	.373	.383	.277	.377	1.000	.089	−.008	.119	−.009	.955
农民家庭人均收入 X_6	.883	.873	.548	−.318	.089	1.000	.526	.667	.246	.124
第二产业增加值占 GDP 比重 X_7	.555	.597	.103	−.406	−.008	.526	1.000	.036	−.175	.034
城市化水平 X_8	.718	.651	.782	−.280	.119	.667	.036	1.000	.566	.183
外贸依存度 X_9	.232	.218	.520	.302	−.009	.246	−.175	.566	1.000	.004
人均国有经济固定资产投资 X_{10}	.409	.421	.350	.369	.955	.124	.034	.183	.004	1.000

从表3可以看出，X_1 与 X_2、X_6，X_2 与 X_6，X_5 与 X_{10} 具有较大的相关性，如果直接进行分析，可能会带来共线性问题，因此，适用主成分分析法提取主成分，以便进一步分析。

采用主成分分析法，调用 SPSS 统计软件（采用的是 SPSS18.0 版本），得到相关系数阵的特征值、贡献率、累积贡献率，并根据特征根大于 1 的原则，确定主成分因子（见表4）。

表4　因子的特征值、贡献率、累积贡献率及因子荷载 Total Variance Explained

Component		Initial Eigenvalues			Component score Coefficient Matrix		
		Total	% of Variance	Cumulative %	1	2	3
dim ens ion 0	1	4. 707	47. 073	47. 073	. 208	−. 034	−. 085
	2	2. 246	22. 456	69. 529	. 206	−. 031	−. 112
	3	1. 663	16. 628	86. 157	. 170	. 061	. 213
	4	. 692	6. 923	93. 080	−. 062	. 347	. 109
	5	. 329	3. 286	96. 366	. 082	. 362	−. 231
	6	. 197	1. 970	98. 336	. 183	−. 121	−. 008
	7	. 108	1. 078	99. 415	. 101	−. 195	−. 333
	8	. 034	. 342	99. 756	. 170	−. 018	. 285
	9	. 024	. 237	99. 993	. 077	. 092	. 480
	10	. 001	. 007	100. 000	. 093	. 356	−. 220

Extraction Method：*Principal Component Analysis.*

参考陈辞等人的研究论文，其中用了因子负荷矩阵作为系数，本文按照正规做法，用了系数矩阵，而没有用负荷矩阵，这个不影响分析，具体载荷矩阵数据如下。

表5　**Component Matrixa**

	Component		
	1	2	3
劳动生产率	. 979	−. 077	−. 141
人均 GDP	. 967	−. 070	−. 186
实际利用外资	. 802	. 136	. 355
GDP 增产速度	−. 293	. 780	. 181
居民人均消费水平	. 386	. 812	−. 385
农民家庭人均收入	. 864	−. 272	−. 013
第二产业增加值占 GDP 比重	. 473	−. 439	−. 553
城市化水平	. 801	−. 040	. 473
外贸依存度	. 364	. 206	. 798
人均国有经济固定资产投资	. 437	. 799	−. 367

Extraction Method：*Principal Component Analysis.*

为了直观分析主成分，绘制了按特征值大小排列的主成分散点图。

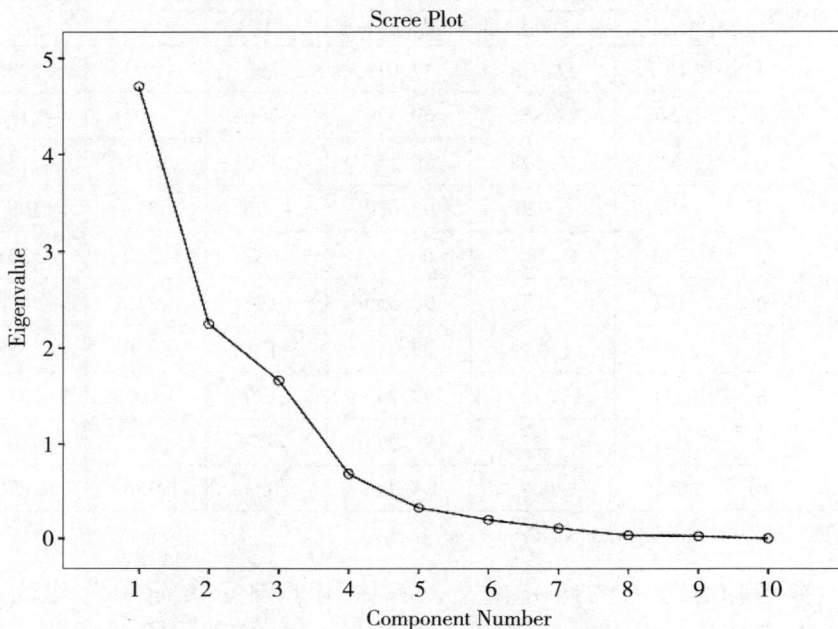

主成分散点图

由累积贡献率我们可以看到，前三个主成分 Y_1、Y_2、Y_3 的累积贡献率达 86.157%，基本上保留了原指标 X_1、X_2、X_3、X_4、X_5、X_6、X_7、X_8、X_9、X_{10} 的主要信息。根据累计贡献率达到 85% 的原则，选取前三个主因子。从因子载荷分析来看，在第一主因子上，人均 GDP、万人拥有专利授权数、居民消费水平、城乡居民人均储蓄存款余额、人均固定资产投资、农牧民人均收入、人均外商直接投资、外贸依存度等有较大的载荷，它们反映影响我国产业结构转换的需求能力、技术贡献、供给能力、对外贸易的作用，这些都可以归结为需求能力、供给能力，因此我们称为需求—供给因子；在第二主因子上，体现为全员劳动生产率、资金利税率和万人拥有教师数，称为技术因子；在第三主因子上，固定资产投资占 GDP 比重、财政收入占 GDP 比重有较大载荷，称为政策因子。从综合主成分的载荷来看，前三个主成分所解释的信息量的比重占了总信息的绝大部分，因此可以得到以下结论：影响我国产业结构转换能力的主要因素依次为需求因素、供给因素、技术创新因素、外贸因素、经济政策，其中起决定作用的是需求因素、供给因素和技术创新。故选 Y_1、Y_2 和 Y_3 分别为第一、第二、第三主成分，这样使原来的 10 个指标转化成 3 个新指标。前三个主成分 Y_1、Y_2、Y_3 的线性组合为：

$Y_1 = 0.208X_1^* + 0.206X_2^* + 0.170X_3^* - 0.062X_4^* + 0.082X_5^* + 0.183X_6^* + 0.101X_7^* + 0.170X_3^* + 0.077X_9^* + 0.093X_{10}^*$　$Y_2 = -0.034X_1^* - 0.031X_2^* + 0.061X_3^* + 0.347X_4^* + 0.362X_5^* - 0.121X_6^* - 0.195X_7^* - 0.018X_8^* + 0.092X_9^* + 0.356X_{10}^*$　$Y_3 = -0.085X_1^* - 0.112X_2^* + 0.213X_3^* + 0.109X_4^* - 0.231X_5^* - 0.008X_6^* - 0.333X_7^* + 0.285X_8^* + 0.480X_9^* - 0.220X_{10}^*$

其中，X_1^*、X_2^*、X_3^*、X_4^*、X_5^*、X_6^*、X_7^*、X_8^*、X_9^*、X_{10}^* 是经过标准化的处理值。

从主成分因子系数来看，劳动生产率（X_1）、人均 GDP（X_2）、实际利用外资（X_3）、农民人均收入（X_6）、城市化水平（X_8）在第一主成分中有较大的系数；GDP 增长速度（X_4）、居民人均消费水平（X_5）、人均国有经济固定资产投资（X_{10}）在第二主成分中有较大的系数；外贸依存度（X_9）在第三个主成分中有较大的系数。

根据以上结果，劳动生产率主要标识技术创新能力，人均 GDP 主要反映积累能力，农民人均收入和居民人均消费水平主要反映需求状况，实际利用外资和外贸依存度，说明对外开放的深度和广度对地区产业结构调整会产生较大的影响；GDP 增长速度和城市化水平以及人均国有经济固定资产投资，说明经济发展速度的快慢和固定资产投资的额度的大小以及城市化水平对云南的产业结构调整也有一定的影响。

由上述主成分分析的结果可知，影响云南产业结构调整的主要因素是积累能力、技术创新能力、需求状况、结构特征和利用外资状况以及城市化水平。

研究结论少了第二产业的比重，但多了城市化水平这个指标，说明城市化水平也在深刻影响着云南产业结构。

下面根据主成分的信息贡献率及其线性组合，分别对云南各地区的产业结构转换能力进行评价。3 个主成分的信息贡献率分别是47.073%、22.456%和16.628%，以此为权重加权合成一个地区产业结构变动能力的综合评价模型：

$$Y = 0.4707Y_1 + 0.2245Y_2 + 0.1662Y_3$$

运用上述模型，对云南各地区产业结构转换能力进行综合分析与评价（见表6）。

表6　云南各地区产业结构转换能力综合得分及其位次

地　区	Y_1	Y_2	Y_3	Y	位　次
昆明市	10 292.51	7 746.298	−9 724.99	4 967.437	1
曲靖市	5 030.047	1 898.538	−3 817.47	2 159.401	4
玉溪市	8 646.365	2 316.745	−6 173.61	3 563.9	3
保山市	3 440.374	1 742.04	−2 771.96	1 549.772	11
昭通市	2 454.726	1 302.278	−2 005.15	1 114.546	16
丽江市	4 090.426	3 435.108	−3 969.4	2 036.831	6
普洱市	3 217.474	1 738.728	−2 642.13	1 465.688	13
临沧市	3 098.918	1 919.319	−2 659.67	1 447.511	14
楚雄州	4 571.794	2 244.436	−3 714.36	2 038.492	5
红河州	4 470.881	2 095.328	−3 562.38	1 982.777	7
文山州	3 176.58	2 280.598	−2 919.88	1 521.926	12
西双版纳州	4 496.573	1 927.889	−3 479.93	1 970.984	8
大理州	4 130.103	1 710.045	−3 185.54	1 798.508	9
德宏州	3 785.542	2 314.964	−3 241.04	1 762.902	10
怒江州	3 091.406	1 868.103	−2 688.6	1 427.669	15
迪庆州	6 981.065	7 754.322	−7 737.18	3 740.912	2
全省平均	4 685.924	2 768.421	−4 018.33	2 159.329	

注：云南省各地区的区域划分为：滇中（昆明、玉溪、楚雄）、滇东南（红河、文山）、滇东北（昭通、曲靖）、滇西南（临沧、普洱、西双版纳）、滇西（大理、保山、德宏）、滇西北（丽江、怒江、迪庆）。

（三）结　论

与陈辞得出的结论不同，迪庆州各方面指标排名由第六名上升到第二名，主要源于人口基数少，国有经济固定资产投资指标明显大于其他地区的数值，最后总值也显示最大。从表6中可以看出以下特点：

（1）云南区域产业结构转换能力的地域差异性非常显著，滇中地区远高于其他州市。综合评价值高于全滇平均水平的有4个州市，其中2个位于滇中，而另外2个1个位于滇西南的迪庆，1个位于滇东北的曲靖。

（2）云南区域产业结构转换能力与区域经济发展水平呈很强的正相关关系。如果以人均GDP大小排位来代表区域经济发展水平，以产业结构转换能力得分位次表示产业结构转换能力，通过SPSS相关分析可以得到二者之间的相关系数R高达0.866。从排名上看，前2名是昆明市、玉溪市，它们是云南经济发展水平最高的区域；最后2名是滇东北的昭通市和滇南的文山州，这是云南经济发展水平最低的区域。（这个分析和此次最新数据相吻合，没有任何变化）

（3）产业结构转换能力强的区域是目前产业结构较合理，并正向现代化产业结构演进和转换的区域，如昆明市和玉溪市，外加迪庆、曲靖，上升比较明显。

通过对云南及各州市产业结构转换能力的分析，本文主要得出了以下结论：①产业结构转换能力整体水平比较低，而且各地区间产业结构转换能力的差异比较明显，根据西部各地区的产业结构转换能力综合指数从总体上来说，还是呈现出下降的趋势。②影响云南各地区产业结构转换能力的原因主要包括地区的经济发展水平落后、产业结构发育程度低、创新能力弱、国家对西部产业政策的制定和实施存在着缺陷等几方面。其中，经济发展水平较低主要体现在资本自身积累和资金供给不足、长期以来受"二元结构"的影响、基础设施建设不完善和投资环境差、市场化程度低四个方面；产业结构发育程度低体现在产业层次低、发展缓慢、工业化进程缓慢、产业结构体系不完善四个方面；创新能力弱主要体现在科技创新投入产出明显低于中东部地区、科技力量薄弱、科技需求严重不足、创新创业人才流失等几方面；产业政策方面则主要体现在国家产业政策的制定和西部地区产业政策的实施存在着缺陷两个方面。

（四）建议

加快云南各地区的经济发展、提高各地的经济发展水平，制定产业发展规划、引导产业结构的发育，提高创新能力，制定促进发展的合理的产业政策和实施可持续发展战略，是提高产业结构转换能力的有效对策。其中，提高经济发展水平的措施包括完善融资机制、加强自身的资本积累，以政府政策来营造有利的经济发展宏观环境，加快基础设施建设和加快市场体系的培育和发展等方面；促进产业结构的发育包括走适合区情的产业发展路子，调整产业内部结构、加快传统行业的改组和改造步伐，政府实施政策优惠、扶持产业发展，实施多元化的产业发展战略四个方面；提高创新能力的对策包括强化体制改革，强化企业的科技创新能力、转变政府职能，提高调控创新活动的效率、制定有效措施，培育新人才，充分发挥人才作用、建立和健全创新中介服务体系、推动西部区域创新系统的建设五个方面；而实施可持续发展战略主要体现在发展循环经济，改变不当的经济发展方式等方面。

（作者单位：孙雷鸣，西南林学院；宣宜，云南省社会科学院经济所）

2011～2012 年度云南省现代农业园区发展报告

邹雅卉　　杨正权

现代农业园区是以高新技术为手段，运用科技开发、示范、辐射和推广等方式有选择地介入农业生产、加工、流通和销售等相关环节，集新品种新技术引进、标准化生产、农产品加工、营销、物流等各种经营形式为一体的综合经济体。农业园区能有效地促进农产品增值，积极地推进农业产业化经营，促进农民增收。农业园区是传统农业向现代农业转变的渠道，是现代农业发展的展示窗口，是农业科技成果转化的孵化器，是提高农村经济效益和农民收入的必然选择，也是云南省深入实施建设绿色经济强省、民族文化强省、面向西南开放重要桥头堡"三大战略"的一个重要抓手之一。

从目前云南省现代农业园区的发展来看：农业园区发展态势良好，园区建设规模不断扩大，经济效益不断提高，辐射带动能力不断增强，为加快推进云南的现代农业建设奠定了基础。另外，由于云南省农业园区建设和运行时间较短，缺乏足够的经验，加上本省自然条件、生产条件方面的限制，我省的现代农业园区建设中存在同质化、发展不平衡，产业集中度不高、体制不完善等突出问题。针对当前云南提出将园区经济作为促进产业升级，实现跨越式发展的战略抓手的机遇，笔者提出：要以发展工业的理念来谋划现代农业园区的发展思路，跳出农业本身来发展农业。具体的建议措施有：打破同质化瓶颈，实行差异化发展；利用农民合作组织加强农业园区与农民之间的紧密联系；整合资金等。

一、2012年云南省农业园区发展基本情况

根据云南省农业厅对全省现代农业科技园区建设情况的统计调查，目前全省共有农业园区1 129个，其中：国家级农业园区14个，省级农业园区43个，州市级园区78个，县级及以下园区994个；从区域分布上，农业园区主要集中在曲靖、普洱、红河、德宏等农业比较发达的州市。

云南省现代农业园区数量以及分布表

园区级别 分布区域	国家级	省级	州市级	县级及以下
昆明市			8	
昭通市			6	61
曲靖市	2	13	23	587
楚雄州	1		4	21
玉溪市		1		43
红河州	5	1	1	52
文山州				
普洱市	2	11	24	56
西双版纳州			1	
大理州		3	2	26
保山市		11	3	30
保山市（畜牧）			1	16
德宏州	3	1	2	50
丽江市	1	1	2	6
怒江州			1	39
迪庆州				
临沧市		1		7
合计	14	43	78	994

数据来源：云南省农业厅产业处。

按照产业类型划分，农业园区主要分为专业型园区（指单一主导产业为主的园区，包括种植、养殖园区、农产品加工、农产品物流等园区）和综合型园区（指多种主导产业集群发展的园区）两大类，现有专业型园区 992 个，综合型园区 152 个。按照园区功能划分，主要分为生产型园区、品种、技术展示示范型园区和休闲观光型园区三类，现有生产型园区 862 个，品种、技术展示示范型园区 219 个，休闲观光型园区 63 个。

二、2012 年云南省现代农业园区建设取得的成绩

（一）提升了全省农业科技整体水平

科技示范和推广是现代农业园区最主要的一个功能，通过引进、消化、吸收国内外现代农业高新技术、先进设施和科学管理模式，在不同的农业生产区域运用适应当地的技术，从而提高农业项目的科技含量和附加值。红河农业科技园区与省内外科研机构、高校广泛开展科技合作，健全完善园区独立研发机构 13 家，结合示范项目和示范园建设，扶持企业建立内部研发机构 25 家，引进各专业较高层次人才 401 人，培养乡土人才 17 431 人。截至 2012 年，全省各类农业园区累计引进示范优质稻、特色蔬菜瓜果、花卉等新品种、新技术 3 108 个（项），推广新品种、新技术 1 985 个（项）。各类农业园区辐射推广面积 938 万亩，培训农民约 187 万人次。建成品种、技术展示示范型园区 216 个，积极开展示范推广应用工作。

（二）加快了云南现代农业建设的发展

现代农业园区建设，各级政府和入住园区的企业投入了大量的基本建设资金，优先解决水、电、路和农业生产设备等一些农业设施，加强了云南农业基础设施建设，农业设施有了较大的进步。玉溪市的省级农业科技园已成为应用高新技术改造传统农业的示范园，试验示范活动带动了区域性大产业，起到了"拨亮一盏灯，照亮一大片"的效果。园区内的高仓花卉示范园、九溪出口花卉示范园、九龙花卉示范园等大力推进了玉溪市花卉产业的

发展，使得玉溪市的花卉种植面积、产值和出口创汇年年攀升。

（三）园区建设在带动农业和农民增收入方面表现不俗

云南现代农业园区的建立，已成为区域农业高新技术产业化发展的基地和应用高新技术改造提升传统农业的技术辐射源，对区域经济的发展产生了良好的经济效益。园区总产值达1 878 965.54万元，农业总产值1 738 477.19万元，带动农民4 956 886人，全省园区内农民人均纯收入273 834.33元。

（四）为全省优势产业的培育奠定了基础

依托资源优势，大力发展特色农业，进而形成农业增效和农民增收的支柱产业。农业科技园区先后开发出一些具有特色的农产品项目，为培育云南优势产业奠定了一定的基础。开发出一些特色农产品项目，加快了农业产业化发展步伐。

楚雄园区建设把培植农业特色产业、扶持壮大农业龙头企业作为扎实推进农业产业化的根本动力。一是培植特色产业，稳步推进优势农产品基地建设。扩大蔬菜、蚕桑、优质稻、啤酒大麦、马铃薯等特色优势农产品种植规模，发展人工食用菌等特色产业，逐步形成优势农产品规模化种植、标准化生产、产业化经营格局。二是围绕主导产业壮大农业龙头企业。根据上级扶持政策导向，积极组织企业申报扶持项目。

曲靖麒麟农业科技在经济作物的发展中，紧紧围绕"以城带乡、以工促农、推进城乡一体化"发展的指导思想，依托区位优势和资源优势，重点在建基地、舞龙头、抓服务、兴科技上下工夫，着力打造供港（外销）蔬菜、速冻蔬菜、水生蔬菜、韭菜花、优质葡萄、优质蚕茧、出口花卉、绿化观赏苗木等产供销一体化生产基地，培育了一批产业化优势区域，形成了一批优势农产品生产基地，创建了一批优势品牌，使经济作物在集设施、节水、科技、高效和特色一体的现代农业发展上初具规模，稳步推进了全区经济作物朝着"产业化、规模化、区域化、标准化"的方向发展。

昆明农业科技园区建设依托花、菜、林、果等优势产业，布局大型农业园区和专业市场，建立市民农艺园、农业主题公园，大力发展农产品精深加工，实现了农业生产、加工、销售布局的有机结合。

红河充分发挥区域比较优势，推进农业区域结构调整，加快构建优势农产品产业带。全州重点培育壮大优质稻米、优质烤烟、优质甘蔗、无公害蔬菜、"双低"油菜、优质水果、优质茶叶、花卉、杂粮、新兴生物资源创新、橡胶、香料、优质瘦肉型猪、优质牛羊及特色家禽、水产养殖 16 个优势产业。

三、存在的问题和不足

与国内其他省农业科技园区相比，云南省的农业科技园区建设起步较晚，发展速度较慢，明显落后于国内其他省份。目前云南的现代农业园区还存在规模偏小、园区建设同质化问题比较严重等成长中的问题。

（一）园区规模偏小，层次不高，园区建设同质化严重

从园区基地的建设规模和发展情况看，按照科技部对国家级农业科技园区的要求，示范园的中心园区规模应为 1 万亩，而云南省规模最大、级别最高的红河国家农业科技核心园区的建设规模只有 500 亩，离国家级农业科技园区的要求甚远，其他农业科技园区的规模就更小。而建设规模为 1 000 亩以上的园区有 165 个，仅占现有园区建设的 14.61%；500～1 000 亩的有 138 个，占 12.22%；100～500 亩的有 195 个，占 17.27%；100 亩以下的就占了园区建设规模的 55.89%。此外，在云南省的现代农业园区中，县级以下的园区占了 88.04%，地市级的园区占 6.91%，省一级的园区只占 3.81%，国家级的仅占 1.24%。

从园区建设来看，云南省现在虽然有几十个不同级别、不同名称的农业科技示范园（场），但园区内的示范项目和内容大同小异，比较普遍地采用了"温室/大棚＋瓜果、蔬菜、花卉"的模式。园区的主打产业集中在传统的种植（43%）和养殖业（51%）上，而且由于受自然环境和市场的限制，种植业和养殖业的产品集中在传统优势农产品茶叶、水果、蔬菜上。这样的现状造成基础设施的重复建设，导致园区产业结构趋同，缺乏有特色和竞争力的产品，浪费了大量的人力、物力和土地，不但影响

了科技园区自身的效益和持续发展能力，对园区周边地区农业结构优化、产业升级、农业增效和农民增收的带动也不大。同一产业类型的企业之间存在产品种类、生产工艺、目标客户雷同，低水平同质化竞争激烈，制约了产业聚集群作用的有效发挥。

（二）土地流转难度大

现代农业园区需要连片的土地发展规模经营。但是，现行的法规对于规模较大的土地流转存在着一定的限制。就云南省现有现代农业园区土地的流转来看，有相当一部分土地是依据地方政府制定的园区建设/发展规划，动员农民流转的；但是，现代农业园区里如果要建设办公室、加工厂房等，就与"三不准"规定，即"不得改变土地集体所有性质、不得改变土地用途、不得损害农民土地承包权益"发生冲突，对土地用途的限制在一定程度上挫伤了入园企业投资的积极性。

此外，园区土地流转过程中存在的突出矛盾在于以下两方面：一是经营者对投资长期收益稳定的要求与流出农户的流转意愿短期化的矛盾，二是土地可流转资源分散与集中连片的规模经营不相适应。随着经济的发展，希望投资于农业并具有较强资本运作能力和市场开拓能力的投资者日益增多，对他们来说，土地集中连片是进行规模经营的先决条件，在流转土地过程中遇到不愿意流转土地，也不愿调换土地的农户时，园区管理方和入驻企业/投资者都没有有效解决措施。另外，农户中也有相当比例的人希望流转时间能够由自己灵活安排，以短期多次流转为主，不愿一次性长期流转，这直接导致农业园区建设需要投入的成本上升，给入驻园区的企业/投资者的投资意愿带来了很大的影响，也给园区管理带来了难度。

（三）资金短缺

如前文所述，现代农业园区是一个集新品种新技术引进、标准化生产、农产品加工、营销、物流等各种经营形式为一体的综合经济体，在建设初期和后续开发中都需要有大量的资金投入，目前云南省的现代农业园区建设中普遍存在国家支持力度不够、开发建设资金不足，而且资金的使用和管理分散等问题。

当前园区建设资金主要来源于地方财政支持、金融部门贷款和企业投资。在园区的建设和发展中，进入园区的企业是投资主体，由于园区内企业经营的项目均属于科技含量较高、投入较大、风险较高的设施农业，金融机构对这些企业不大愿意贷款。企业贷款难，是影响企业发展的一大难题。由于资金紧缺导致难以开展有计划、按步骤的开发建设活动，一些具有前瞻性、全局性的农业高新科技产业开发项目就无力安排实施。随着园区进一步发展，需要不断加大科技集成、转化和示范力度，对资金的需求也进一步加大，如果仅只是简单的招商引资就远远不能解决问题，资金短缺或经费投入不足问题制约了农业科技园区的可持续发展。

到目前为止，许多州（市）县尚没有出台扶持现代农业园区建设与发展的专项政策。

（四）缺乏足够的应对市场风险的能力

现代农业园区的建设是以经济组织形式运作的一种现代农业改造传统农业的行为，这就意味着园区的建设存在不可避免的两个问题：一是作为经济组织运作必须考虑的利润最大化原则；二是作为农业生产从先天就具有的农产品风险。对于园区这种较大规模的农产品生产者，市场风险是不可忽视的大事，农产品市场价格、入市条件、社会生产总量、气候条件变化等等，都能够左右市场风险的摇曳。但是，从目前我省现有的农业园区的发展规模和水平来看，由于受到诸多现实问题的制约，产业链条不够完整，有生产基地，无加工厂房；一些示范区有规模的生产基地，但是缺乏足够的技术转化能力；有的示范区缺乏配套原料基地，产能严重过剩；有的示范区缺乏与市场的有效对接，产品销售不畅；还有的示范区包装、仓储、物流等配套产业发展滞后，服务功能不完善等，农业园区不能实现利润最大化，抵抗市场风险的能力很弱。

（五）体制缺陷，经营理念不够灵活

其一，农业科技园区市场化程度低。大部分园区都是按地方政府的意图建立起来的，其管理体制和运行机制基本上是按照计划经济运行体制和管理方式操作的。不管园区经营主体是政府单位还是企业，政府的行政干预过多，园区的企业化管理制度不健全，经营缺乏应有的活力，经济效益很难得到应有的体现，大多数园区难以持续经营。

其二，现有的农业园区经营理念更看重农业技术的创新和示范，缺乏体制机制创新示范。大部分农业科技园区追求农业新技术和农业技术推广示范，不太注重农业生产及内存发展的体制机制创新示范。农业科技园区创办的主要目的是解决当时的农业问题，但是事实上，家庭联产承包责任制改革后，我国的农业生产力以及发展到了一定程度，需要生产关系的调整与之相适应，因此，目前迫切需要的是农村生产关系的体制机制创新，以推动生产关系调整。

四、促进云南省农业产业园发展的建议

为了实现以园区经济为抓手，以发展产业作为全局之重，通过产业发展来实现云南省经济社会跨越发展的宏伟目标，我们必须按照区域化布局、产业化开发、多元化投入、特色化经营的思路，不断加大农业综合开发力度，把加快发展现代农业园区作为培育优势特色产业，引导农业结构调整，促进农业科技成果转化，带动农民增收的重要工作来抓，建立"以市场为导向，以企业为龙头，以农户为基础，以合作社为平台，通过体制机制的创新，使农户经营、合作经营、公司经营三大制度优势得以充分发挥和有机整合，形成农户、企业、园区共赢的'三位一体'的农业产业化经营机制"。

（一）整合支农资金，创新政府资金使用方式

按照"性质不变、渠道不乱、优势互补、共同建设"的原则，把一些分散在多个部门的小项目集中起来，重点支持示范区建设。首先，在省一级层面，以农业开发资金为主体，与国土、科技等部门协调，整合各部门的资金支持示范区建设。其次，利用财政部门管理资金优势，在厅内对各处室资金进行整合，集中资金和项目向示范区适度倾斜。最后，指导示范区当地政府全面整合现有支农资金和项目，多方联动，在保持立项、审批、管理、监督、验收原渠道不变的前提下，通过科学规划、合理安

排，进行资金整合。

（二）积极引导农民进行土地流转，提高土地经营规模和效益

土地规模经营是发展现代农业的前提。为此，在坚持"依法、自愿、有偿"原则的前提下，以符合政策、农民意愿为前提，以群众利益为根本，采用统租转包（即在农民自愿的基础上，由村组织统一流转农户承包的土地，然后按一定的价格和租期方式，统一租赁给公司（企业）。公司（企业）则根据产业发展或基地建设的要求，对租赁的土地进行重新规划、整理和基础设施投入，然后将土地或大棚再次承包给农户或合作社。应采取土地入股等多种形式，积极引导农村/农民进行土地流转，促进土地向高科技农业企业集中，向种田大户集中，鼓励"农业企业主导型土地流转""大户承包型经营流转""利用合作社平台组织村民采取土地入股的形式进行流转"等多样化的土地流转模式，更有效地推进规模化生产、集约化经营，提高土地的利用率和产出率，促进入驻园区公司和农户/合作社加强联系，实现双方的共赢。

将农业园区建设与"城镇上山""农民进城"以及未来的"新型城镇化"结合，创新农业园区建设发展方式。在实施土地治理、规模经营的同时，一方面因地制宜，推动园区/厂区建设上山，因势利导发展园区的观光农业；把分散居住的农民适度集中，按照小城镇标准建立农民新村，完善配套设施，逐步将村民迁入新村，加强农村小城镇建设，把农业园区建设与新型城镇化结合起来。另一方面，将农民迁出后腾出的原宅基地还原为耕地，充分利用土地，增加耕地面积。

（三）促进农民就业，推动园区建设顺利实施

农业产业园区建设不能把注意力只放在农业上，必须要跳出农业发展农业，以工业的理念来发展农业，还要把二、三产业结合起来，充分考虑到农民的就业问题，多渠道解决示范区内农民的就业：一是引导农民外出务工；二是在示范区内大力发展设施农业、休闲农业、观光农业，延伸产业链条，扩大产业规模，解决农民就业；三是要把现代农业园区建设与工业园区建设结合，做到联动发展，优先吸纳土地流转到农业园区内的农民到工业园区就业；四是搞好小城镇规划，通过发展小城镇的第三产业解决农民就业。

（四）整合龙头企业发展，建立龙头企业联盟

龙头企业是农业科技园区的核心和主体，龙头企业经济实力的强弱、带动能力的大小，决定着企业园区产业化经营的强度、规模和成效。要打破所有制、地域、行业界限，坚持一视同仁、不分亲疏，只重业绩、不看成分，培育、壮大一批基础雄厚、辐射面广、带动能力强、能够进入国内外市场的龙头企业。要加大对外开放力度，瞄准国际、国内市场变化，进一步拓宽招商引资渠道，主动出击，积极引进一批具有较强市场竞争力的大型工商企业，利用其技术、市场网络等优势，提高龙头企业的规模和水平。要鼓励龙头企业与科研院校开展多层次的联合与协作，走"产业研"相结合的路子，形成直接面向市场的新产品开发和技术创新机制。

支持龙头企业强强联合，着力打造一批农业产业化经营龙头企业的"联军"。要支持生产经营大户、专业协会、专业场（站）、专业合作经济组织等加强联合，扩大经营规模。与此同时，须进一步完善企业与农户的联结机制。要引导龙头企业和与农民通过合同契约、股份合作、股份制、利润返还、托管或租赁经营等多种形式，结成经济利益共同体。龙头企业要充分认识其与农户的相互依存关系，本着与农户共荣的原则，把加工、销售等缓解的利润按市场经济规律返还一部分给原材料生产环节，让农民获得一部分加工、经营环节的利润。农户要克服小农经济意识，自觉参与和关心龙头企业和合作经济组织的发展，提高履行合同的义务和责任，实现企业与农户的"双赢"。

（作者单位：云南省社会科学院）

云南县域经济发展报告

范　刚

一、云南省县域经济总体发展态势

党的十六大第一次提出了"县域"这个概念，而且发出了"积极推进农业产业化经营，提高农民进入市场的组织化程度和农业综合效益。发展农产品加工业，壮大县域经济"的号召，十六届三中全会又进一步强调"要大力发展县域经济"，十七大进一步明确提出要壮大县域经济。在这样的背景下，发展县域经济的问题被提到了议事日程，并受到前所未有的重视和关注。

在国家政策导向之下，云南结合自身实际，迅速制定了县域经济的发展思路、发展目标及战略重点。2004 年，云南省委、省政府出台了《关于加快县域经济发展的决定》和《云南省县域经济综合评价及考核办法》等 4 个配套文件，确定了 47 个县（市、区）在 2005～2007 年三年时间开展县域经济发展试点工作。全省各级党委、政府高度重视发展县域经济，把加快发展县域经济作为统筹协调城乡发展、解决"三农"问题、推进社会主义新农村建设和全面建设小康社会的一项重要举措。3 年过去了，47 个县（市、区）的生产总值、地方一般预算收入年均递增12.6% 和 22.6%，分别比试点前提高 4.5 和 14.1 个百分点，比同期全省平均水平高 1 个百分点，取得了"试点先行、示范带动、积累经验、促进发展"的良好效果。

2008年,省委、省政府继续加大对县域经济发展的支持力度,在项目支撑、资金支持、政策推动等方面继续高位推进,并在47个试点县(市、区)取得经验的基础上,提出了在全省全面推广的实施指导意见:将全省129个县(市、区)分为三类,进行分类考评。一类超前发展县,共35个县(市、区),整体基础设施完善,综合实力较强,具有较强的自我发展能力和引导带头作用;二类加快发展县,共58个县(市、区),有一定发展潜力,加以扶持能够促进其加快发展;三类跨越发展县,共36个县(市、区),发展基础差,发展难度大,受自然条件限制,发展相对滞后。至2010年,全省县域经济在转型跨越中统筹推进,县域综合实力得到提升,对全省经济的贡献率不断提高:全省一类、二类、三类县(市、区)的地区生产总值增速分别为13.8%、13.2%和14.7%;固定资产投资增速分别为27.1%、37.8%和44.8%;地方财政收入增速分别为24.9%、29.8%和29.2%。各项主要经济指标增幅均高于全省平均水平。县域生产总值超过50亿元的县(市、区)达到36个,超过100亿元的县(市、区)达到16个。25个县(市、区)的地方财政一般预算收入超过5亿元。

2012年2月召开的云南省第九次党代会正式确定了打好园区经济、县域经济、民营经济"三大战役"战略方针,要求通过打好"三大战役",力争到2016年,云南省国内生产总值、人均生产总值、财政总收入、全社会固定资产投资比2011年翻一番以上,城镇居民人均可支配收入和农民人均纯收入实现"两个倍增"。随着"三大战役"相关政策的落地及各项工作的开展,园区经济、县域经济、民营经济合力拉动云南省经济实现新跨越。这"三大战役"中,联系着最广泛国民的是县域经济。做大做强县域经济,无疑是让最广泛群众搭乘上"致富快车"的最直接路径。

2012年7月31日,云南省召开省委工作会暨全省县域经济推进大会,首次以省委工作会的高度专题讨论县域经济的发展。大会发布了省委、省政府《关于推动县域经济跨越发展的决定》(以下简称《决定》)和《云南省县域经济发展争先进位评价体系及考核办法(试行)》,决定通过简政放权优化发展环境,不断完善投资、金融、土地、产业扶持等政策措施做强县域经济。

省委、省政府将每年对全省 129 个县（市、区）县域经济发展情况进行综合考评，对综合成绩突出和"争先进位"较快的各 10 个县（市、区）给予奖励，以尽快形成全省县域经济比学赶超、奋发有为、求真务实的干事环境和干部选拔任用新机制。此次大会表彰了 2011 年度云南县域经济发展十强县和先进县暨县域经济发展财政包干考核县，奖金高达 1.95 亿元。《决定》提出，力争到 2016 年，全省要培育地区生产总值超 1 000 亿元的县（市、区）3 个，500 亿元的 5 个，200 亿元的 10 个，100 亿元的 50 个；其他县（市、区）在 2011 年的基础上翻一番，使全省县域经济实力、竞争力明显增强。《决定》进一步将省和州（市）的部分管理和审批权限下放到县级，并将选择有条件的县开展"省直管县"试点工作，选择部分人口多、经济发展较快、发展潜力大的重点镇开展"扩权强镇"试点，赋予试点镇部分县级行政管理审批权限。《决定》还围绕提高县域金融服务水平、加强建设用地需求保障、加大县域主导产业扶持力度、提高项目审批效率等方面作出了创新。

从 2004 年至今，云南省县域经济取得了较快发展，但目前云南省县域经济发展远远滞后于全国其他省（区、市）的局面尚未改变，县域经济还不够发达，发展活力仍然不足，财政困难问题仍然没有大的改善。

云南现有县区级行政单位 129 个，其中市辖区 13 个，县级市 11 个，行政县 105 个。116 个县及县级市中，大多数是农业弱县、工业小县、财政穷县和农民生活水平低的县。

2011 年，云南省县域平均地区生产总值为 68.9 亿元，人均地区生产总值为 19 265 元，县域平均财政收入为 8.6 亿元，人均财政收入为 2 407 元。县域平均地区生产总值不到全国的 70%，仅为江苏的 10% 左右。云南 10 个县的经济总量，才相当于江苏省一个县，这充分说明云南县域经济与全国先进省份比，存在较大差距。县域经济的长期不发达，导致我省城镇化率远低于全国平均水平。2011 年，我国城镇化率为 51.27%，而云南为 36.8%。也就是说，云南每 100 个人中，有 63 个人住在乡村。

2011 年 10 月 10 日，据"中郡县域经济研究所"公布的第十一届全国县域经济基本竞争力百强县（市、区）里，仍然没有云南的县（市、区）。入围全国百强县最多的是江苏省，为 29 个。

评价中心将参加全国县域经济基本竞争力评价的西部12个省（区、市）的县（市、区）单独列出来，按照县域经济基本竞争力进行排列，评出的西部县域经济基本竞争力百强县（市、区）里，云南省有11个，但这11个县（市、区）总体排名也都靠后。在省内，云南省2011年度县域经济发展十强为：昆明五华区、官渡区、西山区、盘龙区、安宁市、晋宁县，曲靖麒麟区，玉溪红塔区，丽江古城区，大理市，其中昆明市有6个。云南省还评选了2011年县域经济发展先进县，并对完成财政包干考核任务的县区给予奖励，以促进县域经济发展。2011年，云南省129个县（市、区）共上缴中央"两税"919.6亿元，同比增长19.9%，完成地方一般预算收入558.7亿元，同比增长26.1%。

　　总体来说，云南省县域经济发展总体实力较弱，全省县域经济竞争力长期处于全国的后列，县域经济规模较小，但云南省委、省政府正以前所未有的决心和力度谋求改变县域经济薄弱的困局。

二、云南省县域经济发展面临问题分析

（一）贫困面大，脱贫任务艰巨

　　2012年3月19日，国务院扶贫开发小组办公室在其官网上发布《国家扶贫开发工作重点县名单》，云南129个县（市、区）中有73个县被纳入国家扶贫开发工作重点县名单。在此名单中，中国西部省份贫困县最多，而其中贫困县最多的是云南省73个，成为我国扶贫攻坚的主战场。云南省贫困区主要集中在乌蒙山片区、滇桂黔石漠化区、滇西边境山区和藏区，这4个连片贫困地区共85个县，占全省129个县（市、区）的66%；人口2 784万人，占全省总人口的63%。这4个片区是云南省贫困人口比重最大、深度贫困人口最集中的地区。按照1 274元的扶贫标准（2011年11月29日召开的中央扶贫开发工作会议决定将我国的扶贫标准由目前的1 274元提高至2 300元）计算，有贫困人口288万人，占全省贫困人口总数的89%，其中，深度贫困人口147.5万人，占全省深度贫困人口的92%。农民年人均纯收入

3 081 元，仅为全省农民人均纯收入的 77.9%。少数民族人口 1 058 万人，占全省少数民族人口的 74.4%，8 个人口较少民族基本集中在 4 个片区内。

（二）县域经济发展不平衡，经济总量低，实力不强

在云南省县域经济整体有所发展的同时，还存在着严重的地区发展不平衡性，造成地区发展差异大的局面。在经济总量上，2011 年，我省 GDP 最高的五华区为 608.1 亿元，最低的贡山县为 4.6 亿元，仅为五华区的 0.76%；在人均收入上，人均 GDP 最高的是红塔区 103 071 元，最低的是镇雄县 5 077 元，仅为红塔区的 4.9%；在农民年人均纯收入上，最高的是官渡区 10 598 元，最低的是福贡县 1 832 元，仅为官渡区的 17.2%；在县财政收入上，最高的官渡区为 32.18 亿元，最低的西盟县为 0.37 亿元，仅为官渡区的 1.15%；在人均地方财政收入上，最高的是盘龙区 3 754 元，最低的是红河县 212 元，仅为前者的 5.6%。从以上对比可看出，云南省各地区县域经济发展状况差距巨大，且各州市自己管辖县域之间的经济发展不平衡也较为普遍。

这些差异足以表明云南县域经济朝着极化方向发展。由于地区存在着自然要素禀赋以及内在制度因素差异，县域经济发展形成了消极循环累积。在落后县市地区，由于没有核心竞争产业，更没有与核心产业相关联的其他产业，地区收入低，需求低迷。当地的资源得不到充分利用，例如，劳动力资源从该区大量外流，这会造成该地区社会需求进一步下降，结果地方政府财政又不能再对必须扩建的地方基础设施进行投资，一个落后地区形象对外来投资来说是没有吸引力的，外来投资不愿意在一个不确定的环境下投、融资。这样，对落后地区来说，发达地区对它产生影响的是回流效应。例如，五华区的发展吸引了欠发达地区高素质的人力资源，同时又弱化了后者的创新潜力，加剧了周边地区的竞争，对停滞地区产生冲击。县域经济的极化对云南县域经济的全面向前推进产生了巨大的阻碍作用。

（三）劳动者素质低，自我发展能力差

云南省目前基础教育不牢，又不重视职业教育和成人教育，大多数农民缺乏发家致富的实用技术和技能，这一问题在贫困落

后地区尤为突出。这导致了县域人口素质整体偏低各种专业技术人才、管理人才、经营人才奇缺，很难形成人才整合的竞争优势，更难提高县域经济的科技含量。同时，人口素质偏低直接导致观念落后，与市场经济的发展水平不相适应，制约着县域经济建设的整体推进。

（四）产业结构不合理

首先，产业结构层次低。从实践中看，传统农业在县域经济总量中仍占据优势。在农业中，现代化的农业还处于起步阶段；在县域工业中，占主导地位的是农、林、矿产品的初加工工业，产品技术含量和附加值比较低。县域工业中第一产业过重，第二产业脆弱，第三产业发展严重滞后，传统产业多、新兴产业少、技术含量高的产业较少的局面普遍存在。其次，第一、二、三产业之间关联度小。县域工业未能有效地支援农业及其他产业的发展，县（市）农副产品多半是以出卖原始产品或初级产品为主，其精深加工缺少或处于起步阶段。再次，产业结构趋同。计划经济时代形成的县域产业结构趋同的现象未得到根本的改观，发展县域观念落后、模式单调，办法不多，效益不佳，发展经济"等、靠、要、叫"居多，"想干、要干、会干、干好"的较少。

（五）小城镇建设落后，城镇化程度整体偏低

小城镇的发展在县域经济中具有不可忽视的重要作用。但是，云南小城镇的发展却相当落后，这从云南城镇化率低可见一斑。据统计，云南省城镇化率2011年达到了36.8%，同期全国的城镇化率为51.27%，比全国低14.47个百分点，在西部地区处于落后水平。尽管2010年昆明的城镇化水平已经达到了63.6%，但之中还有9个郊县（市、区）城镇化水平比较低。云南大多数县域交通、通信等条件差，除了县城之外，很多小城镇基础建设落后，功能不全，缺乏聚集产业和人口的吸引力和凝聚力。

不可否定，制约云南小城镇发展有硬环境和软环境两方面的原因。在硬环境方面，由于云南省多为山区，小城镇的发展受到了地形的限制，不利于小城镇向集中化、规模化发展。另外，很多县的基础设施条件差，最突出的是乡镇交通运输能力低下，这

在很大程度上制约了小城镇经济效益的向外扩散，也制约了对外部其他城镇经济效益扩散的吸收。在软环境方面，市场化程度不高，各类商品市场以及某些生产要素市场、劳动力市场和房地产市场发育不成熟，这对县域经济中非公经济的培育和发展、对外来投资的吸引和利用不能起到稳定和巩固的作用。同时，现行的土地所有权和使用制度也是小城镇发展的一大桎梏。

（六）传统农业的效率低下

传统农业是指完全以农民世代使用的各种生产要素为基础的农业。当前，中国县域传统农业可以归纳为六个特征：一是农业在县域经济中占有很高的比重。二是农业发展片面追求产量和产值的增长，而对市场需求以及与此相联系的农产品质量、农业结构升级和农业效益等关注不够。三是农业的种养、加工、流通相脱节，利益关系不紧密。四是高度分散的小规模家庭经营方式。五是农业的资本有机构成低下，技术进步水平不高。六是农业仍然是农民主要的收入来源。新中国成立以来，尽管中国的农业生产取得了稳步增长，但是，由于人口的增加，以及工业化和城镇化发展不足，大量农业富余劳动力停留在有限的土地上，导致中国农业发展缓慢。而云南省是农业大省，且在全国属发展落后省份，故我国传统农业效率低下的问题在云南省表现得尤为突出。

（七）县域民营经济发展迟缓

从民营经济自身来看，主要问题是：数量少、规模小、档次低；产业分布不合理，多数集中在第三产业中的餐饮服务业；以家族式管理为主，管理上的非规范性和非科学性问题较为明显；自身发展潜力有限，大部分民营企业产品结构不合理，生产规模小、技术含量低、产品档次低，市场前景不广阔；借贷能力低，多数民营企业预期收益不明显，自有资金少，由此导致其偿贷能力低，甚至部分民营企业缺乏还贷意识和法治意识，信誉度低。

三、云南省县域经济跨越发展对策建议

（一）转变思想观念，科学发展县域经济

县域经济是落实科学发展观，转变经济发展方式的主战场、主阵地。我省经济最关键的问题、最紧迫的任务就是转变经济发展的方式。党的十六大提出，壮大县域经济以来，发展和壮大县域经济获得了空前的重视，县域经济的发展取得了重大的成就。从目前的情况来看，县域经济的发展方式依然还停留在粗放式的发展阶段，过于看重经济发展的速度和 GDP 的增长。我们一定要懂得，发展是硬道理，但发展的本质要求是科学发展。也就是说，我们要追求的是高质量、高效益的增长。因此，必须切实地转变县域经济发展的观念，把县域经济作为转变经济发展方式的主战场、主阵地。

（二）加强扶贫开发，缩小县域之间综合竞争力的差距

由于自然、历史和主客观原因，我省的扶贫开发工作任务十分艰巨，必须统筹一定的政府资金，对竞争力较弱的县域，特别是 73 个国家重点扶贫县给予重点、特殊的政策扶持，设立贫困区特殊扶贫专项资金，并结合扶贫开发，促进贫困县实施财源建设项目。同时，要将扶贫工作纳入市场经济轨道，建立扶贫新模式，将扶贫开发与县域经济发展有机结合起来。政府扶贫工作的核心，要从单纯的扶贫，转移到通过县域的产业发展和贫困县的基础设施建设，创造更多的就业机会，建立和形成县域贫困人口的自我"造血"功能，使贫困人口从根本上脱贫。财政要继续深化农村税费改革，不断完善配套政策，切实减轻农民负担。农业税率要尽快全部减免；对粮农实施直补，扩大良种补贴范围和规模；将退耕还林由补粮全部改为补贴现金。我省加快县域经济发展的目标是增强县域综合实力、促进农民增收、实现科学发展，当前的主要任务是解决"三农"问题，实现富民、富县。因此，各级财政部门深化和落实农村改革的各项政策具有非常重要的现实意义。

四、发展科技与教育，提高劳动者整体素质

县域经济要想快速发展，人力资源培育尤其重要。从世界范围看，一个地区的人力资源状况，归根结底取决于教育发展的整体水平。高素质人才的匮乏，已成为制约云南县域经济发展的瓶颈。发展教育，培育新型劳动者，应标本兼治。首先，要坚决保证九年义务教育，使县域范围内劳动者储备起码的文化知识。特别是关注县域贫困地区等社会弱势群体的受教育权利，全面推进素质教育。其次，重点发展县域农村成人教育事业。因为县域范围内的劳动者绝大部分来自农村，以适应就业为取向，全面提高农村劳动力素质。择业能力是农村剩余劳动力能否顺利转移，农民进城能否成功就业的关键因素之一。要坚持把提高潜在劳动力和现实劳动力素质作为重要着力点，通过加强农村教育、调整教育结构等途径，大力培训适应就业需要的劳动者。再次，加强与县内、县外高等院校、科研机构联系，逐步形成"产、学、研"三位一体的教育格局，以适应县域经济的发展。最后，逐步建立有利于人才合理流动的市场体系，切实提高各类人才的待遇。

五、以特色经济为主，调整产业结构

找准地方特色与市场对接的着力点，围绕自身的产业优势、比较优势、资源优势、区位优势对县域经济结构进行调整。有特色的县域经济应该是人无我有、人有我优。对于一个县域而言，不可能发展全方位、全门类的经济，只能有所为、有所不为，依托本地比较优势来发展特色经济。从产业类型上看，云南绝大多数县域的特色和优势表现在两个方面：自然资源和农业生产。自然资源包含生物资源、矿藏、水能、气候条件等。区域经济中的主导产业应锁定在"资源经济"的建构上，如矿藏的合理开发和深加工、旅游产品开发等。有特色才有竞争力，将独特的资源优势转化为经济优势就是发挥特色。在农业生产方面，如云南的普洱茶、烟草、三七、天麻、咖啡等行业在全国都有一定的知名

度。在现有农业生产的基础上，更加深入地突出特色农产品的培育和深加工，形成"特色产品，特色企业，特色产业，特色市场"。我们还必须认识到，经济的发展程度越高，对外向型经济的依赖度越高。云南在县域经济发展中，必须借助国际大通道建设、中国—东盟自由贸易区建设、云南桥头堡建设的良好机遇，加大开放力度，积极引进外资，发展对外贸易，不断增强县域综合竞争力。

由于各地的复杂性，各县域发展经济的相对比较优势不尽相同，产业结构调整的目标和方式也应是不同的。县域经济的发展，关键是要发挥比较优势，克服比较劣势，依托本地优势生产要素，参与市场交换和市场竞争，形成具有特色的产业和产品体系。当然，有了特色，还要形成优势；只有在竞争中确立优势地位，特色经济才有生命力。

六、整体推进云南城镇化水平，加快小城镇建设，夯实县域综合竞争力基础

城镇化是经济发展的客观趋势和现代化必由之路，统筹城乡建设、加快城镇化进程，是增强内需动力、保持经济持续较快发展的迫切需要，是解决"三农"问题、实现城乡协调发展的必由之路，是保障和改善民生、全面提高城乡居民生活水平的客观要求，是提高区域综合竞争力的重要途径，抓住城镇化发展就抓住了云南跨越发展的"牛鼻子"。

"十一五"期间我省加快城镇化建设成绩显著，据统计，到2010年底，全省城镇化率达到36%，比2005年提高6.5个百分点，城镇建成区面积2 045平方公里（其中小城镇845平方公里），城镇人口达到1 554万人，形成了1个特大城市（昆明市）、1个大城市（曲靖市）、3个中等城市、12个小城市、108个县城、1 175个小城镇组成的城镇体系，初步形成了城镇布局更趋合理、区域更加协调、体系进一步完善、功能相互衔接的城镇化发展格局。目前云南省城镇化建设面临新的形势和加快推进的重大机遇：按照城镇化的一般规律，云南省城镇化进入了加速发展期的前半期，按照省委、省政府确定的"做强大城市、做优

中小城市、做特乡镇、做美农村"和"突出特色、保证质量、注重节约"的总要求，解放思想、创新模式，加快构建布局合理、功能完善、特色鲜明的城镇发展体系，健全和完善以城带乡的政策体系和体制机制，走出一条符合云南实际的特色城镇化道路，整体推进云南的城镇化水平。

在整体推进云南城镇化建设过程中，突出小城镇建设，有利于聚集各类企业，吸纳大量劳力；有利于增加城镇的辐射效应；有利于带动县域的建筑业发展，促进县域金融、商贸等第三产业的繁荣。可以说，小城镇是拓展生产力的重要载体，建设小城镇有利于引导农村人口向城镇集中和转移，加快农村工业化、城镇化进程。

近几年，我省通过规划论证，明确了城市定位、发展目标和工作重点，推进了全省的城镇化进程。

七、积极发展高效、特色农业

高效、特色农业在县域经济发展中是一个关键而核心的问题，必须发展以高效农业和特色农业为代表的现代农业，作为云南县域经济发展的首要增长点。目前，发展高效农业较为成功的做法是走精准农业发展之路。所谓精准农业，就是在现代信息技术、生物技术、种子工程、平衡施肥技术、灌溉技术、自动监控技术、农机技术等一系列高新技术最新成就的基础上发展起来的现代农业，也就是采用已有的和即将具备的一切先进技术手段，以最佳配方、最少消耗，来换取对自然环境资源的最大节约和对农业产出的最大获取。精准农业实质就是高效农业具体化的一种表现形式。

品牌农业也是高效农业的一种发展形式。品牌农业具有高市场竞争力、高价格、高收益的特点，能在市场竞争中处于有利地位，具有较强竞争力和广阔的市场空间。发展品牌农业能解决农民增产不增收的矛盾。

特色农业就是用区域内独特的农业资源开发区域内特有的名优产品，并将其转化为特色商品的现代农业。特色农业的关键点在于"特"，具体表现在：特色农业之"魂"是独有或特有；特色农业之"根"是特有的自然地理环境条件；特色农业之"本"是传统。各地在推进特色农业的发展中，要从当地的实际出发，注重发挥本地区所特有的自然资源优势、劳动力成本优势、地理环境优势、旅游资源优势以及后发优势，紧随特色农业发展方向国际化、技术支撑高新化、经营模式多样化等大趋势。要脚踏实地寻特色，即根据当地的自然条件和社会经济技术条件，寻找当地发展特色农业的"本钱"。当地最具优势的特别之处，将是当地发展特色农业的首选。大理洱源县庇碧地区山地多，不宜种植粮食作物，但却适合种植梅子，于是就种出了优质的梅子，并生产出了享誉省内外的洱宝牌系列梅果产品。要突出特色调结构。特色农业是个相对概念，就粮、棉、油等传统种植业而言，创品牌、创优质就是特色；就资源而扬长避短、合理配置、充分利用就是特色；就市场而言，能够生产和销售满足不同层次、多样化需求的产品就是特色。为此，需要调优传统产业，调强优势产业，调多特色产品。如观光农业也是一种特色农业，罗平利用油菜花发展旅游业取得了较好的效益，昆明市西山区团结街道办事处利用生态农业带动了旅游业和交通业的发展。

八、大力发展非公经济，加速提升县域综合竞争力

县域经济的发展关键要有产业支撑。在影响和决定县域综合竞争力的诸多因素中，企业处于核心地位，企业竞争力的大小直接影响县域综合竞争力强弱。非公经济是社会主义市场经济的重要组成部分，是适合现阶段生产力发展水平、最具活力的经济成分。非公经济独立的利益主体地位，决定了它在追求利益最大化的市场取向中，能够建立符合市场要求的内部治理结构以及灵活的激励机制。而我国特别是云南，长期的计划经济严重制约了非公经济发展，导致县域经济中非公经济比重低。发展非公经济，各县政府必须认真落实非公企业的国民待遇政策，在市场准入、土地使用、税费征收、金融支持等方面给非公企业与国有企业同等待遇。在政策上、信贷上、依法管理和服务保障上，要鼓励支持非公企业加快发展，做大县域经济"蛋糕"。

在县域经济的这个层面上，大型企业所占比重一般都较低，并且大量中小企业均以民营企业的身份存在，民营经济正在成为县域经济中最具潜力的增长点。我省大多数县经济基础薄弱，企

业规模小，发展民营经济是有效选择。因此，要解放思想，贯彻落实好非公经济政策，努力改善服务，降低市场准入门槛，放宽投资领域，为民营经济创造更加宽松的发展环境，吸引民间投资，引进外来投资。要支持民营企业通过兼并、收购、承包、租赁、参股等方式和途径，参与国有企业产权改革，形成全方位发展民营经济的格局。要使非公经济发展成为县域经济的主体，成为县乡财政的支柱，成为财源建设项目的主要承担实体。

支持非公经济发展，可具体落实到以下四个方面：一是为非公经济发展创造平等的政策环境。在注册、征地、经营许可、进入的行业、投资立项、兼并收购、资源获得以及就医、子女就学等方面，给民营企业与公有制经济、外商投资企业享受同等待遇，为民营企业营造"社会上有地位、政治上有荣誉、经济上有实惠"的良好环境和条件。二是遵循财产保护、税收及其他经济和法律规范，保护非公经济业主的权利不受侵害，保护非公企业免受打击。三是解决非公企业融资难问题。加快建立面向中小企业的信用担保、服务咨询和技术知识、人才培训等服务体系。对有市场、有效益、有信誉的企业，加大融资和财政的支持力度，加快民营企业上市步伐。四是完善投资服务市场。大力发展与民营投资建设相关的法律、审计、会计、担保、仲裁、公正、核算、工程咨询、质量监理等机构，为民营企业投资提供服务。

参考文献：

［1］秀英：《县域经济发展瓶颈及对策》，载《农村发展》2011 年第 11 期。

［2］者丽艳：《改革开放 30 年来云南县域经济发展的几点思考》，载《云南社会科学》2008 年理论专辑。

［3］刘荣、周银燕、刘光顺：《增强云南县域经济发展能力的思考》，载《思想战线》2012 年第 4 期。

［4］齐美虎、吴俊：《云南县域经济发展制约因素浅析》，载《云南观察》2005 年第 9 期。

［5］祝军：《西部大开发格局中的云南县域经济发展思路及思考》，载《湖北经济学院学报》（人文社会科学版）2006 年第 5 期。

（作者单位：云南省社会科学院经济所）

云南省民营经济跨越发展的对策

吴 璟

随着我国改革开放步伐的不断加大，民营经济从无到有、从小到大、从弱到强，迅速腾飞，现如今的民营经济已经从社会主义初级阶段的"必要的有益的补充"发展到社会主义市场经济的"重要组成部分"。从对经济发展的贡献来说，民营经济俨然已经成为我国国民经济的重要组成部分，是促进社会生产力的重要推动力量。

从全国的情况来看，民营经济的发展不仅为社会创造了更多的就业岗位，更为政府提供了充足的税源，它对我国国民经济的增长贡献不仅是体现在产值的增加，还在投资拉动和外贸出口方面成效明显（民营经济现在对国内生产总值的贡献已经达到65%）。在云南省，民营经济的地位是不言而喻的。"十一五"期间，云南民营经济增加值年均增长 18.3%。"十一五"末，民营经济完成增加值占全省 GDP 的比重达到 40.6%。截止到 2011年底，云南民营企业达 142.3 万户，完成增加值 3 679.8 亿元，占 GDP 的 42.1%，对经济增长贡献率达 53.9%，民间投资3 632.1 亿元，占社会固定投资的 51.1%；上缴税金 445.4 亿元，相当于云南省地方财政收入的 40.1%；民营经济从业人员达到514.1 万人，比上年增加 84 万人，完成社会消费品零售额2 435.5 亿元，占消费品零售额的 81.2%，完成进出口总额 98.1亿美元，占进出口总额的 61.2%，为经济社会快速持续发展做出了积极贡献。

临近年关，我省在 2012 年的经济发展目标为"稳增长、冲万亿、促跨越"，2013 年将是我省进入第十二个"五年规划"期的第三个年头，要实现云南的跨越式发展，民营经济必定成为跨越发展的生力军。日前省委、省政府也为我省经济尤其是民营经济的发展定下了目标，力争到 2016 年，民营经济增加值达 9 000 亿元以上，年均增长 20% 以上，占全省生产总值的比重高于 50%；民间投资占全社会固定资产投资比重达到 60%，年均增长 30% 以上；力争培育 10 户年销售额超百亿元企业，5 户以上进入全国民营企业 500 强；吸纳从业人员年均增长 10% 以上；实缴税金翻番，力争达到 1 000 亿元。

然而，面临民营经济发展"三荒两高"（即用人荒、用钱荒、用电荒、成本高和赋税高）的瓶颈，以及民营自身发展的弱点，多数民营企业仍存在粗放式的和投机性的经营状况，行业内的无序竞争也普遍存在，再者多数小微企业仍以家庭式的管理为主，缺乏现代的经营管理理念。要实现民营经济的跨越发展，就要抓住当前经济发展的时机，为民营经济实体创造更为宽松的外部环境，从民营经济实体内部针对问题找解决途径。

一、弱化政府的监管职能，为民营经济搭建服务平台

融资难，能利用的资源少，再加上近年来劳动用工成本增高、企业生产原材料价格上涨，这是制约民营经济跨越发展的最大的外部限制因素。尽管政府出台了系列鼓励民营企业发展的政策，然而就目前的现状来看，政府对民营企业的重监管轻服务，无利于为民营企业创建宽松的外部环境，也无助于解决民营企业融资难的困境。

为民营企业创造宽松的外部环境，政府职能部门就应该增加与民营企业的互动，为他们搭建更为有效的服务平台。目前民营企业与政府职能部门之间基本不存在互动，商务和工商部门主要是在企业登记注册时给予引导以及一年一度的企业联合年检时进行审批，而税务更多涉及税收问题，再加上海关对企业产品出口的报关与审批。对企业而言，与政府部门的接触会涉及其行政费用的支出以及企业行政成本的增加。

如何才能为企业真正解决难题？光靠政策引导和激励显然是

不够的，增加职能部门与企业的互动，将政府的监管职能弱化，提升其服务于企业的意识，为企业搭建有效的服务平台。这样的服务包括招商引资的服务和信息介绍，包括为企业提供其他部门的政府采购的信息，为民营企业参与政府采购项目拓宽渠道，为企业提供信用担保，使民营企业能与金融部门实现无障碍对接。再者，加强与民营企业的互动还包括为企业建立信息库，及时了解企业在行业中的经营状况、企业经营所面临的普遍问题，及时给予咨询及企业战略调整的建议。增强与企业的互动，也可以为政府适时提供企业的动态。如何才能增强与企业的互动？那么政府的职能部门像工商局、商务局、税局等就需要改变只有遇到需要审批时才与企业接触的局面，主动上门，为企业登记相关信息，定期了解企业的行业动态等。具体的服务还可通过以下三个方面来体现。

二、建立企业信用等级制度，减少企业的投机性经营

目前来看多数小微企业的主要融资途径还是依靠企业内部以及亲戚之间的资金拆借，很少能直接向银行提出贷款申请而得到批准的，当然多数小微企业更无法通过公司上市的方式或私募股权的方式来进行融资。绝大多数民营企业的资金缺欠都是在现金流上出现资金周转问题，他们的资金需求更多是应急的和短期的。当金融机构在面对民营企业的资金需求时，他们更多考虑的是资金的安全性保障，如何能减少不良贷款的发放，因此在贷款审批时，越严密地审查贷款需求、越详细地了解企业的经营状况，无形中就增加了贷款申请者等候的时间成本。

其实企业融资难是一个普遍的问题，然而并非所有的企业在经营的期限内都面临资金缺欠的问题，企业的收支是企业经营中的常态，但资金的使用和资金的需求却需要一个较长的规划和应急预案，只有具备这样经营思路的企业才能实现跨越发展。如何引导民营企业的跨越发展？经营计划的制定是开始，以企业的经营计划、企业的经营业绩、企业的团队建设以及企业的产品研发能力和市场分析能力为基础，为民营企业建立信用等级评价制度，引导企业以更为持续的方式来安排其自有资金的使用，并借

助信用等级评价，为企业向银行或银行以外的私募基金进行长期稳定的融资提供必要的信用信息及保证。信用等级越高的企业，其融资渠道就越宽，没有达到等级的企业就要为达到等级而努力改善经营状况，并调整经营策略。企业的信用等级评价自然是要建立在与政府加强互动、企业信息的建立与健全的基础上。

三、鼓励企业在行业内进行企业联合，减少企业内部的无序竞争

民营企业以中小微型企业为主，在面对竞争时往往势单力薄，也有的企业并非规范地进行生产和经营，视政府资助的项目或政府的资金支持进行短期的投机性生产经营，也有的企业为了减少自身的经营成本，仿造其他信誉好、有名声的产品和服务，而真正拥有专利权的企业却因资金规模小、生产经营规模的限制不能实现规模生产的效应，小范围的产品推销更不能避免专利权被盗、产品被仿制的风险，这样的无序竞争在行业内是普遍存在的。就《2005 年中国炉具行业企业竞争报告》中所谈到的，由于政府长期对于农村能源推广项目的支持，2003 年以来全国出现了 700 多家生产炉具的小微生产商，而其中产品质量真正过关的厂商在所有生产企业中一半都不到。

民营企业要实现跨越式发展，行业内部的无序竞争问题就不能忽视。如何才能引导企业进入良性的竞争局面，以消除行业内部的无序竞争和企业的投机性经营？建立企业的行业标准，鼓励同类企业以设备租赁、股权投资、技术援助、合同分包的形式进行联合，以提高和增强企业应对市场的能力，改变同行业企业单兵作战的局面，实现规模生产或经营效益，以降低企业的生产经营成本，通过制度行业标准，减少企业的投机性生产经营状况，鼓励企业通过联合或创新来提高其产品和服务的品质；企业通过联合，可以扩大其生产经营规模，通过行业标准的制定，鼓励企业发挥其专长，让更多的企业从低效生产向提供服务性的经营转变。

四、为技术升级的企业制定财政优先性补贴以及税收阶梯制激励机制

民营企业多数为小微企业，而多数小微企业普遍存在粗放式经营，同时多数企业面临着税额偏重的困境。要促进民营企业的跨越式发展，小微企业的经营升级势在必行。对于调整企业的经营策略，淘汰企业的落后产能，政府的激励比惩罚更为有效，而政府的激励就在于资金补贴的优先性，除直接的财政资金补贴外，政府也可通过奖励和政府采购来实行间接技术贴补。

再有，按照我国现行的税法，企业经营除了要交征营业税外，还要交资源税、增值税和所得税。除了企业所得税，政府有规定对于从事鼓励行业的企业可以有一定的减免，增值税对于某些特定的项目可以税前抵扣，现行的税率对于多数小微企业还是偏高。能否依照企业的生产经营规模实行阶梯性税收制度，在税收分配中制定更有针对性的操作细则，将在很大程度上减少企业偷税漏税的状况。

参考文献：

[1]《云南将把民营经济打造成推动跨越发展的主体力量》，云南网，2012年8月29日。

[2]《中共云南省委 云南省人民政府关于加快民营经济发展的决定》，云发（2012）12号，2012年8月31日。

[3] 施碧月：《中国经济的未来——民营经济》，载《现代经济信息》，中国知网。

[4] 马文章：《云南省个体私营经济发展的社会舆论环境政策环境和法制环境研究》，载《云南财贸学院学报》1995年第2期。

[5]《十七大以来云南非公经济发展报告》，云南统计信息网，2012年9月22日。

（作者单位：云南省社会科学院经济所）

云南加入"万亿元 GDP 俱乐部"后发展环境与政策取向研究

陈杨东　宴鸿雁

"万亿元 GDP 俱乐部"是指中国内地生产总值（GDP）达到或超过万亿元人民币的省级行政区，即经济总量（GDP）达到万亿。一般认为，万亿元俱乐部省份是中国经济发展的重要引擎，也是衡量地方经济实力的一个重要标志门槛，被认为是衡量地方经济发展到一个新阶段的分水岭。对于一个省域经济来说，GDP总量突破万亿大关，不是简单的数量概念，而是预示通过经济增长量的积累已经达到一个质变的临界点，表明经济发展正迎来一个质的飞跃。2012 年云南国内生产总值（GDP）达到 10 309.80亿元，比上年增长 13.0%，突破万亿元大关，成功加入"中国万亿元 GDP 俱乐部"会成为其第 24 个成员。在此背景下，未来云南怎么办？会面临怎样的发展环境，如何应对未来发展的挑战？本文对此作深入分析研判，并提出对策建议以供领导决策参考。

一、云南加入"万亿元 GDP 俱乐部"的历程和意义

中国万亿 GDP 俱乐部的诞生和不断扩容过程，成为中国经济发展的一个重要事件。从 2001 年广东实现生产总值 10 556 亿元，成为中国内地首个经济总量超万亿元的省份，万亿元俱乐部由此诞生。经过 10 多年的迅速发展，目前中国万亿 GDP 省份已

达 24 个，生产总值占全国比重达 95%，成为中国经济实力迅速提升的真实见证。

云南加入万亿 GDP 的发展历程是云南改革开放发展进程一个辉煌时期。1995 年，云南国内生产总值（GDP）1 206.68 亿元，首次突破千亿元大关，从此踏上攀登万亿元的发展征程。由于抓住 1999 年昆明世博会和西部大开发战略的发展机遇，2000 年云南 GDP 达 2011.19 亿元，跨上了 2 000 亿元新台阶。8 年后即 2008 年云南 GDP 越过 5 000 亿元新台阶，达到了 5 692.12 亿元。4 年后即 2012 年云南 GDP 突破万亿，GDP 总量达到 10 309.8 亿元，增长 13.0%，这成为自改革开放以来"第 2 高"增速纪录，成为当年唯一加入"万亿俱乐部"的省份，骄人成绩来之不易！

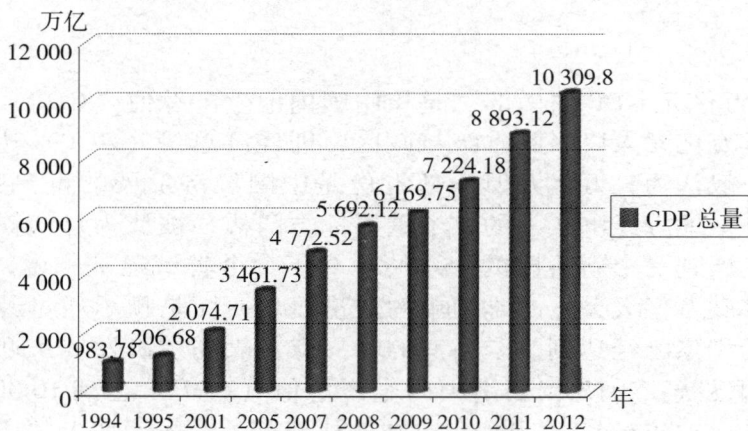

云南加入万亿 GDP 俱乐部的历程

纵观全国 24 个万亿 GDP 省份，其冲万亿都是不平凡的一个较漫长发展历程，大都经过了 14~17 年的时间积累和发展才得以实现。近 10 多年来云南经济追赶实现快速增长，从 2003~2012 年，云南的 GDP 从 2 556.02 亿元到 10 309.8 亿元，实现翻两番。从 2003~2012 年云南生产总值年均增速高达 11.3%，其中有 8 年实现了 10% 以上的增长速度，特别是 2008 年以来受国际金融危机冲击不利影响，2009 年云南依然实现了 12.1% 的高增速，比全国高 2.9 个百分点。2008~2012 年 5 年云南经济年均增速达 12.3%，不仅高于全国年均增速 1.6 个百分点，而且高于改革开放以来年均增速 2.3 个百分点。经过 17 年的艰苦努力，云南经济发展"化蛹成蝶",经济总量从千亿元冲破万亿元的目标终于实现,成为全国第 24 个万亿元俱乐部成员,这对未来云南经济发展意义重大。

(一) 意味着云南迎来加快转型发展的机遇期

根据经济发展规律,一个国家或地区在经济总量小的初级阶段,追求经济总量和发展速度,进行财富、资本和技术的积累显得很重要,但是上述积累过程随着经济规模效益递减和边际产出持续下降,追求经济规模和发展速度的重要性逐步向追求结构、效益和增长质量转移。因此,云南加入"万亿元 GDP 俱乐部"不仅意味着云南经济总量登上一个历史新台阶,而且云南经济将由高速增长逐步进入次高速增长时期。对云南而言,未来的发展主题,既是"发展是硬道理",又是"转型是硬道理"。要求从加快发展速度转向"加快转变发展方式"。随着加快调结构,转方式,提高经济增长质量和效益,以及可持续增长能力在宏观决策过程的重要性大为提升,如何实现转型发展成为首要任务。

(二) 意味着云南进入加快经济结构调整关键期

云南经济发展规模的扩大伴随着经济结构变化,目前云南已经形成"二、三、一"型产业结构,三次产业结构由 2007 年的 18.4∶43.2∶38.4 变化为 2012 年的 16.0∶42.9∶41.1。第一产业农业经济比重降低 2.4 个百分点,第三产业比重则提高了 2.7 个百分点。2007～2012 年,全省非公经济比重从 36.5% 提高到 44.1%,提高 7.6 个百分点,这符合经济发展规律,说明云南取得了了不起的成就,但是经济内部结构不合理的矛盾也到了非解决不可的时候。如何协调和平衡动力、投资与消费"三驾马车"关系严重扭曲、收入和发展差距扩大等一系列结构性矛盾,以保持经济总体上更加有效率、扩大内需,提振外需,这些都是政府需要加以解决的。必须加快调整和优化经济结构,这是云南实现经济增长方式的关键所在。

(三) 意味着云南进入加快社会转型发展攻坚期

云南是一个集"山区、边疆、民族和贫困"四位一体的欠发达省份。自改革开放以来,云南坚持以经济建设为中心,在发展经济的同时，在社会建设方面也做了许多工作。因没有钱，社会建设、社会发展和社会管理基本上处于缺失、滞后和不到位的状态，导致社会建设和经济建设失衡的状态。特别是按照国家新的贫困标准衡量，云南还有1 300~1 500万贫困人口，贫困面达总人口的1/3，贫困深度大，脱贫人口返贫率高，这严重制约着社会转型和全面建成小康社会进程。2012年云南经济总量突破万亿元，人均GDP为22 159元，折合3 531美元，地方财政一般预算支出3 573.41亿元，增长22%。其中2/3的支出用于保障和改善民生。这意味着云南将跨入国际公认的"中等收入"的地区行列，也是社会矛盾"凸显期"，风险"多发期"。政府和社会财富积累达到相对提高水平的时候，客观上就要更加重视加强社会建设，加快社会的转型发展，强力推进公共服务和改善民生，加大脱贫攻坚投入力度，构建公共服务和社会基本保障体系，不断增加人民的经济福利、社会福利和生态财富，并享受改革开放带来的实惠。党的十八大提出"全国要在2020年全面建成小康社会发展目标"，云南已明确提出要力争与全国同步建成小康社会，这不仅意味着云南脱贫奔小康进入了攻坚阶段，任务艰巨，而且时间紧迫，形势严峻。

（四）意味着云南迎来科学和谐跨越发展的黄金期

目前云南重新站在一个新的历史起点上，在更高层次参与新的发展竞争。统计显示，全国"万亿元GDP俱乐部"成员中24个省（区、市）从千亿元到万亿平均历时14~17年，12个省（区、市）从1万亿走入2万亿历时4~5年；5个省份从2万亿进入3万亿台阶仅用2~3年，3个省份（广东、江苏、山东）从4万亿到5万亿仅用了1~2年，呈现各省（区、市）竞相加快跨越发展的趋势。如果抓好发展机遇，应对得力，努力争取，云南在未来5~10年的时间里，就很有希望实现生产总值登上2万亿、3万亿的新台阶，经济结构更加合理，经济增长质量更高。可以说，未来10年将是云南科学和谐跨越发展的黄金10年。

二、云南未来发展路径和环境分析

回首全国万亿GDP省份发展历程，我们应清醒地认识到，云南经济社会发展进入一个新时期，转入一个全新境界，在全国经济大棋局中的地位和影响力有所提高。可以预期，到 2030 年，云南与全国一样，仍将处于难得的战略发展机遇期，不仅有了更多更大的发展机遇，同时也面临更加严峻的挑战和风险考验。

（一）云南未来发展面临的机遇

1. 加快科学发展、转型发展的机遇

进入万亿俱乐部以后，标志着云南经济实力到达一个新的水平。经过 10 多年持续高强度的投资建设，交通、通信、能源等基础设施不足的落后状况明显改善。2012 年，云南高速公路里程排全国第 15 位，西部第 2 位，昆明长水国际机场跻身全国第 4 大机场，地方机场数量全国第 1 位；成功打造起烟草、水电、旅游、矿产等支柱产业，正在培育建筑业、文化产业等一批新兴支柱产业；城乡消费升级进一步加快，为转型发展奠定了坚实基础。目前云南正走在转型发展的"十字路口"上，坚持科学发展，转变发展方式，调结构，增效益，提高发展质量成为必然的选择，也是中国万亿俱乐部竞争发展的"游戏规则"，比拼的不仅仅是经济规模和速度，更重要的是发展质量和科技创新竞争力。可以说，与时俱进，适时转型进入科学发展的轨道，是云南要抓住的重大战略机遇。

2. 推进西部大开发和桥头堡建设的机遇

2010 年 2 月，国务院批复同意了《西部大开发"十二五"规划》，作为新一轮西部大开发战略，主要体现在加大财政政策、税收政策、投资政策、金融政策、产业政策、土地政策、价格及人才政策等方面特殊优惠和倾斜扶持政策。特别是 2011 年出台的《国务院关于支持云南省加快建设面向西南开放重要桥头堡的意见》，明确将云南省的战略定位为我国面向西南开放的重要门户，我国沿边开放的试验区和西部地区实施"走出去"战略的先行区，西部地区重要的外向型特色优势产业基地。提出云南省加快外接东南亚、南亚，内连西南及东中部腹地的综合交通体系、能源管网、物流通道和通信设施建设，构筑陆上大通道；在对外经贸合作、对外文化交流、通关便利化等方面先行先试，深化大湄公河次区域合作，加强与东南亚、南亚合作；依托国际大通道，优化产业布局，把云南打造成为我国重要的出口加工贸易基地、清洁能源基地、新兴石油化工基地、优势特色农产品生产加工基地、生物产业基地和国际知名旅游目的地等16大战略目标。这16大战略目标分别从区位、通道、开放、产业、生态等方面明确了云南在全国的地位，凸显了云南的优势和特色，同时还明确了一系列支持政策，特别是国家加大转移支付和投资力度，支持云南桥头堡建设的30条"突破性"政策，构成云南加快发展的重要资源。上述两大战略的实施，使云南经济发展提升到国家发展战略层面，改革开放进入全方位、宽领域、高层次的发展空间，为云南未来发展提供了重大契机和巨大动力。

3. 加快"新四化"进程，扩大内需的机遇

云南属于典型投资拉动型省份，也是消费严重不足的省份。目前以"工业化、信息化、城镇化和农业现代化"为标志的"新四化"成为中国经济增长点。2012年，全省工业化率达33.5%，城镇化率为39.31%，分别比全国低6.5个百分点、13.3个百分点，信息化发展指数为0.603，排全国第29位，西部第11位；农业现代化进程明显落后全国平均水平，排位处于落后位置，正处于发展进程的初级阶段。发展差距也是发展潜力，加快"新四化"进程将为云南扩大内需提供巨大发展空间，成为实现可持续发展的有效路径。

（二）云南未来发展须面对的挑战与风险

从中国经济发展大棋局来看，中国"万亿元GDP俱乐部"已形成三个梯队：3～5万亿元为第一梯队，分别是广东、江苏、山东、浙江；2～3万亿元为第二梯队，分别是河南、河北、辽宁、四川；1～2万亿元为第三梯队，达到16个，分别是湖南、湖北、上海、福建、北京、安徽、内蒙古、黑龙江、陕西、广西、江西、天津、山西、吉林、重庆、云南。云南加入"万亿元GDP俱乐部"以后，自身经济发展基本面没有发生根本性的变化，发展"不充分、不平衡、不协调、不可持续"的矛盾依旧突出。在新形势下，要面对的挑战和风险却更加严峻。

1. 经济增长动力严重失调

一是表现为投资与消费不协调，内需与外需不协调。初步测算，2012年全省投资、消费和净出口对经济增长的贡献分别为127%、67%和-94%，内需出力不均衡，外需不振，凸现"三

驾马车"严重扭曲,动力失调的"病症"。二是投资与消费比例关系严重失调。2012 年固定资产投资率高达 76%,比 2011 年提高了 6 个百分点,且呈现不断上行的趋势,对消费产生日渐显著的"挤出效应",这将严重制约云南可持续发展能力。三是云南货物和商品产出能力不强,绝大部分商品和服务靠从外面调入,导致货物和服务的净流出率持续走低,对全省经济加快增长影响长久而深远。

2. 经济结构不合理的矛盾凸显

一方面,目前云南三次产业呈现"二、三、一"型结构。第一产业(农业)基础脆弱,属于弱势产业,第二产业正处于工业化发展初期阶段,粗放型发展特征明显,建筑业发展尚有较大差距,第三产业发展滞后,以交通运输、商贸餐饮等为代表的传统服务业比重较高;以现代物流业、信息产业、文化产业、体育产业、金融业、教育、租赁、商务和居民服务等为代表的现代服务业起步较晚,导致第三产业活力不足,就业比重偏低。2012 年,我省第三产业从业人员只占全部就业人员约 28%,远低于发达国家 60% ~ 80% 的水平。另一方面,全省非公经济发展实力不够强。2012 年,云南非公经济(GDP)比重为 44.1%,尚未成为经济增长的主导力量,中小企业和小微企业数量和实力普遍较弱,投资主体多元化进程缓慢,对政府投资依赖度加剧,反映出全省经济增长活力不足等深层次矛盾,彰显云南调结构、转变发展方式是一项长期艰巨的任务。

3. 科技和制度创新能力弱,发展活力不足

科技自主创新能力偏低,缺少有竞争力的知名企业品牌。2012 年,云南全社会 R & D 投入达 64 亿元,规模小,列全国倒数第 8 位。全社会 R & D 投入占 GDP 的比例仅为 0.6%,只有全国 1.9% 的 1/3。云南全社会 R & D 经费投入强度、企业 R & D 经费支出和省财政科技投入占财政支出比重三项指标分别为全国的 1/3 水平,科技创新专利申请和授权数在全国排位分列第 21 位、20 位,缺少进入全国或世界 500 强企业;目前全省规模以上工业企业中,只有 11% 的企业开展 R & D 活动,近 90% 的企业没有 R & D 活动,企业的自主创新意识有待提高。

4. 人口老龄化趋势加剧,人口红利逐渐减弱

2012 年末,全省总人口达 4 659 万人,排全国第 12 位,是

一个人口大省，未来 10 年"高增长、低死亡"的人口增长模式不会改变，同时全省人口社会发生深刻变化，城乡"两元"社会向"三元"社会结构转变，即城镇居民、城镇外来（农民工）人口、农村（农业和工业）劳动力人口，社会"未富先老"，城镇家庭规模因老龄少子化不断减小，农村大量青壮年劳动力外出打工，农村出现"空心化"，导致农村"未富先老"，人口老龄化趋势加剧，人口红利减弱，对未来发展构成风险考验。

5. 社会建设"短腿"，管理水平不到位

集中反映在，一是农村和山区投资欠账多。2012 年，全省农村在全社会固定资产投资比重不到 10%。特别是广大山区、农村和边境少数民族地方的交通、通信基础设施较滞后，农村教育、医疗保健资源稀缺。二是社会保障体系建设欠账较多。社会组织发育较落后，社会管理信息化和电子政务推广应用，农村信息化发展差距大，社会发展滞后成为制约全省发展的"短板"亟待缓解，加强和提高全省社会管理水平成为紧迫任务。

6. 外部发展环境不稳定、不确定因素仍然较多

在经济全球化背景下，国际环境变化对中国经济影响深刻，不可能独善其身。当今国际经济形势复杂多变，受世界经济危机和欧美主权债务危机的不利影响，通货膨胀和贸易保护主义抬头，大宗商品市场价格波动，地区安全动荡，世界经济复苏缓慢，以及云南周边国家的形势，都可能会对中国和云南经济产生诸多影响，必须高度重视、密切关注和积极应对才是正确选择。

三、加快云南经济社会转型发展的政策选择

认真践行科学发展观，实行转型发展是一个长期的过程。实践证明，决定一个国家或地区未来发展成败，主要取决于顺应发展规律要求，实现发展方式的成功转变，提升制度和科技创新动力和竞争力。在政策选择取向上，采取长期和短期相平衡的应对策略，坚持不懈努力进行更多制度创新来应对各种挑战。

（一）抓牢机遇，树立强烈的机遇意识

从改革开放的经验和教训来看，云南从来就不缺少发展的机

遇，也不缺少抓住机遇的能力，而是缺乏强烈忧患意识和机遇意识。云南正在科学发展、和谐发展、跨越发展的路上，实质上就是转型发展机遇，西部大开发和推进桥头堡建设机遇，抓牢机遇，需要充分发挥我们的想象力、创造力和执行力。在中国"万亿元GDP俱乐部"里，云南要实现"跨越"和"崛起"，关键还是要证明自己有正确的学习态度和敏锐的学习能力，善于借鉴先进省区的成功经验和好的做法。一方面，认识机遇，把握机遇，用好机遇，更重要的是还要学会创造机遇，大胆先行先试在制度和科技创新方面多做努力，克服抓国家发展政策机遇"慢半拍、慢一拍、不合拍"的不足；另一方面，立足云南省情，认准改革发展目标方向和路径，明确时间表，实施科学决策，保持发展思路和宏观政策的前瞻性、针对性和相对稳定性，坚持不懈一抓到底，以求取得实效，这对于云南未来的发展很重要。

（二）转变方式，大力解放思想观念

在云南加入万亿俱乐部后，转方式先要转变决策思考方式。有必要开展新一轮解放思想大思考活动，以科学发展观指导实际行动。坚持发展第一要务，以人为本为核心，统筹兼顾，协调好改革和发展各方面关系。首先，要转变以"唯GDP"增长论成败的传统发展观，牢固树立以创造就业增长和提高经济发展质量为首要发展目标，促进全省由数量粗放型经济增长模式向质量效益型经济发展模式转变；其次，树立"以人为本"新理念，统筹好经济与社会、人与自然环境、资源与环境发展三大重大关系，把云南从落后的思想观念、传统生产和生活方式中解放出来，尊重客观发展规律，从更高层面和更高境界来推动全省的科学和谐发展，提高社会生产力和发展质量。

（三）理清思路，加快云南科学发展

要坚持"转方式，调结构，扩需求，增效益，重民生"的基本思路，从宏观层面积极扩大投资与消费拉动经济增长效应。首先，要稳定固定资产投资乘数效应。要抓好全省重大项目前期工作，建立一大批效益好、有前景的重大项目库。当前要抓好一批重大项目的新开工，提高在建重大项目的施工效率，特别是抓好一大批推进"桥头堡"建设的重大项目，要用好、用够国家给云

南的发展政策和有利条件，着力培育新的支柱产业和投资热点，增强内需可持续发展后劲。其次，要高度重视改善投资与消费的关系，真正发挥消费作为经济增长第一拉动力的作用。要千方百计提高城乡居民的收入水平，顺应居民消费升级规律，充分利用好减税、企业让利、增加扩大消费补贴等多种措施，进一步启动农村消费市场，继续实行好家电、建材、汽车下乡和科技文化"常下乡"优惠政策，提高城乡居民的消费能力和水平，大力发展社区商业、物业、家政、养老等便民服务，积极发展消费信贷，鼓励发展网络、租赁和定制销售等新型消费模式，促使推动消费的持续走旺、社会消费的持续扩大。再次，坚持提振外需，发展共赢的开放战略。实施好对外开放发展规划，利用云南面向东盟和南亚国际大通道，把云南构建成辐射周边国家的区域性国际商贸中心，日用消费品出口生产加工和"云电外送"的能源基地。要积极扶持云南本土有实力企业"走出去"，着力打造"外向型经济"和"开放型经济"，不断开拓潜力巨大的外需市场，全面提升全省经济发展实力和竞争力。

（四）调优结构，加快云南转型发展

从宏观层面调整优化三次产业结构，合理高效配置生产要素和资源，不断提高云南经济、社会和生态效益。

（1）要巩固提高第一产业，大力推进农业现代化。要稳固"三农"发展基础，坚持"扶农、富农、强农"基本政策，落实好《中共中央国务院关于加快水利业发展改革的决定》，优先加大农田水利等农业基础设施建设投入力度，切实将水资源保护和开发利用作为战略性新兴产业来强化与落实，不断提高农业抗灾减灾能力，确保农民增收、农业增效，农村发展；加快水利业改革与发展建设，服务好农业发展，要积极探索发展现代农业、生态农业、高效农业和旅游农业等多元化发展路径，努力做大、做强农业，发展高原特色产业，突出"丰富多彩、生态保护、安全优质、四季飘香"四张名片，着力建设高原粮仓、特色经济作物、山地牧业、淡水渔业、高效林业、开放农业，集中力量打造"云烟""云糖""云茶""云胶""云菜""云花""云果""云药""云畜""云林"等"云系列"优势品牌，使之成为云南真正意义上的第一产业。

（2）扎实做强调优第二产业，打造新型工业化产业和现代建筑业两大支柱产业。一是坚持工业强省战略，打好园区经济战役，把加快工业化进程作为重中之重。二是提高工业企业自主创新能力，促进烟草、电力、矿业等传统资源型优势产业的结构升级；加快装备制造业发展，加大科技研发投入和产品升级换代；大力推进节能减碳，循环经济技术，淘汰落后产能，提升传统产业的竞争优势。三是大力谋划和发展新能源、新材料、现代生物、信息技术等新兴战略产业，培育壮大高新技术产业。四是要积极培育组建一批有竞争实力的建筑业大企业集团，加快做大做强建筑业支柱产业。五是积极创造条件，谋划引进国防工业企业，打造工业经济新的增长点，全面推进新型工业化进程。

（3）努力做大第三产业，积极培育现代服务业和文化产业等新支柱产业。一是要高度重视现代金融业发展，积极推进昆明金融业跨越发展，构建其推进桥头堡建设的金融中心地位。二是要积极探索文化产业与一产业、二产业等各类产业融合，催生新行业并形成新经济增长点。要进一步做强旅游文化产业，推进体制机制创新、艺术样式创新、运作方式创新、打造"四大品牌"（"香格里拉品牌""茶马古道品牌""七彩云南品牌""聂耳音乐品牌"）、培育"十大产业"（广播影视、新闻出版、民族演艺、文化旅游、民族民间工艺品、休闲娱乐、会展节庆、珠宝玉石、茶文化、体育）的发展思路，推动文化产业发展上新台阶。三是要稳步推进城市公共服务产业化、市场化，放手发展非公经济，鼓励个体和私营等民营经济等社会力量从事新兴第三产业领域，开拓现代服务业。

（五）求真务实，切实壮大企业主体经济力量

企业是国民经济发展的主体。从微观经济层面衡量，企业发展状况决定经济工作的成败，这也是检验宏观政策和发展效果客观尺度。一是各级各部门务必要为企业（公司）生存发展提供良好公共服务和营造公平竞争的投资发展环境，把此项工作摆在做好经济工作的重要位置。二是扎实做好招商引资选资，引进大企业大集团，把实施"央企和民企入滇"战略与集中力量培育我省六大战略性新兴产业有机结合起来，积极提升云南工业产业链和价值链，提升各类园区科学管理水平和市场竞争力。三是要在加

快非公经济发展领域取得新突破，开放民间投资领域，为中小企业和小微企业营造宽松有利的政策和市场空间环境。四是积极扶持网络信息经济，搭乘信息化经济发展快车，推广物联网技术，发展电子商务、现代物流业等，促进全省加快进入信息社会和知识经济时代。五是高度重视发展总部经济。积极鼓励和扶持培育本土企业做大做强，努力提高规模以上工业和服务业企业数量和质量，积极谋划和引进世界500强和国内500强企业（或行业50强）入驻云南发展，扩大总部经济效应。通过大力促进企业发展，从而创造大量就业岗位和就业机会，提振全省经济可持续发展后劲与活力。

（六）善待民生，推进云南建成小康社会和美丽云南事业

一是制订实施2020年全省脱贫奔小康行动计划，实施脱贫攻坚战役，既要加大地方公共财政对民生的支持力度，又要努力争取国家对云南的支持力度。突出重点向农村教育和医疗保健领域、社会保障领域的投入。要继续实施好"兴边富民"计划，集中财力改善广大山区农村和贫困地区，以及少数民族边疆地方教育投入，优化教育资源，提高农村人口文化素质。二是要加快解决重大民生关切和利益诉求。当前政府有关部门要重点做好全省60万套保障房的建设，加快健全和完善全省城乡居民基本教育、医疗保障和住房保障三大体系建设，切实缓解城乡居民"看病难、看病贵，住房难"的现实困难。三是要统筹推进城镇化、信息化、新型工业化和农业产业化进程，大力扩大内需，创造就业机会和岗位，缓解大学生就业难的问题，加快农村劳动人口向城镇有序流动，促进城乡居民增收，不断提高生活品质。四是要着手探索政府扶老、社会敬老、家庭养老、产业养老和完善家庭生育政策等多种方式，积极应对未来老龄化趋势的挑战，让全省改革成果更多地惠及民生的发展。五是积极推进美丽云南生态文明建设，构建"山青、水秀、天蓝"的人与自然和谐绿色生态屏障，维护生态环境安全，在加快云南科学和谐跨越发展征程中，努力创造云南各族人民美好幸福的小康生活。

（作者单位：云南省统计局综合处）

图书在版编目（CIP）数据

2012～2013云南经济发展报告 / 康云海，宣宜主编.
—昆明：云南大学出版社，2013
（云南蓝皮书）
ISBN 978-7-5482-1577-6

Ⅰ．①2… Ⅱ.①康… ②宣… Ⅲ.①区域经济发展—
研究报告—云南省—2012～2013 Ⅳ.①F127.74

中国版本图书馆CIP数据核字（2013）第130613号

策划编辑：林　艺
责任编辑：柴　伟
封面设计：刘　雨
　　　　　和　谐
　　　　　乐　楠

2012～2013
云南省社会科学院　编
The Blue Book of Yunnan

云南经济发展报告

主　编　康云海　宣　宜

出版发行：云南大学出版社
印　　装：昆明市五华区教育委员会印刷厂
开　　本：787mm×1092mm　1/16
印　　张：19.5
字　　数：314千
版　　次：2013年7月第1版
印　　次：2013年7月第1次印刷
书　　号：ISBN 978-7-5482-1577-6
定　　价：56.00元

社　　址：昆明市翠湖北路2号云南大学英华园内
邮　　编：650091
电　　话：（0871）65031071　65033244
网　　址：http://www.ynup.com
E-mail：market@ynup.com